統計就是要這樣跑

（第五版）

張芳全 著

作者簡介

張芳全

現　　職：國立臺北教育大學教育經營與管理學系教授（2011.02～）

學　　歷：國立政治大學教育學系博士

經　　歷：1996.06～2002.01 行政院經建會從事教育政策規劃、分析與評估

　　　　　2002.02～2006.07 國立臺北師範學院國民教育學系助理教授

　　　　　2005.08～2006.12 中國測驗學會秘書長

　　　　　2006.08～2011.01 國立臺北教育大學教育經營與管理學系副教授

考　　試：1993 年及 1994 年教育行政高考及格

學術獎勵：2003～2007、2009～2012、2014、2016 及 2018 年均獲得行政院
　　　　　科技部專案研究獎助

　　　　　2012～2014 年獲得行政院科技部大專校院獎勵特殊優秀人才

　　　　　2021 年及 2022 年獲得教育部補助大專校院實施特殊優秀人才彈性薪
　　　　　資獎勵

著　　作：教育問題與教育改革：理論與實際（1996，商鼎，四版）

　　　　　教育政策（2000，師大書苑）

　　　　　教育政策立法（2000，五南）

　　　　　教育政策導論（2000，五南）

　　　　　教育政策分析（2004，心理）

　　　　　國家發展指標研究（2004，五南）

　　　　　教育議題的思考（2005，心理）

　　　　　教育政策指標研究（2006，五南）

　　　　　教育在國家發展的貢獻（2006，五南）

　　　　　教育政策規劃（2006，心理）

　　　　　教育知識管理（2007，心理）

新移民子女的教育（2007，心理）（主編）

新移民的家庭、親職教育與教學（2009，心理）（主編）

教育與知識經濟（2009，麗文）

新移民新教育（2009，麗文）

多層次模型在學習成就之研究（2010，心理）

邁向科學化的國際比較教育（2012，心理）

問卷就是要這樣編（2014，心理，二版）

高等教育：理論與實證（2017，高等教育）

新移民子女教育的實證（2017，五南）

校務研究：觀念與實務（2018，五南）

論文就是要這樣寫（2021，心理，五版）

統計就是要這樣跑（2022，心理，五版）

並於 TSSCI 發表十多篇論文，學術論文發表超過百篇

學位論文指導：2002～2022 年指導 160 篇碩士論文以及 3 篇博士論文

專　　長：教育政策分析、教育經濟學、多變量統計、SEM、HLM、論文寫作、校務研究、教育行政

e-mail：fcchang@tea.ntue.edu.tw

五版序

　　筆者在大學任教二十多年，從教學及不斷投稿學術期刊文章的歷程中，學習統計分析的經驗與技巧。在大學部及碩士班教授十多年統計課程，常看到學生學習統計時的問題與困擾，影響了學習興趣，因此常期待能夠找到一本可以解除學生學習統計焦慮與困難的專書，讓他們能快樂與有效學習，而不再害怕與恐懼統計。因此，每每反省檢討教學歷程、瞭解學生學習統計的問題，從學生角度思考應該如何學習統計比較能快速掌握要領，以期讓他們在修習統計時能樂意學習、投入學習、開心學習，因此將本書再次改版。

　　本次改版著重在兩個部分：一是刪除徑路分析、二因子變異數分析、集群分析、區別分析、結構方程模式等五章，這些內容將會改寫為「多變量統計」專書，以減少本書的厚重篇幅；二是將部分內容增修與刪除，包括修正各章文字與補充統計表格，讓統計觀念更簡易清楚、文字說明更易讀易懂，使讀者更容易掌握統計分析技巧。

　　本書改版著重於善巧引例，讓原理觀念易懂，在結果詮釋清楚，最終目的是想讓初學統計與已有統計基礎者在閱讀、使用本書的統計觀念與分析技巧於生活、工作或研究的同時，能不害怕統計，感受統計不難，易於學習，且能突破學習統計的困擾與障礙，最後能獲得統計學的知能，達到學習統計與應用統計的樂趣。

　　筆者感謝心理出版社全體同仁協助以及林敬堯總編輯的鼓勵，讓本書更平易近人，提供讀者更多豐富的學習統計經驗。更感謝雙親讓筆者得以接受良好教育，並感謝家人支持，讓筆者在大學任教忙碌之餘，仍有時間寫作。最後感謝所有讀者，有您們的支持是本書不斷成長的動力。本書若有任何的疏漏，請予以斧正，感激不盡。

張芳全

謹識於臺北內湖
2022 年 5 月 20 日

目　次

本書附有範例檔，請上心理出版社網站下載
https://reurl.cc/9b5zv
解壓縮密碼：9789861918655

CHAPTER 1 統計的基本觀念

第一節 基本素養

壹、為何要使用統計？

為何要學習或使用統計呢？筆者認為有以下幾項的重要需求。

一、專業的需要

社會科學研究及實務工作，如果涉及到數據資料分析，常需要統計方法來完成任務。日常生活中的簡單計算，僅需要運用頭腦或是計算機運算即可；然而，社會現象的資料往往好幾百筆、千筆，甚至萬筆，要將這龐大的資料做有意義之解釋，勢必要有效率的計算，如果能運用電腦來加以統計分析，將龐雜資料化繁為簡，獲得有意義資訊及做成有價值的解釋，就是一項專業任務。讀者假如有學習過初等統計、高等統計及多變量統計分析，必能掌握資料的描述、檢定步驟及結果的推論。更重要的是，對於統計後的資料可以做有意義的推論，能理解推論統計可能造成的推論錯誤。試想，一位沒有學過統計者，就無法理解SPSS（Statistical Package for the Social Science）、SAS（Strategic Applications System）、結構方程模式（Structural Equation Modeling, SEM），或是階層線性模式（Hierarchical Linear Model, HLM）、R語言軟體的專業操作與報表整理和解說，例如：讀者看到兩階層線性模式就相當害怕，代表對統計學的專業素養不足。就如：

階層一：$Y_{ij} = \beta_{0j} + \beta_{1j}X_{1ij} + \beta_{2j}X_{2ij} + \cdots\cdots + \beta_{qj}X_{qij} + r_{ij}$

式中，$\beta_{qj}\,(q = 0, 1, \cdots\cdots, q)$ 為階層一之常數和預測變項係數；

$\qquad Y_{ij}$ 為階層一之結果變項；

$\qquad X_{qij}$ 為階層一之預測變項；

$\qquad r_{ij}$ 為階層一之誤差項；

$\qquad r_{ij} \sim N\,(0, \sigma^2)$，$\sigma^2$ 為 r_{ij} 之變異量。

階層二：$\beta_{qj} = \gamma_{q0} + \gamma_{q1}W_{1j} + \gamma_{q2}W_{2j} + \cdots\cdots + \gamma_{qsq}W_{sqj} + u_{qj}$

式中，$\gamma_{qsq}\,(q = 0, 1, \cdots\cdots, sq)$ 為階層二之常數和預測變項係數；

$\qquad W_{sqj}$ 為階層二之預測變項；

$\qquad u_{qj}$ 為階層二之誤差項。

　　上述階層一與階層二的方程式，對於初學者來說，要能夠理解相當困難，因此需要經過一段時間的學習，才可以瞭解其中的意義，否則對方程式的符號已有害怕之心，就會有懼學統計的念頭。這種情形在現實情境相當多，也是很多讀者學習統計深感恐懼、望之卻步的主因，所以就「拒學」與「懼學」了。然而，學習統計相當有趣，主要是它與日常生活密切相關，當讀者慢慢接觸統計、花一些時間學習，很快的就會對統計產生興趣，後續不僅對於需運用統計方法於論文寫作，或是運用於生活及實務工作中，都會有很大的助益。

　　就以階層一的方程式而言，若以簡單例子來說明它的意義，讀者就更能理解其中的奧妙，或許對於統計就不會感到害怕了。階層一的方程式就是迴歸分析（請參見第 14 章）的一種形式，若研究者想要分析有哪些變項影響學生數學成績的重要因素？在所納入的因素之中，最重要者又是哪一項？而哪些因素較不重要？要判斷哪一個因素對學習成就的影響較為重要，可以運用階層一的方程式為基礎。在資料估計之後，依所得到的各個 β 係數大小來判定重要性。在每一個 X 變項之前，都有一個 β 係數，若在實際資料估計之後發現 β 係數較大者（不管是正值或負值），理論上都代表對這個 X 變項的加權值（weight value），若加權

值愈大，就代表這個變項的重要性愈大；反之，則愈小。

為實際瞭解上述問題，研究者可從文獻整理中歸納發現，學生的社會階層、智商、教師的教學時間、學生課後補習等，是影響學習表現的重要因素之一；然而哪一項最重要卻沒有充足證據。為了瞭解此問題，於是就從母群體（population）中，抽取了具代表性及足量的 300 位國小六年級學生，接著對這些學生進行數學成就測驗，並蒐集相關資料（如學生的社會階層、智商、教師的教學時間、學生課後補習等），在蒐集完資料之後，將它們登錄在電腦中（如表 1-1 所示），並進行統計分析。研究者所要瞭解的是影響學習成就之因素，於是建構了一個迴歸分析模式，例如：階層一的方程式。該方程式將 Y 視為依變項，即數學成績；而有四個自變項，所以有四個 X，各代表學生的社會階層（X_1）、智商（X_2）、教師的教學時間（X_3），以及學生課後補習（X_4）。

其中，學生的社會階層分為五層，即 1、2、3、4、5，分數愈高代表社會階層愈高；智商由智力測驗測得，分數從 60 至 150 分，分數愈高代表智商愈高；教師的教學時間為數學老師每週教數學的分鐘數，分鐘數愈高代表教數學的時間愈多；學生課後補習則是學生放學後到補習班補習的時間，以小時為單位，如表 1-1 的「學生課後補習」欄之 1.5，即代表一個半小時，數值愈大代表課後補習時間愈多；數學成績則是期末考成績，從 0 到 100 分，數值愈高代表期末考的數學成績愈高。

表 1-1　300 名國小學生的個人因素與數學成績

學生	學生的社會階層	智商	教師的教學時間	學生課後補習	數學成績
1	5	145	120	2.0	90
2	3	125	100	3.0	85
3	3	105	100	1.5	75
.	.	.	.	.	.
298	2	110	100	1.0	65
299	4	135	120	2.5	80
300	3	128	110	1.6	75

　　之後，研究者運用 SPSS for Windows 25 版的軟體進行分析（實際操作在後續章節有深入介紹）後發現，學生的社會階層、智商、教師教學時間、學生課後補習之 β 係數，分別為 .70、.60、.50、.40，這些 β 係數經過檢定之後，也都達到 .01 的統計顯著水準（請參見第 8 章）。若從上述分析來看，由母群體所抽取出的 300 位學生，經過統計分析之後，影響他們數學成績的重要性，依序為學生的社會階層、智商、教師教學時間、學生課後補習。經過上述說明後，相信對階層一的方程式會有初步理解，因而害怕統計之心應稍有解除。或者說，讀者可能一開始不瞭解上述的統計內容，但經過學習之後，對統計符號不再感到害怕。這就說明了「會」與「不會」使用統計或「會」與「不會」解讀統計內容，已經有了專業知識的差別。讀者若對 HLM 有興趣，可參考張芳全（2010）《多層次模型在學習成就之研究》一書。

　　類似這些統計符號及其套裝軟體的應用，如果能理解與熟練操作，就可以讓社會現象的解說更有意義。簡單的說，如果能學會統計原理，並能應用電腦統計軟體，那麼對統計資料分析及社會現象的描述會更能準確掌握。因此，學習統計的重要性之一在於專業領域研究或實務上的需要。

二、實驗設計的需要

　　在社會科學中，要瞭解一項新發明的藥品、教學方法、新的科技或新的研究發現是否對於某一些社會族群有益，通常會透過實驗研究法，來瞭解該項新發現是否具有實質效果。實驗過程需要有實驗組及對照組做為分析的基礎，實驗組接受新發現的實驗處理，對照組則否。研究者在進行一段時間之後，會以實驗處理之後的效果與對照組進行比較，此時為讓實驗效果可以明顯展現，就可以運用實驗組及對照組的最後結果來比較。當然，如果要讓數據會說話，實驗過程中運用統計資料處理實驗效果來說明，也是好的方式之一，這也就是需要運用統計來進行分析兩組樣本（sample）數據的理由。

例如：一位研究者想瞭解吃減肥藥和每天運動對於減輕體重是否有效果，於是隨機（random）取得 150 位成年人的資料，並將這些成年人隨機分派為三個組別：控制組，指沒有接受任何的實驗處理；實驗組一，指吃減肥藥；實驗組二，指每天都運動跑步一小時。這項實驗持續三個月，實驗前對每組的 50 名樣本都進行體重的前測，三個月後再進行體重的後測，各組樣本之前後測體重如表 1-2 所示。研究者若想要瞭解控制組的後測與實驗組一的後測在體重上的差異，就需要採用獨立樣本平均數 *t* 檢定；若想要瞭解實驗組一的前測與後測之體重差異，就需要採用相依樣本平均數 *t* 檢定；若想要瞭解實驗組一的後測與實驗組二的後測在體重上之差異，就需要採用獨立樣本平均數 *t* 檢定；若想要瞭解控制組、實驗組一及實驗組二的後測之體重差異情形，則需要採用單因子變異數分析（one-way analysis of variance, ANOVA）。上述僅是一個簡單的實驗研究，需要透過統計方法來瞭解不同組別在所要檢定變項的平均數之差異。如有更複雜的實驗設計，亦需要統計方法的檢定，才能瞭解實驗效果的差異性。

表 1-2　三組樣本在實驗前後的體重

組別	控制組		實驗組一		實驗組二	
實驗處理			吃減肥藥		每天運動	
觀察值	前測	後測	前測	後測	前測	後測
1	51.1	50.5	52.1	45.1	51.9	45.2
2	50.2	51.0	51.0	46.2	52.1	43.8
3	48.3	49.0	49.8	43.5	50.1	42.0
.	.	.	.	.	.	.
.	.	.	.	.	.	.
48	56.5	56.1	55.4	50.2	54.9	44.2
49	55.4	54.5	52.4	48.2	53.2	41.0
50	44.8	44.5	48.2	44.2	49.0	45.2
平均	**51.6**	**51.2**	**52.1**	**45.1**	**51.8**	**42.0**

註：單位為公斤。

三、社會科學研究的需要

社會科學研究分為兩大類：一為質性研究，另一為量化研究。前者是以個案、觀察、訪談，或是以文件分析的方式來對社會現象進行分析，研究過程不需要進行研究假設以及統計分析，也沒有要對研究的個案進行推論；後者如以問卷調查法來說，從母群體中抽取足量且具有代表性的樣本，接著進行調查，在過程中從樣本得到所要的資料，再從樣本的數值來對母群體的特性進行推論。在量化研究過程中，從受試者相關基本資料的描述就需要統計，而如果對於抽樣樣本進行檢定，就更需要使用推論統計，以了解研究結果，就需要統計分析。

四、操作統計軟體的需要

鑑於社會科學的研究需要，尤其是對於龐大資料的處理，無法用簡單的計算機對龐大資料進行分析，而需要統計軟體的協助。目前的統計軟體不少，如SPSS、SAS、HLM、SEM、R、STATA 等，如果研究者未能使用或充分理解這些軟體，對於所蒐集的資料將無法完善的處理。因此，學習統計不是背誦複雜的統計公式，重要的是要判斷研究者所掌握的資料是哪一種變項尺度，來決定使用哪一種統計方法、運用哪一種統計軟體來解決及分析研究者的問題。所以，學習統計的目的之一，也在瞭解統計軟體的使用方法，才可讓研究者對於資料處理能有更進一步的掌握。

五、科學訓練的需要

推論統計是透過界定的母群體，抽取出足量具有代表性的樣本，接著對這些樣本進行檢定。在檢定的過程中，研究者宜針對研究問題提出統計假設，同時需要提出檢定可能犯錯的機率，最後才能依據統計計算的結果進行裁決與解釋。此種檢定過程是一種科學思維，研究者能學習其中的概念，也是其他社會科學所無法提供的內涵。關於這些統計檢定過程，請參見本書第 8 章「推論統計」中，對於假設檢定步驟的說明。

貳、統計的類型

統計學的分法有許多種：一是理論統計學（theoretical statistics）和應用統計學（applied statistics），前者著重在統計理論與方法的數理證明，後者則著重在統計理論與方法於各研究領域的應用；二是以納入的變項多寡來區分，如果僅處理一個變項者，稱為初等統計，而如果處理的依變項超過兩個或兩個以上者，則稱為多變量統計；三是參數統計（parametric statistics）及非參數統計（nonparametric statistics），前者是從樣本數值來推論母群體，運用連續變項的資料，透過統計方法進行假設檢定推估的一種統計類型，而後者則是無法從樣本數值來推論母群體，係以間斷變項的資料，透過統計方法進行計算的統計類型；四是以統計的內涵區分，可分為描述統計（descriptive statistics）、推論統計（inferential statistics）及實驗設計（experimental design）。心理與教育統計或社會科學統計較常採用第四種分法。茲將描述統計、推論統計及實驗設計，說明如下。

一、描述統計

描述統計在使一組雜亂的數值，能有條理的顯示出該事物的某些特徵，例如：要了解社會科學實驗或調查的大筆資料，並描述一組資料的全貌，表達某一項事物的屬性。它主要在呈現資料分組，如何使用各種統計圖表描述一組資料的分配情況，以及如何計算一組資料屬性的數值與縮減資料，進而描述資料全貌。描述統計不僅表示資料集中情況數值的計算，如算術平均數、中位數的計算與應用，而且也表示一事物兩種或兩種以上屬性之間關係的描述及相關係數的計算。此外，它亦描述資料分配特性的峰度（kurtosis）及偏態（skewness）係數的計算方法。偏態是指一組單峰分配資料分配不對稱的程度，如果在一筆資料的次數分配中，分數較集中在低分，或者平均數落在中位數的右邊，即稱為正偏態。如果在一筆資料的次數分配中，分數較集中於高分，或者平均數落在中位數的左邊，則稱為負偏態（請參見第 5 章）。峰度則是指次數分配高峰高聳的程度，常態分

配（normal distribution）的高峰稱為常態峰，在一筆資料的次數分配中，較常態峰高而狹者，稱為高狹峰；較常態峰低而闊者，稱為低闊峰。峰度常以具有相同變異情況的常態分配為基礎進行比較，以瞭解一個對稱性的樣本分配情形，當資料分配的峰度較高，表示該分配在接近平均數附近時比較高聳。另外，當資料中有極端數值時，分數分配會有偏態，沒有極端值的情形。上述皆屬於描述統計，它只表示局部資料，也可用於調查或實驗，以獲得資料的分配情形。

二、推論統計

推論統計主要是從樣本獲得結果來推論母群體的情形。這是統計學很重要的研究領域，其重點包括：如何對假設進行檢定，即各種推論統計方法的假設檢定，含大樣本檢定方法，也就是標準差已知的檢定（Z檢定）；小樣本檢定方法，也就是標準差未知的檢定（獨立樣本平均數 t 檢定）；類別資料的檢定方法（χ^2檢定）、變異數分析（F 檢定）、迴歸分析。推論統計的原理包括抽樣理論、估計方法和統計檢定原理。抽樣理論及其方法在討論什麼情況可以從樣本特性推論出母群體特性，此過程中的重要條件就在樣本抽取原則，只有抽樣具有隨機性，才能保證推論具有某種程度的準確性。統計檢定是根據抽樣結果，來推論母群體特徵是否與隨機抽樣所提供的資訊一致。

三、實驗設計

實驗設計旨在讓研究如何具科學性與有效的進行實驗。一項嚴謹的實驗研究，實驗前就要對研究步驟、取樣方法、實驗條件控制、實驗結果的統計分析做出明確說明。描述統計為推論統計的基礎，它僅是對資料進行簡單分析歸納，若不應用推論統計做進一步分析，描述統計的結果不會產生更大的意義，也就達不到統計分析的最終目的。但只有良好的實驗設計才能使獲得的資料具有意義，推論統計才能進一步說明問題。好的實驗設計必須符合統計方法的要求，否則事先沒有確定適當的統計方法，在處理資料會遇到許多問題。社會科學研究以人為主，很多情況是去觀察人的心理現象。以人為樣本的實驗過程在因素控制較難，

更有研究倫理在其中，因此社會科學採用準實驗設計較多，對統計結果解釋要特別小心；而科學實驗在實驗室進行較多，對實驗變數控制相對容易，統計處理解釋較易進行。

參、變項的分類

　　社會現象不是靜止與固定，它會受到人、事、時、地、物等情境的不同，而有不同特性。社會現象變動不斷，因此人、事、時、地、物在不同情境就會有不同的屬性，例如：以身高來說，王小明為 170 公分，張小興為 150 公分，兩者就相差 20 公分；今天的溫度為 30°C，昨天的溫度為 25°C，兩者在不同時間也有 5°C 的差異；甲顆西瓜重 2 公斤，乙顆西瓜重 3 公斤，兩者有 1 公斤的差異。統計就在掌握社會現象中，在多數樣本變動特性的現象。此種變動的屬性稱為變數、變項（variable）或尺度（scale）。變項是指在社會科學所進行的實驗、觀察、調查中獲得的數據，這些物體屬性所擁有的數據有不同的數值與屬性。然而，與變項相對應的概念為常數（constant），它是一種恆定不變的常量，無法依測量物的屬性或測量物變動的特性，而給予不同的數值。

　　變項的類型有幾種分類法：第一種區分為自變項（independent variable, IV）與依變項（dependent variable, DV），研究者在研究過程中操弄者稱為自變項，由自變項造成的影響變項稱為依變項；第二種區分為連續變項與間斷變項，前者是在此變項中，兩個不同區間點之中還有更多的數值，而後者則在兩個不同的區間點之間並沒有其他的數值，例如：1 代表男性，2 代表女性，1 與 2 之間並沒有其他的數值可以代表其他性別類別；第三種區分為事實性及構念性變項，前者是社會現象中的一種事實性資料，例如：山的高度、樓層的高度、水果的重量、溫度、濕度，後者則是社會科學中一種假設性的構念（construct），而經由測驗工具來測量到的資料，例如：智力、態度、人格、興趣、性向；第四種區分是介於自變項與依變項之間的變項，例如：調節變項（moderator variable, MV）與中介變項（intervening variable）。MV 是存在於自變項（IV）與依變項（DV）之

間的變項，它會影響 IV 和 DV 的關係，IV 和 DV 的關係會因為 MV 之值而改變。MV 可以為類別變項（如性別、種族、階級），亦可以為等距或比率變項。MV 可能會影響 IV 對 DV 的影響方向（如男生有影響，女生則無影響）或強度（如 IV 對 DV 的影響相對於女生來說，對男生的影響較大）。而中介變項既不屬於實驗研究可以事先操縱的自變項，亦不屬於可觀察的依變項，而是一種假設性概念，用來說明刺激變項與反應變項之間的一切對反應產生作用之內在歷程的變項；此種內在歷程不能直接觀察，只能根據刺激的情境與反應的方式去推理或解釋，例如：心理特徵（如動機、態度、觀念、人格等）即屬於中介變項（陳李綢，2000），上述變項在實驗過程皆可能影響個體在實驗中的行為變化。最後，Stevens（1946）將變項分為類別變項（nominal variable）、等級變項（ordinal variable）、等距變項（interval variable）、比率變項（ratio variable），這四種變項在社會科學的研究運用得最為廣泛，說明如下。

一、類別變項

社會現象（如個人的性別、姓氏、婚姻狀況、宗教信仰、血型、膚色、居住地、就讀學校、東西南北的地理位置等）僅是一種區別類型的方式，也就是類別變項，又稱為名義變項。此種變項主要在區分資料的類別，而資料類別所代表的符號，在進行四則運算之後並沒有實質的意義。類別變項的資料有幾個特徵：(1)簡單易於分辨，主要在區分社會現象的類別；(2)量尺層次為最低；(3)類別間相互排斥，如為血型 A，就不可能是血型 B；(4)類別數目可計算且可比較。例如：在問卷資料蒐集之後，要登錄在電腦中，做為後續的統計分析，因此在性別上，男生就以 1 為代表，女生以 0 為代表，0 與 1 的符號，僅是代表一種類別而已，加、減、乘、除之後，並沒有實質意義。社會現象的類別變項很多，例如：政黨、宗教、職業、學校、職棒球隊、縣市別、國別、地區別等。

二、等級變項

社會現象有些是對於個體進行排列等第順序，它在資料屬性上具有方向性及

等級性，這種變項稱為等級變項或順序變項。它的資料屬性可以進行大小、高低、優劣、先後、等級、好壞等方向性比較。如果對該變項進行加、減、乘、除，是沒有意義的，主因是該變項的尺度沒有測量單位。這種資料不具有相等單位，也沒有絕對零點（absolute zero），只能排出一個順序，例如：某一次考試班上的第一名、第二名、第三名及第四名平均成績各為 95 分、82 分、80 分、60 分，雖然第一名加第四名的名次加起來等於第二名加第三名，但是平均分數兩者卻不相等。類似這樣有等第的資料，還有教育程度（如國小、國中、高中）、依經濟發展區分的國家類型（如先進國家、半開發國家、落後國家）。

三、等距變項

等距變項的資料屬性可以說出名稱、排出順序，並統計出各類別差異數量大小，還具有單位相等的特性，同時其量尺起點為任意值，沒有絕對零點，溫度、濕度均屬之。它有人為設定的相對零點，例如：溫度的度數是經由人為的方式所設定，並不是自然存在的一種現象。因為資料的單位一致，所以適合算數的計算及各種統計計算，如對這類資料數據做加、減運算，就有其意義，例如：零下 10°C 與零下 40°C，兩者相差 30°C。

四、比率變項

比率變項的資料特徵可以指出名稱、對資料排出順序，同時可以進行數據的加、減、乘、除，其資料尺度單位一致，且有絕對零點，也就是它的資料屬性是自然存在，並非人為設定。此種資料的數值須從自然原點開始計算，並沒有負值的情形，長度、身高、體重均屬之，例如：甲生的體重為 50 公斤，乙生為 70 公斤，兩者的單位都是公斤，所以兩位學生的體重加起來為 120 公斤。

上述四種尺度的特性整理，如表 1-3 所示。

表 1-3　四種變項的特性

特性＼變項	類別變項	等級變項	等距變項	比率變項
區分類別	O	O	O	O
比較大小		O	O	O
相等單位			O	O
四則運算			僅可加、減運算	O
絕對零點				O
實際例子	班級、地區	考試排名	溫度、濕度	身高、體重

　　在上述四種變項之中，前兩項又可以稱為不連續變項（discontinuous variable）或稱間斷變項，它的一個數值僅代表一個點，並不是一段延續性的距離，例如：性別若以 1 代表男性，以 0 代表女性，0 與 1 之間無法再取出任何的數值，因為不可能有 1.2 或 1.5 的數值；又如：社會階層分為高、中、低，分別以 3、2、1 的數值代表，在 1（低社會階層）與 2（中社會階層）之間沒有其他的階層劃分，就如沒有 1.5 的數值在其中。後兩項又可稱之為連續變項（continuous variable），其代表在這個變項上，任何兩個數值之間都可以分割或取出無數的數值，例如：身高、體重、智商、溫度、距離等；以身高來說，160～180 公分之差距有 20 公分，在這個差距之中，也有 165 公分、168.5 公分、175.1 公分等。

　　社會科學有一些是事實性資料，也有一些是構念性資料，前者如身高、樓高、距離、體重、學校班級數、學校教師人數等，這種是可以用公定尺度來衡量，是一種事實性資料；而後者為學者專家所建構出來的研究構念，這種構念無法以公定尺度來衡量，而是間接以問卷或量表來測量受試者的心理特質或狀態，像是態度、智商、人格、滿意度、情緒智商等，例如：「我屬於場地獨立的學習風格？□非常同意□同意□不同意□非常不同意」此題，它們的順序如以 1、2、3、4 來計分，學習風格就是一種構念性測量。

　　在此要強調兩個重要觀念：第一，事實性及構念性資料可被歸類在四種變項之中，例如：甲生的身高為 170 公分，它是一種事實性資料，但是身高也可以被

歸類為比率變項；乙生的性別為女性，「乙生的性別」也是一種事實性資料，而性別也可被歸類為類別變項。構念性資料也是如此，例如：研究者詢問受試者：「您感受到的工作壓力很大？□非常符合□符合□不符合□非常不符合」，如果以 1、2、3、4 計分，它就被歸類為等級變項。第二，上述第一及第二種資料變項，在資料處理時，僅可運用「無母數統計」，如卡方檢定、ϕ 相關、等級相關等進行分析；第三及第四種資料變項則可以運用「母數統計」，因為其資料特性是單位一致，資料可以進行加、減，這方面的統計處理可以運用積差相關係數、多元迴歸分析、典型相關、因素分析（factor analysis）等進行分析。總之，研究者宜對資料分類及資料類型加以掌握，並依資料及變項屬性選用恰當的統計方法，因為不同類型的資料，適用的統計方法不同。

肆、統計符號的意義

一、英文符號

　　為了讓社會現象可以較有系統及有意義的呈現，統計過程將許多現象以數學符號來表示。母群體是指具有某種特徵的一類事物群體，為研究者所要研究的某一變項的全體，其大小隨研究問題而改變。從母群體中抽取一部分個體，稱為母群體的一個樣本。在統計學中，把樣本數超過 30 的樣本稱為大樣本，等於或小於 30 的樣本稱為小樣本。

　　研究者從母群體所抽樣得到估計的數值，此估計數值要推論母群體稱為參數，相對的，反應在樣本特性稱為統計量。參數和統計量之區別在於，參數常用希臘字母表示，統計量則用英文字母表示，例如：

　　小寫希臘字母 μ（讀作 mu）表示母群體平均數或期望值，而樣本平均數的表示符號則是 $\bar{X}$ 或 $\bar{Y}$。

　　小寫希臘字母 σ（讀作 sigma）表示母群體分散情況的標準差，母群體的變異數用 σ^2 表示，而樣本的標準差是 s（或 SD）、變異數是 s^2。

小寫希臘字母 ρ（讀作 rho）表示某一事物兩個特性母群體之間關係的相關係數，而樣本符號則為 r。

小寫希臘字母 β（讀作 beta）表示兩個特性母群體之間數量關係的迴歸係數，而樣本用符號 b_{XY} 或 b_{YX} 表示。

希臘符號 Σ（讀作 sigma）代表累加的意思。

統計分析還要注意大、小寫字母的區別，例如：獨立樣本平均數 t 檢定的字母要用小寫字母 t，不能用大寫字母。n 與 N（或是 z 與 Z）之間也有一定的差異，前者是指抽樣出來的樣本符號，後者代表母群體的符號。

二、數學符號

統計學常用的數學符號之運算如下。

1. 代表累加方程式：

$$\sum_{i=1}^{3} X_i = X_1 + X_2 + X_3 （\Sigma 底下的 i 代表起始位，i=1，代表由第一位開始累加，而 \Sigma 上之 3 代表連加的最後一個數值）。$$

$$\sum_{i=1}^{n} X_i = X_1 + X_2 + X_3 + \cdots\cdots + X_n，代表累加 n 個數值。$$

2. 常數 C 對變項相乘：

$$\Sigma c X_i = c X_1 + c X_2 + c X_3 + \cdots\cdots + c X_n$$
$$= c(X_1 + X_2 + X_3 + \cdots\cdots + X_n)$$
$$= c\Sigma X_i$$

3. 有 N 個常數 C 相加：

$$\Sigma c = c + c + c + \cdots\cdots + c = Nc$$

4. 變項與常數的相加：

$$\Sigma(X_i + a) = \Sigma X_i + \Sigma a = \Sigma X_i + Na$$

5. 三個變項相加：

$$\Sigma(X_i + Y_i + Z_i) = X_1 + Y_1 + Z_1 + X_2 + Y_2 + Z_2 + \cdots\cdots + X_N + Y_N + Z_N$$
$$= X_1 + X_2 + \cdots\cdots + X_N + Y_1 + Y_2 + \cdots\cdots + Y_N + Z_1 + Z_2 + \cdots\cdots + Z_N$$
$$= \Sigma X_i + \Sigma Y_i + \Sigma Z_i$$

6. 變項相加與相乘並不相等：

$$\Sigma X_i + \Sigma Y_i \doteqdot \Sigma X_i Y_i$$

第二節　價值與態度

壹、統計在生活及學習的價值性

　　統計是一種方法，也是一種工具，它以數字來表示事實或資料的意義。統計與生活及學習密切相關，生活中無所不在。統計學係探討從社會現象所蒐集、整理、分析與解釋資料，提供決策參考的一個方法與工具之學科。社會現象常需要藉由科學方法，在不確定的情況下，透過樣本資料所獲得之結果來推論母群體性質，進而做出適當決策，而此種歷程就是統計。本書第 1 章開門見山就指出，學習統計之目的在於專業需要、實驗設計需要、社會科學研究需要、操作統計軟體需要，以及科學訓練需要，這就說明了學習統計的價值性。

　　現在是一個資訊爆炸的社會，也是大數據時代，隨時都需要透過統計分析做決策。統計在描述已知、推論未知，而其價值更是在於用以做為日常生活及做決策參考。就如在日常生活中，想要瞭解大學畢業的社會新鮮人每月收入多少？大學畢業生在各行職業別的平均薪資是多少？或者臺灣北、中、南、東的大學畢業社會新鮮人之平均薪資？不同畢業類科的社會新鮮人之平均薪資？這些問題皆可

從政府的相關統計報告獲得資訊，或者可運用抽樣方式進行調查，蒐集、整理及分析資料，再進行描述與推論。像這樣透過統計方法，將日常生活中的很多資料變成有意義的資訊，做為學習專業知識之參考，也是學習統計的價值之一。

　　再如：一位大學生或研究生要瞭解畢業之後，哪些因素會影響他們的薪資所得？於是從一個界定母群體蒐集 1,000 筆大學畢業生有關薪資變項的資料，包括性別、年齡、工作熱忱、工作專業度、工作投入時間、公司規模、薪資所得等，以薪資所得為依變項，其他六個為自變項，進行多元迴歸分析，其結論是：工作熱忱、工作專業度與公司規模對薪資所得都達到統計顯著水準，其中的工作熱忱對薪資所得之預測力最高，其次為工作專業度，第三為公司規模。此分析讓該學生瞭解到未來職場的工作熱忱與專業程度相當重要，因而此學生於求學期間就必須在學習領域專業進修投入更多時間，並在求學期間逐漸培養未來在職場擁有工作熱忱。從這個例子來看，統計分析在有效蒐集、整理與分析資料，提供決策，以提高個人未來福利與改善社會福祉的參考。甚至這位學生要預測大學畢業生未來的薪資所得，亦可透過上述的重要變項來掌握，這說明了統計協助人們瞭解決策過程與決策之後的影響。

貳、統計在研究的重要性

　　統計可以處理龐雜的資料，對社會現象做有意義的描述及解釋，因此對於研究及論文的寫作也相當重要。研究者如果進行沒有意義的分析，論文就沒有價值了。撰寫論文常有龐雜的資料，使用的樣本數往往少則數百筆，多則數千筆或上萬筆，為了建立更好的知識體系，需要統計做為分析工具來獲得結果。統計在讓混雜的數字變得有系統、有組織及有意義，使得資料更具科學化，論文寫作良好方式之一，就是會運用統計來處理龐大資料。研究者應瞭解如何運用統計，透過統計方法的使用，歸納出重要訊息。研究者常對於統計感到害怕因而無法善用，其實如果能掌握統計是在整理資料、使資料有意義與價值化，而不在於統計計算或背誦統計公式，就能看出統計的價值。

一、運用統計分析資料撰寫論文的優勢很多

　　研究者能運用統計輔助而撰寫論文、做研究報告，會有幾個優勢：(1)運用統計方法進行分析，將資料有系統、有組織及有體系的整理，不會僅以個人臆測、直觀方式分析知識，因而形成沒有共識的資訊；(2)讓研究產生的知識更客觀與具體，因為以統計分析歸納知識，較具有邏輯性及可操作性。統計要求精確測量、從龐雜的資訊中獲得更有意義的資訊，以及對變項進行操作型定義（operational definition）之後，在科學邏輯下進行資料分析，這會讓所得到的知識更具說服力；(3)可以對知識進行驗證與追蹤，在操作型定義之下，運用相同資料獲得一致的研究結果，可讓知識信度提高。簡言之，以統計協助做研究與撰寫論文是很好的方式之一，統計方法處理資料是一種邏輯實證研究（empirical research），也是一種有信度的實證研究。

二、質性社會科學研究法的研究限制不少

　　相較於量化研究，質性研究（如個案研究法、觀察研究法、訪談法或行動研究法等）其實沒有想像中的容易。以個案研究法來說，選取個案就頗為耗時，應以何種標準來選擇個案，以及當個案選取後，若要搭配觀察研究法或訪談法也相當困難。再以觀察研究法來說，對於被觀察者所要觀察的行為是否能夠掌握，以及如何將被觀察者的行為及表現出來的外顯行為有意義的呈現在論文中，也是很大挑戰。觀察者對於樣本所觀察到的行為、所獲得資料的可信任程度，以及所得到的研究發現可以推論的程度，也會受限。尤其，一項研究中不可能僅透過一次、兩次或三次的觀察，就可以掌握被觀察者的行為或研究者所要的資訊；觀察需要長時間，才可以掌握所要的研究發現。同時，社會科學要進行長時間觀察相當困難：一方面是被觀察者的意願、態度與配合程度；另一方面是被觀察的情境配合程度，就如教師授課，研究者要觀察學生的學習表現，但教師的教學及其他學生的學習，乃至於整個觀察環境可能會被干擾，這都會造成觀察者無法有效蒐集資料的困境。更重要的是，會影響研究者研究期程與撰寫論文的進度。

再以訪談法來說，要能有效的完成訪談過程，需要幾個條件配合：(1)受訪者意願。受訪者如果意願低、不願意配合，資料蒐集就會受限，而無法完成論文的寫作；(2)訪談次數。訪談次數不能僅一、兩次，訪談次數太少，無助於研究結果的整理；(3)訪談需要卸下受訪者的心防，才能將研究者所要訪談的內容，做有意義的整理；(4)受訪者可能在研究過程中不願意配合，而造成樣本流失，也是研究無法繼續完成的困境；(5)訪談內容的逐字稿整理，也需要耗費很多時間；(6)對於受訪者回應的研究內容，研究者常難以歸納整理，而無法對多位受訪者在同一個訪談議題，做有意義的結論，簡單的說，很難提出研究結論，並提出有價值的建議；(7)訪談法需要耗費更多的時間與受訪者營造訪談的氣氛，也可能受訪者不願配合，或是對於研究議題有戒心，因而訪談回答的內容不真實。

總之，為了避免上述許多研究限制，讓研究較客觀、科學、有系統、具體，能以數字來說服讀者，量化研究是可以考量的方法之一。因此，研究者需要有效掌握統計資料處理，這也就是為何在撰寫論文時，需要學好統計的原因了。

參、統計在做決策時的必要性

在日常生活、工作職場、私人企業與政府部門之中，往往需要做決定，若沒有充足的資訊與證據，就難以判斷要做什麼樣的抉擇或決定。在目前資訊爆炸的社會中，如果沒有經過有系統的整理與組織訊息，也很難有具體客觀數據可以做為決定依據。這種情形在社會現象之中相當常見。

以個人角度來說，要選擇大學科系，除了興趣之外，亦可將教育投資報酬率的觀念，也就是就讀哪一科系是較有利的投資或較不利的投資納入考量，而不同科系的教育投資報酬率到底有多少呢？如果有這些訊息，即可提供個人更多選擇與決定科系的參考。

以民間企業角度來說，要給員工薪資，除了考量其年資、經驗、工作投入時間、對企業貢獻與依據法定規範之外，更重要的是考量員工的學經歷背景。就某種程度來說，薪資與就讀科系有些關聯，因此業界應瞭解大學各科系畢業生的薪

資水準或各科系的教育投資報酬率，給予合理的薪資水準，此時就需要有更多資訊做為決策依據。

以國家角度來說，大學教育投資是國家重要的人力培育依據，過量的教育投資會浪費國家提供的教育資源，也會造成大學畢業生過多，形成人力閒置與失業。因此，政府需要在哪些科系有更多擴充或減少投資，即需要各科系的教育投資報酬率做為擴充或減少依據。

類似上述情形就需要用到很多統計資訊。張芳全（2018）從行政院主計總處取得 2016 年臺灣地區人力資源運用調查資料的 28,734 筆數據，計算各類大學畢業生的平均月收入發現，大學畢業生的平均月收入為 39,397 元，其中以法學類畢業生平均月收入 62,181 元最高，民生類 32,299 元最低，如圖 1-1 所示。像這些客觀數據經過整理與分析的結果，就可以做為個人、企業或政府部門在做決策的參考。然而，如何從龐大資料庫計算出大學各科系畢業生的平均月收入，就需要具備統計分析專業能力，在這過程中需要篩選資料庫的資料、選擇分析變項、運用高倍數電腦及統計軟體計算，以及透過統計原理來解說結果等。

其實，生活中處處可見需要統計做為決策依據。政府在不同地區、不同族群、不同教育等級的資源分配、義務教育是否向下延伸、大學學雜費是否調漲等；企業開發新產品進行消費者市場調查、企業組織員工的工作績效調查、工作滿意度及員工身心狀況分析等；研究機構要對某些政策執行狀況進行意向調查；大學對學生教學評量進行調查等都需要統計分析，才可以提供具體客觀數據做為決策依據。

圖 1-1　大學各類科的每月平均收入

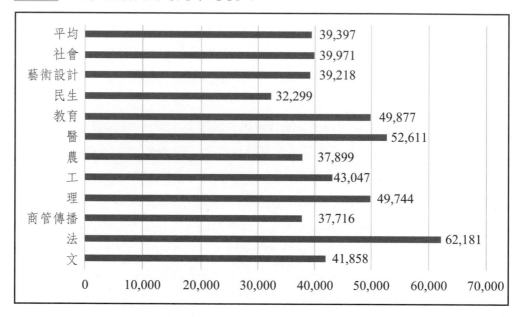

	數值
平均	39,397
社會	39,971
藝術設計	39,218
民生	32,299
教育	49,877
醫	52,611
農	37,899
工	43,047
理	49,744
商管傳播	37,716
法	62,181
文	41,858

肆、克服害怕統計的心態

　　許多人看到統計，就想到一堆的數字、公式及報表，在還沒有接觸就有恐懼在先的心態。其實，統計學是一門有意義、對於生活及研究很有幫助的學科。初學者一開始就擔心害怕，不敢面對，也太過於杞人憂天。筆者從就讀大學、研究所，至今在大學教授統計學多年的經驗是：學好統計並不困難，關鍵在於應去除畏懼的心態，以及掌握各種統計方法的基本原理，並能夠實際應用練習。初學者對於統計有幾種心態：第一，心生害怕與恐懼，尤其想到數據與要瞭解許多統計公式就感到頭痛；第二，無法掌握統計學的入門方法，不曉得該如何學習統計，以較容易有效的方法來解決心中的學習負擔；第三，很多學習者自認為從小就對數字不敏感、害怕數學，也恐懼對數字的計算，所以除非必修統計課，否則能不要學就不要學，因為有心理障礙，所以再如何努力學，也不會有成效；第四，縱

然勉為其難的學習一段時間，但是成效有限，不免開始放棄，進而將統計拋諸於十萬八千里之外。其實，初學者在閱讀本書之後，就可以克服害怕的心態；當然，要學好統計應先掌握以下幾個方向。

一、克服懼怕學習統計畏難心態

　　初學者害怕統計、數字、計算及推理，或是說從小就對數字沒有感覺，這是自我學習的一種設限，學習者應克服。其實，生活中有很多數字與自身有密切的關係，從生活中的社會現象來學習及理解統計，就很容易將統計學好。就如到便利商店買 50 元的物品，給 1,000 元，店員找 950 元；一個班上有 30 名學生，在一次國語月考後，您很想瞭解該班的平均成績，以及考試成績 85 分究竟是高於平均數還是低於平均數；公司一年下來，每月平均業績是多少？諸如此類的現象都與統計息息相關。

二、掌握統計方法的用途及假設

　　學習統計一定要掌握何種統計方法適用於哪一種統計資料，也就是應掌握每種統計方法適用的資料類型。如果能釐清社會科學的資料屬性，在資料屬性確定之後，研究者來判斷究竟使用哪一種統計方法較能計算出該種統計資料，也才能對這些資料屬性做有意義的解釋。學習者對於資料屬性與統計方法的搭配若無法掌握，因而誤選了統計方法，接著就用誤選的統計方法估算結果，再進行推論，造成推論錯誤，並對分析結果做了不正確之詮釋，如此一來，就失去學習統計的意義了。學習及應用統計應思考每一個變項的資料屬性，選用正確的統計方法，以避免誤用統計，這是學習者應當注意的課題。

　　舉例來說，想要瞭解性別與社會階層（區分為高、中、低）的相關性，也就是希望瞭解男性是否會有較多人屬於高社會階層，而女性則否。若以皮爾遜積差相關（請參見第 9 章）來計算兩者的相關係數，此時就違反了皮爾遜積差相關的假定：納入的變項都是連續變項，所估計出的相關係數才有意義。在這個例子中，所納入的變項都是不連續變項，若運用皮爾遜積差相關來估算就大錯特錯。

相對的，所納入的兩個變項都是不連續變項，應以卡方檢定中的獨立性檢定（請參見第 11 章）來計算其相關係數，即 ϕ 相關，才是正確的。

三、理解統計公式

統計學中有很多公式，學習者往往還沒有學習統計，想到有很多公式就心生畏懼；其實，這是自己嚇自己的錯誤想法。為了要有效掌握社會現象，運用一些數學符號來描述社會現象是必然的，否則若將社會的每一個現象具體呈現及說明，就無法精簡描述社會現象。為有效率表達社會現象，統計公式相當必要；然而，初學者對這些統計公式不一定要死背，學習理解其由來及意義即可，更重要的是應用，如果一味的記憶公式，無形中會對於統計學習產生壓力，降低學習興趣，久而久之就會產生害怕及恐懼。筆者建議：不要死背死記，以理解方式來學習，畢竟公式忘了，查閱就好，而在進行研究中，有電腦可以對龐大的資料進行處理，研究者只要判斷正確的統計方法適用於何種資料就可以了。

四、務必要找時間練習

學習統計一定要練習，不管是簡單的紙筆計算，或是將大筆資料在電腦中模擬分析都是必要的。學習者宜在理解每一個統計方法的原理之後，再進行練習。筆者的經驗是：學習者可以聽懂授課老師或課本的原理，但若缺乏對於統計進行實例的練習，就會降低學習效果，如果沒有經過紙筆練習或電腦軟體的操作，學習者很快就會遺忘書本的統計原理。為了增加學習者學習統計的信心及成就感，進而可以運用統計來處理研究資料，對論文撰寫提供協助，則務必要經過「做中學」，才可以體會統計的奧妙。

五、學會閱讀統計報表

很多有意義及有價值的研究常運用統計圖表來呈現結果，如此才能有效的傳達研究者所要表達的研究發現；讀者對於統計報表愈能夠深入的理解，就愈能掌握統計數值所要傳達的意義。近年很多實證研究運用大樣本資料分析，初學者若

能認識並會操作統計軟體，就能夠解讀跑出來的統計報表，也可以從跑出來的統計報表中，選擇研究或實務所需要的統計數值，並刪除不必要的資訊。這不僅能使分析的資料更有意義及價值，而且更能去除害怕統計的心理。簡言之，讀者若能逐漸學會篩選、組織、整理、解讀統計軟體所跑出來的結果，持續不斷學習並與師長討論，慢慢就不會再害怕統計，甚至在統計能力上會有很大進步。

六、閱讀實證期刊論文

克服害怕統計的好策略之一，就是找尋中英文實證的研究期刊論文，並試著閱讀及瞭解該文章如何使用統計方法來分析資料，或從文章的統計表格中瞭解研究者所要傳達的意義。初學者對於閱讀或理解期刊論文的統計表格會非常吃力，然而在逐步習得統計能力之後，若能搭配閱讀中英文實證類的期刊論文，不僅可以逐漸克服害怕統計的心理並提升統計能力外，還可以更瞭解如何應用統計於學術研究發表之中。筆者建議：讀者初步可以從中文的實證期刊論文著手，選擇自己有興趣的文章閱讀、模仿，甚至學習其運用統計的經驗，這對於克服害怕統計的心理也有正面助益。

七、瞭解自己的統計弱點

統計有基礎與進階之分，基礎統計就是初等統計（如描述統計），進階統計包括高等統計與多變量統計分析或專題研究的統計。初學者對於統計的害怕，在於一開始未能將統計做有意義的區隔，也就是很多初學者未能瞭解初等統計，就進入高等統計進行學習。在沒有初等統計基礎，例如：集中量數、變異量數、常態分配、推論統計的基本觀念及瞭解簡單的統計符號，就進入推論統計中學習，初學者很快就會被複雜的統計原理及計算磨掉信心。因為統計的學習有其次第，如果沒有基礎的入門，一開始就進入學習高等統計，甚至多變量統計分析，對於統計只會更形害怕與恐懼。所以，學習者一開始應先掌握自己對統計的瞭解程度，當初等統計還沒有學習完成或沒有完整概念時，最好能先學習這部分的內容，之後再來進行高等統計或多變量統計的學習。

◎問題一

論文需要運用到哪些統計方法？這些統計方法要學多久的時間呢？

◎討論

這是一個常會被詢問的問題。論文需要運用到哪些統計方法，要看研究者的研究目的、研究問題，以及所要分析的統計變項屬性等來決定。讀者可以先翻閱本書的目次，在目次中的第 1 章至第 7 章屬於初等統計的範圍，主要在說明描述統計；第 8 章至第 13 章為高等統計的範圍，以單變項為主，涉及到抽樣及變項之檢定結果的推論，故為推論統計；第 14 章至第 15 章亦為高等統計的範圍，不僅僅包含推論統計，而且檢定的變項也多於一個以上，所以又稱為多變量統計。若研究目的僅要描述研究問題所帶來的社會現象，而不用推論到母群體，此時運用描述統計即可。然而，若僅僅運用描述統計，論文的可看性往往會降低，因此論文所運用的統計方法，不僅要運用描述統計，而且還要運用到推論統計。易言之，研究者可能依研究目的及問題的需要對界定的母群體抽樣，接著進行資料蒐集，之後再進行資料檢定。

若研究運用的是推論統計，那麼就要看所納入的研究變項屬性：若所分析的變項都是不連續變項，此時宜運用卡方檢定；若所運用的變項都是連續變項，在進行相關係數的分析時，即可運用皮爾遜積差相關；若運用在迴歸分析上，自變項與依變項多為連續變項，是較為常見的迴歸分析；若依變項為連續變項，而自變項中有幾個為類別變項，又有幾個為連續變項，此時需要先以虛擬方式對類別變項重新編碼，再投入迴歸分析（請參見第 14 章）。如果研究者要自行編製一份研究工具，此時即需要對工具的信效度分析，而效度分析所需要的變項又以連續變項為主。

◎問題二

學習統計要不要背很多統計公式？

◎討論

　　很多學生害怕統計，是因為擔心要背很多的統計公式與數學符號。就筆者多年的教學經驗而言，統計公式不用死背，反而要理解公式的內涵，或理解公式的分子及分母之符號代表的意義，或某一章使用的公式與先前章節有什麼相近之處？這個公式有哪些特殊性？如果要實際操作，有哪些困難或實務的意義？透過對於公式的理解及推敲，即可更加認識公式。隨著時間不斷投入於統計的學習，逐漸的也更能理解公式的意義及用途。

　　總之，研究目的所衍生的研究問題可能會有很多項，此時需要依研究目的所列出的研究問題（或者研究假設）來決定資料處理方法。換句話說，研究可能先有描述統計之後，接著再運用卡方檢定，或運用多元迴歸分析來瞭解自變項對於依變項的影響程度。在此之前，研究者可能要設計研究工具，並對研究工具進行信效度估計，即需要運用到因素分析。上述的林林總總，與讀者分享的是：生活中及研究所需要的統計方法不一，而學習統計與運用統計於生活及論文之中，需要掌握要分析主題的變項性質，若研究者已經掌握，就很容易找出所要學習的統計方法了。

CHAPTER 2

經驗分享

第一節　階段與層次

壹、不同學習程度的統計內容

國立政治大學教育學系博士
國家教育研究院博士後研究　　趙珮晴

初學統計一定相當害怕，對統計沒有信心。其實，學習統計很有趣，有了統計觀念之後，也很實用。統計到底有多困難呢？只要曾經運用在撰寫論文、修習學分、學術研究或從事問卷調查者，多數人的答案肯定是很難，即使未曾接觸者，也會聞之色變。究其原因，可能與過往的學習經驗有關，因為與數學脫不了關係；也有可能與接觸的人物有關，如師長和學長姐的告戒；當然，最有可能還是親身體驗被磨練過，忘不了統計的難處。

學習統計確實有一定難度，在眾多科目中，統計不如其他學科充滿彈性，感覺硬梆梆，有許多公式與原理，若觀念錯，後續就步步錯，所以學習統計要謹慎。學習統計若以一場硬仗來形容，也不為過，面對一場硬仗，如能有諸葛孔明的神智謀略，就會凡事迎刃而解，贏得最後勝利；然而，其前提必須要有面對統計的勇氣，接著再掌握學習統計的步驟，相信勝利果實指日可待。以下說明筆者的學習經驗。

一、知己知彼，百戰百勝

假使諸葛孔明不知道曹操猜忌多疑的個性，就不能設計出草船借箭或空城

計，這些令人讚嘆的戰略技巧。所以打仗的一開始，一定要摸清敵人底細，否則難以適得其法。同理，在統計領域中，初學者對於任何統計方法一定都非常陌生，因為專業的統計技巧，畢竟不會普遍出現在日常生活中，除非是從事專業的數據分析者。因此，學習任何統計的第一步，要先瞭解每個統計方法的底細，項目包括其分析目的，這個統計方法提供哪些解釋、適用範圍、哪些基本假設，這個統計是用來分析哪些數據與使用限制，這個統計符合哪些條件等。如果不瞭解而產生誤用，就像打仗用錯戰略，最後只有兵敗如山倒的結果。

二、工欲善其事，必先利其器

假使諸葛孔明沒有關羽、張飛、趙子龍等輩的勇將，或者沒有刀、槍、戟、劍等銳利兵器，儘管擁有精湛的戰略，也難以成就三分天下的大業，因為沒有打仗的籌碼。同理，統計也需要一些工具達成目的，以往需要利用雙手按壓計算機，依照統計公式一步步算出結果，慶幸的是，現代統計不需如此大費周章，有電腦套裝軟體輔助，只要在應用軟體輸入完整數據，選擇所需的統計方法，勾選欲呈現的資料，即可得到結果；與傳統的統計學習相較，算是便利許多，只是如何操作電腦軟體，就變成新興的統計課題。

三、七擒七縱，使之心悅誠服

假使諸葛孔明征南夷，沒有七次生擒酋長孟獲，七次釋放，就無法使之心悅誠服，不再叛亂，那麼蜀國就無法安心擴大自我版圖，所以打仗真正的勝利，不只是打敗對方，還要贏得人心。同理，統計的目的是要說服他人相信自己的說法，所以用整理過的數據做為證據，並且設定達到的門檻與標準，小心翼翼避免造成自我過度解釋。如果無法呈現正確的資料，使他人一目了然，那麼自己使用統計的心血形同白費，因為讀者無法看到真正數據，自然就無法使他人相信結論。因此，整理統計數據、系統化呈現、使他人相信自己的說法，這是從事統計過程中，最後一定要會的步驟，如果此步出差錯，前面的所有努力可就功虧一簣了。

上述看來，硬仗並非沒有勝算可能，統計並非沒有征服可能。勝負之間，往往只有一線之隔，只要掌握統計的學習步驟，先從基本的認識開始，接著學習如何操作，最後系統化解釋，勝利就會屬於自己，只是過程的確會比較辛苦。不過，辛苦後嚐到的果實會特別甜美，為了甜美果實，咬緊牙關，最終會有收穫。以下再說明幾項重要的學習項目。

一、先掌握初等統計的觀念

讀者害怕統計，在於沒有掌握統計觀念，初等統計的觀念包括了集中量數、變異量數、相對地位量數，這些能讓讀者瞭解社會現象的集中及分散情形，以及團體排名。當然還有卡方檢定、相關係數、信度分析等，都是重要觀念，讀者先掌握這些方法的原理，試著瞭解如何在生活中應用，就可以掌握統計的重要性。

二、學習高等統計的必要性

高等統計以推論統計為範圍，可以掌握在具有代表性及足夠樣本中，計算數值以進行推論。與其說它是一種計算過程，不如說推論統計是科學觀念及能力的培養。高等統計包括了平均數 t 檢定、變異數分析、迴歸分析、徑路分析等，若讀者可將初等統計與高等統計做一連結學習，將可獲得更好的學習效果。

三、挑戰學習多變量統計

現在社會現象複雜，往往無法運用一個變項就可解釋社會現象及研究發現，讀者要提升統計觀念，一定要學習多變量統計，透過它可更深入掌握統計觀念，可在日後的論文寫作上提供更深入的研究發現。多變量統計包括了二因子變異數分析、因素分析、集群分析、區別分析、結構方程模式或階層線性模式等。

筆者舉個例子來說明學習統計的好處。假如研究者想要進行一項實驗研究來瞭解電腦輔助教學（自變項，也是操弄的變項）對於學生在數學科成就（依變項）是否有影響。實驗組的實驗處理以電腦輔助教學，而未接受電腦輔助教學者為對照組（又稱為控制組）。實驗設計的基本假設是二組樣本起點行為一樣，因

為受試者都用隨機化過程取樣，也隨機分派為實驗組與控制組。但是進行此實驗之後，才發現實驗組受試者對電腦敏感度較高，大多數樣本具有電腦學習興趣偏好。在實驗一段時間之後，也確實明顯高於控制組。由於實驗組之樣本特性在實驗後才發現，為顧及受試者已完成實驗，加上研究者迫於時間限制，無法再進行一次實驗，此時，研究者可以運用共變數分析，將研究者所要掌握的數學科成就與電腦興趣或偏好的有關部分排除；也就是說，已進行過無法再恢復的實驗，但卻發現某項因素對方案有影響，此時就宜進行此種方式分析。由上述可以看出，如果沒有學習統計，就不瞭解要用共變數分析來解決資料處理的問題，這也就是學習統計的重要性。

　　總之，讀者學習統計過程中對統計觀念不瞭解，找尋好的書籍或師長請益，做為統計經驗分享是最好的方式。重要的是，讀者對統計套裝軟體一定要熟悉，目前坊間的 SPSS、SAS、SEM、HLM、R、STATA 是值得學習的重點。研究者在學習統計方法上，一定要搭配實際例子，並運用套裝軟體進行操練，如果有一份完整的分析問卷或資料進行分析，更能獲得好的效果。

貳、今天不走，明天要跑

國立臺北教育大學教育經營與管理學系博士
國立臺灣師範大學附屬高級中學教師　　詹秀雯

一、學習統計的重要性

　　美國哈佛大學圖書館牆上的二十條訓言中，有一句話深得我心："Today does not walk, will have to run tomorrow"，它的意思是：「今天不努力，明天就得付出加倍的力氣。」這短短的一句話，讓筆者在學習統計的過程中，常深思不已，給筆者非常大的啟迪。

　　學習統計一直是筆者求學過程中的罩門。也許是莫非定律使然，高中數學放棄了統計，卻在未來的求學生涯中離不開它。筆者在碩士班左閃右閃，選擇了教

學實驗的研究，當時自認為可以稍稍鬆一口氣，但自己也明白，若要精進學問，博士班進修應離不開統計才對，因而就下定決心在博士論文要做量化研究。就因為這樣的信念，在博士班三年級已修完學分，也考完資格考之後，毅然決然的決定下修由張芳全教授在碩士班開授的高等統計學，期待能做好量化研究的基本功，重新扎根、好好學習。

二、不可忽略初等統計的學習

在一學期的學習當中，感受到跑統計並沒有什麼秘訣，就是要穩紮穩打、好好的做，張教授經常如此耳提面命。在進行大型資料庫研究時，首先要非常仔細的研讀該資料庫的使用手冊。就以筆者所用的大型資料之次級資料庫來說，它不是筆者自行研發，所以在題項、計分方式等，不是看個幾題就能瞭解；當時，筆者跑了很多次，卻都跑不出適配的結果，在看了使用手冊後，才發現原來有幾題是反向題，而當初筆者只大略看了幾個題項，就依照經驗法則和一般邏輯的排列次序，而沒有做變項轉換，如此就跑出一些統計報表，並整理出所謂的「研究結果」，誤以為實證論文的發表就是如此簡單；後來，經過與教授的討論之後，才知道所跑出來的結果是錯誤的。

而另外一個重要的經驗是，很多人認為初等統計，如平均數、標準差或者次數分配等很簡單，並不重要，因而在學習過程中很容易就忽略掉；其實，它們在後續的資料統計上是相當重要的。就以次數分配表的重要性來說，其看似簡單，卻是不能跳過的步驟；而且，次數分配表裡面還蘊藏著許多訊息，除了瞭解各變項分配的結果之外，還可以檢查遺漏值，也能檢查是否輸入錯誤。以筆者的經驗而言，在某一次論文寫作的過程中，分析各個變項的態勢與峰度，原本使用得心應手的資料庫，卻在某一個變項中表現得很不理想，態勢超過 3，峰度竟然逼近 70，筆者沒有像一些投機的研究者一樣想偷改數據，於是便打開次數分配表一看，原來是資料輸入有問題，有一筆資料應該是 2，誤輸成 23，或原本應該是 3，卻輸成 33（把 3 誤輸為 33，高出原始分數的 11 倍），經修正後，其態勢及峰度數值都漂亮的不得了。

　　上述這些都是寶貴的經驗，如果請別人代跑統計，就不會經過這樣的歷程。雖然次數分配是這樣的簡單，但對整個研究結果的發現之影響是非常重要的，因而這樣的經驗，如果沒有張教授的提醒，是無法學到的，然而這樣一點一滴所學到的，就是自己的。

三、大型資料庫分析獲得寶貴經驗

　　以大型資料之資料庫研究有很多選擇，有時候一些很有名氣的資料庫，筆者常在測試其信效度之後，發現其結果並不理想；反而是由有經驗的研究者所發展出的資料庫，其結構比較完整嚴謹。這是筆者在經過多次使用國內大型資料庫，經歷很多錯誤及學習之後，才獲得的一點經驗。不過，人生沒有白跑的統計，之前的研究經驗，都能提升自己的經驗值；即使是換了資料庫，也比較能避免過去所犯的錯誤，縮短摸索的時間。

　　「獨學而無友，則孤陋而寡聞」，筆者有一個統計功力高強的同學，和筆者同樣找張教授擔任指導教授，在每個星期一晚上，是我們統計讀書會的時間。也許是一起跑因素分析、寫參數估計、進行論文寫作、討論量化論文如何撰寫，避免自己的研究盲點，互相督促、彼此砥礪，論文進度有很大的收穫。有時則透過電子郵件或Line，利用拍照方式討論模式圖和語法。在寫論文跑統計的過程中，雖然備感辛苦，有時寫一則參數估計，都要邊上網、邊翻書、邊畫圖、邊請教同學，但是，就如張教授所說的，學到是自己的。寫參數估計，從一開始至少需要兩、三個小時，到之後一個小時，現在則只要半個多小時就可以完成，其中自己的點滴收穫與體會，絕對不是坊間所謂代寫論文或找親朋好友代跑統計，再請其轉述意涵的投機研究生可以體會。

四、多參與統計工作坊提升知能

　　在課堂中學習論文寫作和研究發表的內容有限，需要更多時間及努力自求多福，要增加能力，把握機會學習是最好的方式。這幾年來，筆者拼命參加研討會、找資料、參與量化工作坊。在這些活動中，運用統計撰寫的文章看多了、熟

悉了，就更不會害怕統計。就如筆者在 2013 年寒假參加的「結構方程模式學用論壇」與「EQS 應用技術工作坊」，在短短八天中，得以一窺統計學的奧妙，尤其多位國內外好手齊聚一堂來分享，看到這麼多、這麼優秀的老師努力學習討論，讓筆者更懂得謙卑學習；有時也能聽到許多動人的研究歷程，或者能夠親自向撰寫統計學教本或對統計軟體專精的老師們學習，更顯得夢幻但卻又如此真實。這是生活與學習上的慶幸，也是學習過程中的愉快領悟。

在學習統計的過程中，幫助筆者最大的，就是張芳全教授的《統計就是要這樣跑》一書。張教授的書不像坊間大部頭的書讓人望之生畏，或是寫很多空泛的理論，這本書方便攜帶、深入淺出，有許多截圖，方便按照步驟一一操作。筆者就是這麼學會了選擇觀察值、Z 分數轉換、運用虛擬變項進行迴歸分析、因素分析，也學會了相關矩陣、共變數矩陣、結構方程模式、潛在成長曲線模型。在半年中，學會了過去好多年一直學不會的部分，統計的信心也慢慢回來了，曾幾何時，筆者也可以簡短的告訴別人統計的相關意涵，也讀得懂量化研究。張教授還鼓勵我們多投稿，從多投稿件中來獲得經驗，一篇好文章的產生不容易，他也提醒我們主題的選擇要具體可行，內容要有原創性，要學會自行操作的方法與技術，搭配觀念及相關文獻。張教授常安慰筆者說：投稿被當、被退稿很正常，不要因為一次投稿的退件就氣餒，要有常敗將軍的精神，多投稿，不斷的累積經驗，一定就會有心得。筆者正朝著這個目標，慢慢努力，也慢慢發現，有時雖然是修正後再審，但審查委員給的意見都相當珍貴，也讓自己有許多的成長與學習；後來，終於陸續有論文修正後刊登了。

五、統計能力可以不斷累積

張教授常與我們分享，學問是一點一滴的學習，而一點一滴的學習，可以滴水穿石，也會串成一片美好的善知識。就如同一位日本小學校長所製作的標語：「1.01 vs. 0.99 法則」，所謂 1.01 vs. 0.99 法則，就是每天多努力 0.01 → 1.01^{365} = 37.8（你的實力成長 37 倍）；反之，每天多偷懶 0.01 → 0.99^{365} = 0.03（你的實

力只剩 0.03）。1.01 vs. 0.99 表面上看起來只相差 0.02，但積少成多、聚沙成塔，看看這一來一往的差距有多大！這也是張教授經常在提醒我們的，每天都累積一點觀念及知識，日久就會如大樹、大海一樣的豐沛！知識是一點一點的吸收、一點一點的累積，張教授很喜歡這樣的學習經驗，也感染影響了筆者，因為這樣才可以體會知識成長的歷程，也才能體會果實的甜美。如此靠自己一步步的學習，速度雖慢，但是每個階段都很踏實。如果匆忙趕路，反而會錯失許多路上能夠好好體會的風景，這也是筆者在學習統計過程中很好的體悟；如果太急了，最後會讓自己完全沒有喘息的空間。論文是一種創作過程，操之過急，會讓自己少了一些深刻的體會，反而是一步步的學習，水到自然渠成的效果會更好。這也是張教授一再提醒博士論文的寫作要紮實，不能強求，方法及文獻的理路要清楚，也是引導筆者後來做研究的重要基礎。

在資料蒐集方面，建議可以多閱讀量化的相關文章，並從別人的研究中獲得寶貴的經驗，增強自己的研究和寫作能力。在圖書館方面，以臺北市為例，臺灣大學由於學院較多，各方面的資料較齊全，如果需要找政治、經濟方面的資料，入寶山不會空手回；臺灣師範大學則是教育類重鎮，無論是期刊還是學報，種類齊全；政治大學則是有社會科學資料中心，在人文社會方面的研究樣樣俱足。現在蒐集資料很方便，量化資料可先從圖表著手，比較容易篩選出自己研究的主題；帶個隨身碟、買張影印卡，無論是電子資源，還是紙本資料，國內外無遠弗屆，查完資料再在附近享受美食，身心靈俱足！

六、感恩能學習到正確的統計觀念

自己能走到這裡，真的很感謝張教授。感謝他不嫌棄筆者這個年紀不小的學生，讓筆者這個在上個世紀學過統計的人，在 21 世紀可以真正學好統計，完成論文。在尋找指導教授的過程中，就如同在結構方程模式的統計檢定之中，要找出適配的模型一般，一定要找到適配的指導教授。學生的態度積極，就要找一位願意經常保持聯繫的好教授；學生不認真學習、進度很慢，恐怕就要找屬性相近的教授指導。筆者在半年多來，細數和張教授往來討論論文與研究寫作的電子郵

件，竟然將近 500 封，幾乎是以一週兩個進度的方式和教授討論——週末一個進度，星期三上課時又有另一個進度。感謝張教授不嫌棄筆者一開始的基礎不好，反而細心指導，一點一滴引領筆者正確概念，讓筆者學習統計的進步不小。張教授的行動研究室，有時在校園一隅，有時在捷運站，有時在社區附近；他總以學生的需求為出發點，和我們分享研究歷程的點滴，以及論文寫作的注意事項，例如：如何點出研究的獨創性與研究的賣點、如何在論文寫作上精簡又不失其文意、如何在研究過程中兼顧家庭與健康等，張教授身體力行，以身作則，是學習的典範。看到他這麼認真努力，讓筆者不敢懈怠。教授的以身作則，讓筆者能夠一步一步的走下去。誠如一位統計學者所言：「我現在所做的，不過是當年我的老師對我所做的。」願將這樣的精神，一代代傳承與學習。

參、不同學習階段的統計方向

國立臺北教育大學教育經營與管理學系博士
臺中市烏日區溪尾國小教師　林信言

一、掌握學習統計的階段

有一則統計的笑話：根據統計，過愈多次生日的人愈長壽，所以要多多過生日，才會長壽。這說明了，如果倒果為因的統計，是會令人啼笑皆非。

實證研究背後一定有許多數據資料，以筆者研究臺北市新移民子女的 430 份有效樣本為例，每份問卷包含 51 題，需要處理的變項多達兩萬個以上。如此龐大資料，輸入時已大費周章，如果不運用電腦來進行統計分析，不僅前功盡棄，更無法進一步一窺堂奧。筆者學習統計經驗分為學習理論和論文應用階段：前者要廣泛學習基本理論，瞭解各種統計方法的應用要領和限制；後者在於結合實際論文進行，是統計和論文之間，博觀而約取、厚積而薄發的美妙邂逅。

二、原理學習階段

　　研究的功用在於解釋、預測和控制，統計原理的學習可以先從單一變項的描述統計著手，對於次數分配、集中趨勢、離散程度、個別分數的相對位置、常態分配等基本觀念，要能充分掌握；如果學習順利，就可以進入到兩個變項之間的關係，此時判斷變項為類別變項或連續變項，將會影響統計方法的使用，如果判斷錯誤，誤用統計方法，輕則延誤進度，嚴重一點恐怕使整個研究一文不值，有全盤皆輸的感受。因此，研究所入學考題常會模擬情境，請考生寫出適當的統計方法，常見的有：兩個連續變項的相關、連續與類別變項的關係、兩個類別變項的關係，就是要研究生在入學前先具備基本的統計概念。現代資訊科技發達，電腦運算速度大幅超越人腦，此階段的學習重點是理論掌握重於數值計算。

　　統計能力要加強，可以請師長推薦入門書籍，自己挑選的話也最好能兼顧研究方法、統計學理及資料分析，以利自修；如果附有網址提供練習平臺，也可以利用現成資料練習，加深印象，且可以在遇到實際案例時，按圖索驥找到適當的統計方法，解開疑惑。若問題難度超出能力範圍，可以到圖書館閱讀各種統計書籍，對各種主題深入研究，也許不同學者專家相異的說法，可以豁然開朗。另外，請教研究所的教授，也是很好的解答途徑，但最好能蒐集相關的資料和電腦等工具，有備而去，才不會入寶山卻空手而回。

　　在大學或研究所進行課堂上實作，單憑紙筆記錄統計軟體操作，不僅速度受限，往往漏抄一個步驟或少寫了一個要勾選的選項，造成事後不能如法炮製，可重複性和可驗證性很差。建議可以利用電腦 PRINT SCREEN（擷取畫面）的功能，將逐步操作步驟，做出圖文並茂的數位筆記。筆者每次在課堂結束後，會立刻將筆記寄給幾位同學，起初只有孤軍奮戰，後來有愈來愈多同學加入這行列，透過和同學的交流討論，學習壓力因分擔而減少，學習喜悅卻因分享而增加。

　　統計可以生活化，筆者在學校訓練籃球隊，原本只是想熟練統計軟體的操作，將學生的投球成績長期記錄，計算出平均數、標準差，配合圖表功能，不僅

可以瞭解學生的練習水平和穩定程度，經過解說讓學生設定目標，超越自我；在選才時也可利用 PR 值的計算，瞭解學生在各項體適能的優勢（立定跳、柔軟度、800 公尺跑步），減少個人主觀價值、習慣偏好和生活經驗影響，客觀的為學校遴選最好的人才。誰說統計一定要高深莫測呢！

三、撰寫論文應用階段

筆者的論文題目是「臺北市新移民子女社會支持與自我概念關係之研究」，在第 1 章「研究動機」敘明清楚選擇研究對象與變項原因，根據研究目的發展出相應的待答問題，而每一個待答問題有適合的統計方法，必須在第 3 章以研究架構為藍圖，解釋其中變項之關係，運用最合適的統計方法，讓後續研究工作得以進行，這就是為什麼口試委員拿到論文計畫，總是喜歡單刀直入，目光落在研究架構圖，詢問再三的緣故。

以研究架構而言，首先探討的是「自我概念」與「社會支持」這兩個變項的情形，可使用描述統計的次數分配、平均數和標準差；再探討不同背景變項的新移民子女在社會支持與自我概念的差異，此時可使用獨立樣本平均數 t 檢定、單因子變異數分析；在探討兩者之關係時，使用結構方程模式；編製問卷則使用的是因素分析以及 *Cronbach's α* 信度分析。選用統計方法經過第 2 章的文獻探討，從相近的研究架構的期刊論文中，根據其研究目的不同，參考其研究建議，分析其所採用的統計方法的優缺點，以及實際蒐集問卷資料的可行性，最後參酌與指導教授和口試委員的建議而決定。

在論文完成階段，再根據統計分析，與其他研究進行比較，探討相同、相異及其他關係，撰寫第 4 章「研究結果與討論」及第 5 章「結論與建議」，研究者對於統計方法的使用，如果有進一步的建議，也可以一併納入，為後續的研究提供寶貴的經驗與進一步研究的建議。

總之，學習統計應掌握統計的基本原理及用途，更重要的是應好好練習每一種統計方法，讓理論與實務結合，此更是學習統計的最好方式。

第二節　學習策略

壹、學習統計的好策略

國立臺北教育大學教育經營與管理學系博士
基隆市中正區忠孝國小校長　　那昇華

一、瞭解統計學習的難題

學習統計的感受會在運用統計撰寫論文時最深刻。許多研究所的統計學為必修課程，有很多學校重視統計學，不僅在研究所有初等統計與高等統計課程，更有多變量統計課程提供選修；相對的，不重視社會科學分析的研究所會將統計列為選修或乾脆就不開課。學生普遍對統計課反感，主因在於擔心被當、不想學以及沒有興趣，甚至以沒有統計觀念為由避而不選，最後對統計心生畏懼。雖然有些系所是必修，但學生也沒有將統計學放在主要科目，而是以營養學分來看待，最後要應用或撰寫研究論文時，才感受到統計的重要！想當然耳，撰寫論文必然遭遇到很多困難，而無法畢業。

在職專班常會因學生程度參差不齊而將課程難度加以調整；如果不調整，教授教學困難，學生學習也興趣缺缺。但學生學習心態應調整才是最大的關鍵。當然還有一些挑戰，例如：(1)如何逐一喚回學生的統計基礎能力？(2)哪些是研究者日後撰寫論文時要會的統計方法？(3)如果統計學了很久仍無法吸收，協助的人在哪裡？(4)如何提升統計分析的能力？以下提出學習統計的經驗，與讀者分享。

二、重點章節的研讀

如何逐一喚回學生的統計基礎能力？如果從初等統計學習著手，學習者應投入時間對初等統計加以複習，若能熟練重要概念、操作技術與統計軟體，後續學習將會更順暢。透過個人不斷閱讀與學習統計即是好方法。

論文常運用的統計方法包括：(1)積差相關。就如皮爾遜積差相關之中，正相關、負相關、零相關、相關係數等，不管名詞解釋、使用時機與方法，宜確定是否理解；(2)χ^2 檢定。調查研究常運用的 χ^2 統計，適用於類別變項次數之檢定；(3)單因子變異數分析。研究者也常使用單因子變異數分析的 F 值、運用薛費法（Scheffé Method）進行事後比較，若能結合實例、研究問卷或實際的論文閱讀，就更能理解其中的意義；(4)多元迴歸分析、因素分析、徑路分析，甚至結構方程模式，都需要投入時間學習，或有專人、專書、參加研討會切磋或付費聽講座，一步一腳印的操作模擬，才能紮實學到真功夫。

三、尋找協助的專業師長

（一）安排時間學好統計

假若同學採用量化研究應用於論文寫作，可以提早合作學習。最好能請求研究所，聘請校內外學有專精的統計名師來短期演講，讓學生真正瞭解如何學習統計或如何運用統計於論文寫作上。若發現還有必修的統計學分，也要接受挑戰，要有選修的意願，如此才不會被淘汰。

（二）找統計專長的教授請益

若想運用統計協助撰寫論文，卻找一位專長在質性研究的指導教授，就如同一位吃素的朋友，卻找上牛排館的突兀現象。筆者曾看過幾位找錯指導教授者，因為論文使用統計，卻無法適當的解釋論文資料，最後不被口試委員接受，面臨無法畢業的窘境，豈可不慎乎？

（三）建立合作學習的社群

有些研究生會透過讀書會，邀請熟悉統計的人士指導。這種運用課餘時間，私下找專家指導，也是不錯的方式。此外，統計程度或寫作進度相仿的同學，以2 到 4 人的人數與指導教授約定時間，徵得指導教授同意，在教授教導統計分析

時，做好影像紀錄，除了可以避免遺漏重要關鍵資訊，更能將統計分析的正確流程做完整操作。假如後來的研究者有統計學習的需求，還能將影片重製，免除教授再一次講授的辛苦。

四、提升統計能力方法

要提升統計能力，必須要選讀正確的書，這些專業書籍觀念解說清楚、言簡意賅，又具實務導向說明，就是好的統計學習教本。坊間看到的統計學，一本比一本厚，類似枕頭一樣，看到就很不想學，便降低了學習動機。筆者指導教授要同學閱讀余民寧（2006）所寫《潛在變項模式》一書裡的一段話：學什麼永遠不嫌晚，但決心一定要夠堅定。想要把「潛在變項模式」學好的人，一定要打好以下基礎：(1)學習動機和毅力；(2)基礎的統計學；(3)操作 SPSS 統計套裝軟體的技術與經驗；(4)線性代數（含矩陣原理）；(5)多變量統計學（至少含迴歸分析、徑路分析與因素分析）。余教授特別強調，循序漸進才是學好統計的不二法門，否則就算如期畢業，對統計依然只能知其然，但不知其所以然。

貳、統計能力的技術與挑戰

基隆市中興國小校長　楊志欽

在量化研究中，學習者向來最擔心統計部分，不知要如何操作軟體？不知哪一個假設問題該用哪一種統計方法？不知跑出來的一堆數據要採用哪些數字？不知這些數字代表什麼意涵？針對諸如此類的問題，提供以下幾點看法。

一、找到開門的鎖──強化統計概念與實務

研究者擬定研究問題後，發出並回收問卷，逐一將填答的問卷鍵入檔案的同時，問題便開始浮上檯面：「到底問題一要用哪一個統計方法？」這是研究生最常問的一句話。這突顯一個問題──統計概念不夠強，才會不清楚每個問題應該用的統計方法。研究者在確定自己量化研究的方向時，就應該強化自己對統計理論、概念、實務操作的能力。如此一來，面對統計實作，才不至於產生許多疑問

與困擾，進而耽誤研究進度。

在強化自己的統計概念與實務操作上，除了廣泛閱讀統計工具書之外，還可多與身邊做過量化研究有心得的同事、朋友請益；最後，當然要多叨擾統計強的教授指導。多數校內或系上的老師，雖非指導教授、口試委員、任課老師，他們也都願意熱心幫忙。

二、熟能生巧——嫻熟統計軟體操作

相信絕大多數的研究生修過統計學或高等統計，許多老師花費苦心指導學生統計軟體的操作。既然如此，為何總有「書到用時方恨少」的情形？手裡拿著統計軟體，卻不知從何下手。觀察其原因，其一是修統計學的課，可能是在研究所一年級，已經過一段時間，漸漸淡忘老師當時操作的步驟與重點，又沒有經常練習與使用，自然生疏；其二是或許當時根本並未確定將來是否採取量化研究。

衷心建議學習者對於統計軟體操作，需要反覆練習，可以找一份資料，設計研究問題，嘗試操作，解釋結果，證明自己操作軟體的能力；當然，最重要的不外乎複習操作過程，不斷喚起自己對統計軟體操作的記憶。如此一來，透過紮實的複習與工具書的對照，相信未來面對統計，自然駕輕就熟。

三、掌握統計進度——積極請益專家意見

當研究者進行到統計實作時，很容易因為統計資料過多、輸入耗費時間、統計技術不好、不知如何操作、不明何者所需等原因，耽誤研究進度，影響研究的時效性。為了避免耽誤研究時程，最好的方法便是每天都有研究進度。當面臨統計瓶頸時，切記主動出擊、不恥下問。筆者經常勉勵正在研究所進修的同事一句話：「當你開口，別人才知道你的問題；不開口，永遠解決不了問題。」這反映了一個現象：主動積極的請教他人，問題與困擾才有獲得解決的可能；被動消極的處理，問題始終停在原點。

自己建立一個合適的「統計諮詢人才庫」是一件很重要的事。人才庫的人員，除了指導教授與口試委員之外，還可以包含所內授課的老師、量化研究的專

家學者、已畢業又熟識的同學朋友等，詳細輸入人才庫人員的聯絡方式及統計專長，在適當的時機向他們請益，讓自己的統計困難獲得解決，當統計過程獲得適當的協助，統計部分自然就可順利完成。

四、數字會說話——客觀合理分析結果

　　無論是量化研究或質性研究，最終目的是為了找到問題根源與解決策略。有趣的是，量化統計結果的數字，能透露出它表達的意思，但研究者意識到了嗎？經常有許多學生對著統計軟體跑出來的數字發愁，不知哪些數字要採用？又代表什麼意涵？簡單來說：面對一連串的數字，不會進行結果分析與解釋時，即表示要能客觀合理的分析與解釋統計數字，必須具備很好的統計概念。在面對統計數字，要不斷的翻閱工具書，找到合理的解釋方式，並且不要過度推測結果。

　　筆者習慣每做完一個段落的統計，便著手進行分析與解釋，隨即請指導教授或口試委員賜教，假設分析與解釋方式正確，便可朝著目標繼續邁進。假設分析與詮釋觀點有偏頗，可以經由「統計諮詢人才庫」諮詢人員多方建議，再次斟酌結果或推論的觀點，避免分析解釋有誤，影響研究結果。

五、最後的叮嚀

　　筆者再次藉由自身的經歷來提醒學習者，面對統計問題不外乎兩項：(1)增強個人統計概念與實務經驗，未來面臨統計操作便能輕鬆自如；(2)掌握統計人才，尋找合適人員協助，避免困境無法突破。總之，統計方法有其技術性與挑戰性，研究者必須具備能力與工具，接受這饒富趣味的挑戰。

參、學習統計的竅門

彰化縣竹塘鄉田頭國小退休校長　張樹閔

一、學習統計的好方法

　　初學統計有如瞎子摸象，跟現實有段差距；有時感受也猶如置身迷宮，不知

所措。有這樣感受者,不是沒有上過統計課,就是害怕統計,其問題最大癥結在於理論與實務無法結合。統計書說的頭頭是道,可是卻忘了真正實地操作及瞭解統計原理。筆者將經驗分享,說明如下。

(一)詳讀社會科學研究法並與統計方法連結

研究者常以為論文寫出來就好,其實養成教育相當重要。學習統計應先掌握研究方法,研究者要有條不紊、系統式學習,每次學習完之後,宜思考如果運用這些研究方法,要如何與統計搭配,因此詳讀研究法對學習統計幫助相當大。

(二)學習統計要結合統計原理與實際操作

學習統計應兼具理論與實務的結合,方式如下:(1)從研究問題決定統計方法。論文撰寫的第一階段要判定論文中要用哪些統計方法,而這些統計方法與研究變項是否可結合?第二階段要瞭解統計方法的原理,例如:確定研究中需要用迴歸分析法,可以先瞭解迴歸分析的原理,再透過問卷統計實務跑出迴歸報表。第三階段能自己實際且正確的操作軟體,並對電腦報表加以解釋,例如:將迴歸分析報表做有意義的整理及說明;(2)研究架構與研究問題需密切配合。研究者可從研究架構來瞭解研究問題,也可從研究問題探討出研究架構;(3)問卷編製與統計有密切相關。很多研究所課程,統計課沒有與問卷結合。筆者分析 15 位學生因素分析報告發現,問卷編製不嚴謹,在因素分析就會出現問題;當分析出現問題時,才會想到問卷編製的重要,所以問卷編製與統計學習有密切關係。

(三)尋找符合專長的指導教授

研究生如果要進行量化研究,最好找有量化專長的教授進行指導。筆者碰到一位好老師,對於統計鉅細靡遺解說,一步步引導,增加論文寫作信心,因此統計學習速度很快,把步驟一一抄下,回家之後就趕快實際練習,如有問題再找統計書籍對照,解決不少的統計問題。

（四）與老師及同學互動密切

　　研究生在學期間，可運用課餘撰寫小型論文，搭配學習統計進行論文發表。筆者的經驗是，在學期間，指導教授要求撰寫小論文，於是就到大學圖書館找尋英文期刊與論文，因而確定論文主題及問卷題型。當然，老師的統計指導更不用說，統計學習有問題時，會向老師請教問題癥結，由老師詳實解答疑問。筆者提早起步學習統計，比起同班同學早一年完成論文。小論文的撰寫讓筆者在畢業論文撰寫時，更駕輕就熟。

（五）可以和同學合作學習

　　同學們可以共同組成 3 至 5 人的學習團隊來討論統計，也是好方式。筆者求學期間，有 7 位學生是同一位教授指導，均能如期順利畢業，這歸功於教授在統計與論文寫作的嚴格督導與同學的合作學習。教授指定筆者為小老師，同學有問題可先透過小老師詢問討論；如果統計問題無法解決，再請教教授。合作學習可以發揮同學愛，相互砥礪。

二、遇到統計困難的克服方法

　　學習統計會遇到不少問題，筆者克服的方法如下：(1)請教具有統計專長的教授。筆者提出問題，只要老師回應就迎刃而解；但在請教老師之前，自己要先做功課，否則問一些幼稚問題，浪費大家時間；(2)請教已畢業或具統計專長的同學。同學只要有時間討論統計，問題很快解決；(3)查閱統計專業書籍。書籍是獲取知識的有效方式，在教授講解完之後，應立即對照統計參考用書，想想教授的講解重點何在；(4)勤做筆記。教授在講解統計原理及操作時，立即記錄要點，並且和參考書相印證，隨時充實自己，讓問題愈來愈少。

　　總之，統計對許多人來說不是簡單的科目，但不斷的自我學習、和教授及同學的討論請益，以及克服自己畏難心態，是建立信心的不二法門，如能運用課餘時間隨時充實專業知能，日子久了，統計就不再困難。

◎問題

　　您害怕統計嗎？很多學生非常害怕統計，尤其看到數字就難以接受。筆者在大學任教統計課程多年，看到很多學生學習統計不得要領，主因是多數學生在學習統計之前，並沒有具備七項事（簡稱「七沒」）。因此，若學生可以掌握七項學習統計要領（簡稱「七要」），就可以很快的學好統計。筆者將「七沒」和「七要」視為學習統計的「七七原則」。

◎討論

　　「七七原則」的「七沒」，內容如下：

1. 沒有學習統計的自信心。有數字、有公式、年長了、已學過但年代久遠等，所以沒有自信。
2. 沒有找對入門的統計書。不知要找哪一本書閱讀，每一本都好厚……。
3. 沒有多元閱讀統計書籍。僅讀一本書，未能多讀其他同類型的書。
4. 沒有用心多聽統計課程。課前不預習、課後沒有操作軟體與練習。
5. 沒有實務操作統計習題。上課不用心學習原理及實務操作。
6. 沒有多元思考統計方法。不去瞭解不同方法的差異，以及其運用的原理與時機。
7. 沒有多次發問統計問題。不想問、不敢問、不會問、不知道要問什麼。

　　相對的，學好統計應具備的「七要」如下：
1. 要有學習統計的自信心。
2. 要找對入門的統計書籍。
3. 要多元閱讀統計的書籍。

4. 要用心多聽統計的課程。

5. 要用心操作統計的習題。

6. 要多元思考統計的方法。

7. 要能對統計問題多發問。

　　總之，讀者在學習統計之前（學期初），應先自我評估「七七原則」是否出現，在持續用心學習一學期之後，學期終了再自我反省一次，是否真的體會出學好統計的七項要領。若在學期末，還是有幾項沒有出現，那就要自我檢討了。在此，同學們可先檢視在「七要」之中，缺少了哪些？或者是否還有超出「七沒」的問題？

CHAPTER **3**
SPSS 簡介

第一節　登錄與類型

壹、準確的資料登錄

　　研究者如何將回收的資料（如問卷）做有意義的整理，並正確的登錄在 SPSS 視窗中呢？這是研究者需要掌握的部分。

　　研究者在資料回收之後，應該將回收資料做一篩選，將受試者未完整填寫或者亂填者挑出來，保留有效樣本，並為每一份有效問卷做編號，例如：1、2、3、4……，以此類推，如此可避免問卷在登錄於電腦時發生遺漏的狀況。接著，研究者要把這些資料登錄在電腦中，登錄電腦的基本格式如表 3-1 所示（也可以直接將它登錄在 SPSS 視窗中）。表的格式則可如電腦的 Excel 或 SPSS 視窗。表 3-1 顯示 400 名樣本資料要登錄，每一個變項都需要將其數字編碼（code），包括性別以 1 代表男性，2 代表女性；年齡為連續變項，依受試者填答而定；教育程度以 1 代表國中（含以下）、2 代表高中職、3 代表大專校院、4 代表研究所；變項一至變項四題目的選項均以非常不同意、不同意、同意、非常同意，讓受試者勾選，並以 1、2、3、4 做為分數轉換。就以第一位受試者而言，他是男性、年齡為 30 歲、教育程度為國中（含以下）、變項一選擇不同意、變項二選擇非常同意、變項三選擇不同意、變項四選擇非常同意。研究者依此類推來登錄各個受試者的資料，以成為一個可以分析的資料檔。

表 3-1 資料登錄的格式

受試者 \ 變項	性別	年齡	教育程度	……	變項一	變項二	變項三	變項四
1	1	30	1		2	4	2	4
2	2	35	4		2	2	3	1
3	2	26	3		3	3	1	4
4								
·								
·								
·								
398								
399								
400								

貳、視窗的類型

　　SPSS for Windows 25 版有中文版、英文版或其他語系的版本，各版本的功能一樣，僅有語言呈現不同而已。以下說明中英版本的視窗。

一、英文版的視窗

　　英文版的視窗如下頁圖所示，其功能列包括 File、Edit、View、Data、Transform、Analyze、Graphs、Utilities、Add-ons、Window、Help。File 主要在開啟檔案；Edit 在編輯資料；View 在檢視資料；Data 是在界定資料；Transform 是進行資料的轉換，例如：變項要進行加、減、乘、除，或是將資料重新編碼等；Analyze 是將資料進行分析程式集，它是所有統計計算類型的集合，包括描述統計、因素分析、卡方分析、迴歸分析、信度分析等；Graphs 為繪圖；Utilities 是公用程式選項；Add-ons 為附加一些延伸的統計功能；Window 是在看資料的情形；Help 做為 SPSS 功能的求助。在視窗左下角有一個 Data View 用以檢視已登錄的資料，也有一個 Variable View，做為變項名稱的界定與欄位界定等。

二、中文版的視窗

　　中文版的視窗與英文版格式一樣（如下頁圖所示），只是語言類型不同。在工具列上有 檔案 (F)、 編輯 (E)、 檢視 (V)、 資料 (D)、 轉換 (T)、 分析 (A)、 圖形 (G)、 公用程式 (U)、 延伸 (X)、 視窗 (W)、 說明 (H)等。研究者較常用的是 分析 (A)、 圖形 (G)、 轉換 (T)等。在視窗左下角有兩個灰白色的選塊，一為 資料視圖 ，一為 變數視圖 ，前者就是整體的 SPSS 視窗；而後者是對變項的界定，包括變項名稱、變項欄位多寡、變項屬性等，研究者可以兩者交互的點選，做螢幕的切換。

#	性別	學歷	年資	校別	職務	規模	經驗	法1	法2	法3	法4
1	1.00	4.00	2.00	1.00	2.00	3.00	2.00	2.00	1.00	1.00	3.00
2	1.00	3.00	6.00	1.00	2.00	4.00	2.00	2.00	2.00	2.00	1.00
3	2.00	2.00	2.00	1.00	1.00	4.00	2.00	2.00	2.00	2.00	3.00
4	1.00	2.00	6.00	1.00	1.00	4.00	2.00	3.00	2.00	2.00	2.00
5	2.00	3.00	6.00	1.00	1.00	4.00	2.00	4.00	3.00	2.00	2.00
6	1.00	3.00	5.00	1.00	1.00	4.00	2.00	3.00	3.00	3.00	1.00
7	1.00	1.00	2.00	1.00	1.00	4.00	2.00	3.00	2.00	2.00	2.00
8	2.00	4.00	1.00	1.00	2.00	4.00	2.00	3.00	3.00	3.00	2.00
9	1.00	3.00	4.00	1.00	1.00	4.00	2.00	3.00	3.00	2.00	2.00
10	1.00	3.00	6.00	1.00	1.00	4.00	2.00	2.00	3.00	1.00	1.00
11	2.00	4.00	3.00	1.00	1.00	4.00	2.00	3.00	2.00	2.00	2.00
12	2.00	4.00	4.00	1.00	1.00	4.00	2.00	3.00	3.00	1.00	3.00
13	1.00	2.00	1.00	1.00	1.00	4.00	2.00	2.00	2.00	1.00	3.00
14	1.00	3.00	6.00	1.00	1.00	4.00	2.00	2.00	3.00	1.00	1.00
15	2.00	1.00	1.00	1.00	2.00	4.00	2.00	3.00	3.00	2.00	3.00
16	1.00	3.00	5.00	1.00	1.00	4.00	2.00	3.00	3.00	1.00	1.00
17	1.00	4.00	6.00	1.00	1.00	4.00	2.00	3.00	3.00	2.00	3.00
18	2.00	3.00	3.00	1.00	1.00	4.00	2.00	3.00	2.00	2.00	2.00
19	1.00	4.00	3.00	1.00	1.00	4.00	2.00	3.00	3.00	3.00	2.00

對於上述的功能列，以下舉一些常用的例子。

（一）開啟檔案

若要開啟檔案，可點選視窗左上角的[檔案](F)，會出現一個視窗，點選[開啟](O)，再點選[資料](D)，即可從先前所儲存的資料檔中點選出所要的檔案。

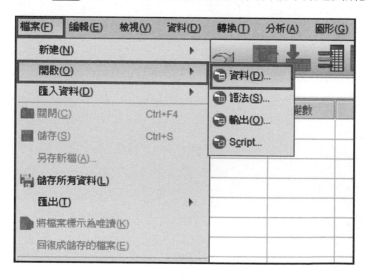

（二）儲存檔案

　　研究者輸入一些資料之後，若欲儲存資料，可點選視窗左上角的 檔案 (F)，再點選 另存新檔 (A)，之後會出現一個視窗，此時研究者要決定將資料儲存在哪一個資料檔之中。此視窗顯示 查看範圍 (I)，就可以儲存此檔案。儲存時要注意，視窗中有兩個重要項目：一是 檔名 (N)，另一是 另存類型 (T)。就 檔名 (N) 來說，可以依個人的喜好來命名，中文檔名或英文檔名皆可，但應注意檔名不要太長；而就 另存類型 (T) 來說，電腦中已經出現「SPSS Statistics (*.sav)」狀態，它是 SPSS 的設定格式，所以不用改變它，維持即可。在檔案名稱確定之後，按 儲存 (S)，即完成儲存。

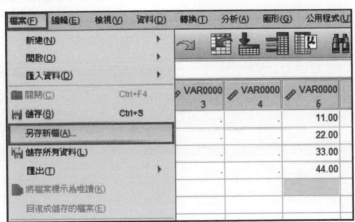

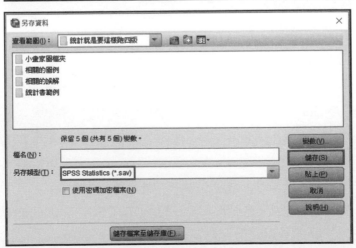

（三）變項檢視

研究者若要建立資料檔中的各個變項內容，即可點選 SPSS 視窗左下角的兩個切換功能鍵：變數視圖與資料視圖。變數視圖可以掌握資料建置的情形，對於 SPSS 資料的瞭解有其重要性。各項功能說明如下：

1. 名稱（Name）：它在對變項命名或修改變項名稱，設定長度為八個英文字母或四個中文字。若名稱字數要增加，可依需求在寬度一欄設定。

2. 類型（Type）：它在確立變項資料的類型，如數字型（Numeric）、文字型（String）等。以本例來說，性別雖然以 1 代表男性，2 代表女性，1 與 2 是數字型的資料，但不可以相加；若將它當成是一種文字型，可以用 M 代表男性，F 代表女性。在欄位中想要打中文字，可以在變數視圖中，把游標放在類型欄，點選之後會看到一個視窗，點選字串(R)即可。

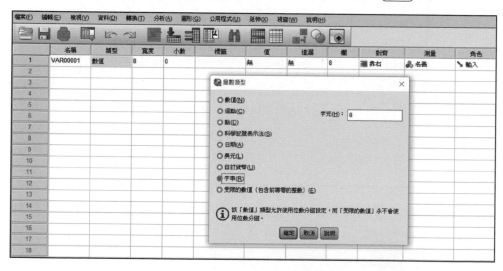

3. 寬度（Width）：它在規範變項資料的整體欄位。如果是 1，代表該變項的整體資料僅為 1 個欄位（或個位數），若為 2 代表兩位數（十位數）、3 代表三位數（百位數），依此類推。寬度是各變項所需要登錄資料的寬度，如以名稱欄來說，需要五個字，就需要十個電腦字元，可在寬度中點選，會出現上下三角形圖形，上三角形點了之後，寬度就會增加，反之則減少。

4. 小數（Decimals）：它是指變項資料小數欄位的位數。如果輸入 1，代表該資料的小數取一位，輸入 2 則取兩位小數，依此類推。

5. 標籤（Label）：它是在說明該變項的意義，可以用中文或英文簡要說明該變項的意義，可避免遺忘。

6. 值（Values）：它在以數值來界定變項內各類別的內容，若以本範例檔來說，學歷可以寫成 1 ＝師大、教育大學或教育學院；2 ＝一般大學或學院；3 ＝研究所四十學分班結業；4 ＝碩博士；5 ＝其他。

7. 遺漏（Missing）：它在界定缺失資料。問卷調查有很多時候會因為填答者漏答，因而在某一題會有資料缺失，在建檔時，可經由此來標示出某些題目的缺失值。如果受試者在某一題的作答不完整，可以用一個與編碼變項不同的數字設定為缺失值。在經由此建置後，SPSS 在計算變項數值時，會將此缺失值視為遺漏，而不會納入計算，例如：年資要設定為缺失值，在變項檢視視窗中，需點選年資與對應格上遺漏的，會有一個 ⋯ 符號，點選之後會出現一個視窗。接著，點選 範圍加上一個選擇 性的離散遺漏值(R)，在 低(L) 與 高(H) 中各填 8 與 9（因為缺失值設定為 9，設定需要一個高、低值，所以從 8 開始，9 結束），如下圖所示。

8. 測量（Measure）：它在設定資料的屬性。SPSS軟體中區分為類別（nominal）、等級（ordinal）、等距及比率（scale）變項。

（四）資料檢視

研究者將資料登錄完成，最重要的是要檢視資料是否有登錄錯誤，此時可以打開 SPSS 視窗，點選視窗左下角的 資料視圖，就可以看到 SPSS 整體資料的視窗。從視窗中的工具列中，點選 分析 (A)，選擇 敘述統計 (E)，再選取 次數分配表 (F)，將所要檢查的變項投入右邊的欄位中，按 確定，就可以跑出結果。研究者可以從報表中一一檢核，以瞭解資料是否輸入有誤。

	名稱	類型	寬度	小數	標籤	值	遺漏	欄	對齊	測量	角色
1	性別	數值	8	2		無	無	8	靠右	尺度	輸入
2	學歷	數值	8	2		無	無	8	靠右	尺度	輸入
3	年資	數值	8	2		無	無	8	靠右	尺度	輸入
4	校別	數值	8	2		無	無	8	靠右	尺度	輸入
5	職務	數值	8	2		無	無	8	靠右	尺度	輸入
6	規模	數值	8	2		無	無	8	靠右	尺度	輸入
7	經驗	數值	8	2		無	無	8	靠右	尺度	輸入
8	法1	數值	8	2		無	無	8	靠右	尺度	輸入
9	法2	數值	8	2		無	無	8	靠右	尺度	輸入
10	法3	數值	8	2		無	無	8	靠右	尺度	輸入
11	法4	數值	8	2		無	無	8	靠右	尺度	輸入
12	委1	數值	8	2		無	無	8	靠右	尺度	輸入
13	委2	數值	8	2		無	無	8	靠右	尺度	輸入
14	委3	數值	8	2		無	無	8	靠右	尺度	輸入
15	委4	數值	8	2		無	無	8	靠右	尺度	輸入
16	委5	數值	8	2		無	無	8	靠右	尺度	輸入
17	過1之1	數值	8	2		無	無	8	靠右	尺度	輸入
18	過1之2	數值	8	2		無	無	8	靠右	尺度	輸入
19	過1之3	數值	8	2		無	無	8	靠右	尺度	輸入
20	過1之4	數值	8	2		無	無	8	靠右	尺度	輸入

資料視圖　變數視圖

	性別	學歷	年資	校別	職性	規模	扭動	法1	法2	法3	法4	要1	要2	要3	要4	要5	適1之1	適1之2	
1	1	4	2	1	2	3	2	2	1.00	1.00	3.00	1.00	3.00	1.00	2.00	3.00	1	1	
2	1	3	6	1	2	4	2	2	2.00	2.00	1.00	1.00	2.00	1.00	2.00	6.00	2	1	
3	2	2	2	1	1	4	2	2	2.00	2.00	3.00	2.00	3.00	1.00	2.00	6.00	1	1	
4	1	2	6	1	1	4	2	3	2.00	2.00	2.00	3.00	4.00	2.00	2.00	6.00	2	2	
5	2	3	6	1	1	4	2	4	3.00	2.00	2.00	2.00	4.00	3.00	2.00	6.00	2	1	
6	1	3	5	1	1	4	2	3	3.00	3.00	1.00	3.00	3.00	1.00	2.00	6.00	1	1	
7	1	1	2	1	1	4	2	3	2.00	2.00	2.00	1.00	3.00	1.00	2.00	2.00	1	1	
8	2	4	1	1	2	4	2	3	3.00	3.00	2.00	1.00	2.00	1.00	2.00	6.00	1	1	
9	1	3	4	1	2	4	2	3	3.00	3.00	2.00	1.00	2.00	1.00	2.00	6.00	1	1	
10	1	3	6	1	2	4	2	2	3.00	1.00	1.00	2.00	3.00	1.00	2.00	5.00	1	1	
11	2	4	4	1	1	4	2	3	2.00	2.00	2.00	1.00	3.00	1.00	2.00	6.00	1	1	
12	2	4	4	1	1	4	2	3	3.00	1.00	3.00	3.00	2.00	1.00	2.00	6.00	1	1	
13	1	2	1	1	1	4	2	3	2.00	1.00	3.00	3.00	3.00	1.00	2.00	6.00	1	1	
14	1	3	6	1	1	4	2	2	3.00	2.00	1.00	2.00	3.00	1.00	2.00	6.00	1	1	
15	2	1	1	1	2	4	2	3	3.00	2.00	3.00	1.00	2.00	1.00	2.00	2.00	2	2	
16	1	3	5	1	2	4	2	2	3.00	1.00	1.00	2.00	4.00	1.00	1.00	6.00	1	1	
17	1	4	6	1	1	4	2	3	3.00	2.00	3.00	3.00	3.00	1.00	2.00	6.00	2	1	
18	2	3	3	1	1	4	2	3	2.00	2.00	2.00	1.00	3.00	2.00	2.00	6.00	3	1	
19	1	4	3	1	1	4	2	3	3.00	3.00	2.00	2.00	2.00	4.00	2.00	4.00	1	1	
20	2	1	1	1	1	4	2	4	3.00	2.00	2.00	3.00	2.00	1.00	2.00	4.00	1	1	
21	1	4	3	1	2	4	2	3	3.00	2.00	3.00	2.00	3.00	1.00	2.00	2.00	1	1	
22	2	2	2	1	1	4	2	3	4.00	2.00	2.00	3.00	2.00	1.00	2.00	4.00	1	1	
23	2	1	1	1	1	4	1	4	3.00	2.00	2.00	1.00	4.00	1.00	2.00	4.00	1	1	
24	2	4	4	1	1	4	2	3	3.00	2.00	3.00	2.00	6.00	2.00	3.00	4.00	1	1	
25	1	4	2	1	1	4	1	2	2.00	2.00	3.00	2.00	5.00	2.00	3.00	4.00	1	1	
26	1	3	6	1	2	4	2	3	3.00	2.00	1.00	3.00	3.00	1.00	2.00	6.00	2	2	
27	1	3	8	1	1	4	2	2	3.00	3.00	3.00	1.00	3.00	1.00	2.00	4.00	1	1	
28	1	2	1	1	2	4	2	3	2.00	2.00	2.00	1.00	3.00	1.00	2.00	4.00	2	2	
29	1	3	6	1	1	4	2	3	3.00	2.00	3.00	2.00	4.00	2.00	3.00	4.00	1	1	
30	1	3	6	1	1	4	2	3	2.00	2.00	1.00	1.00	3.00	1.00	2.00	5.00	1	1	
31	2	3	6	1	1	4	2	3	2.00	1.00	1.00	1.00	2.00	1.00	2.00	4.00	1	1	
32	1	1	1	1	2	4	2	3	2.00	2.00	2.00	2.00	3.00	2.00	2.00	5.00	1	1	
33	1	4	6	1	1	4	2	3	3.00	1.00	1.00	3.00	4.00	1.00	2.00	6.00	1	1	
34	1	4	1	1	1	4	2	4	3.00	2.00	3.00	3.00	3.00	2.00	2.00	4.00	2	1	

資料視圖　變數視圖

三、讀取 Excel 檔案

　　研究者在登錄資料時，常會運用 Excel，而不是 SPSS，此時的 SPSS 要如何讀取所建置的 Excel 檔呢？在功能列上，可點選 檔案 (F)，接著點選存放檔案夾中的檔案（本例為「社會階層範例檔.xlsx」），記得在檔案類型上點選「Excel (*.xls、*.xlsx、*.xlsm)」，再點選 開啟 (O)，會出現一個開啟 Excel 來源的視窗（左下圖），再按 確定，就可以出現 SPSS 檔案了，如下頁右下圖所示。

開啟資料　　　　　　　　　　　　　　　　　　　　✕

查看範圍(I)：　新資料夾

社會階層範例檔.xlsx

檔名(N)：　社會階層範例檔.xlsx　　　　　　　　開啟(O)

檔案類型(T)：　Excel (*.xls、*.xlsx、*.xlsm)　　貼上(P)

編碼(E)：　　　　　　　　　　　　　　　　取消

　　　　　　　　　　　　　　　　　　　　説明(H)

從儲存庫擷取檔案(R)...

讀取 Excel 檔案　　　　　　　　　✕

C:\Users\Acer\Desktop\新資料夾\社會階層範例檔.xlsx

工作表(K)：　工作表1 [A1:E5]

範圍(N)：

☑ 從資料的第一列讀取變數名稱(V)
☑ 判定資料類型的值百分比(E)：95
☑ 忽略隱藏的列和欄(I)
☐ 從字串值移除前導空格(M)
☐ 從字串值移除尾端空格(G)

預覽(W)

	姓名	性別	社會階層	國語成績	
1	王小華	1	5	80	90
2	張小英	2	2	75	78
3	陳小東	1	1	62	55
4	劉文正	2	3	90	70

ℹ 最終資料類型基於所有資料，且可以與預覽不同。預覽基於前 200 個資料列。預覽只會顯示前 500 欄。

確定　貼上(P)　重設(R)　取消　説明

檔案(F)　編輯(E)　檢視(V)　資料(D)　轉換(T)　分析(A)　圖形(G)　公用程式(U)　延伸(X)　視窗(W)　説明

	姓名	性別	社會階層	國語成績	數學成績
1	王小華	1	5	80	90
2	張小英	2	2	75	78
3	陳小東	1	1	62	55
4	劉文正	2	3	90	70
5					
6					
7					
8					
9					
10					
11					

四、選擇某些變項與樣本

　　研究者有時要刪除某幾筆樣本或是刪除某些變項，此時可以在 SPSS 視窗中，將游標挪到所要刪除的變項或樣本處進行反黃，如下例為第 16 筆及第 17 筆樣本，再到功能列按 編輯 (E)，點選 清除 (E)，就可以刪除這兩筆樣本。變項的刪除如上述一樣，不再重複。

　　若要增加一個變項或一筆樣本要如何操作呢？以第 17 位之前要增加一位樣本為例，要先點選第 17 筆樣本後，再進行以下步驟；如下圖在功能列中按 編輯 (E)，再點選 插入觀察值 (I)，會在第 17 空出一列，就可以輸入變項。

第二節　基本工具

壹、統計圖表

　　統計資料常需要做有意義呈現，這時就需要透過圖形來顯示。研究者在整理數據時常會藉由圖表，讓讀者可以對數據分析一目了然，解讀結果。目前有很多種統計圖可以把資料做有意義呈現，例如：直方圖、圓餅圖、多邊圖、盒鬚圖、線條圖、散布圖／點狀圖等，可依研究的需求繪製。茲以「金門縣國民中小學校長遴選問題及其爭議」之調查問卷資料，欲瞭解此次調查性別人數的圖示，以及不同的任教年資次數分配，SPSS 的操作方式如下。

一、在功能列的 分析 (A)內繪圖

　　1. 在 SPSS 視窗中開啟資料。

　　2. 在功能列中，依序點選 分析 (A) → 敍述統計 (E) → 次數分配表 (F)。

檔案(F)	編輯(E)	檢視(V)	資料(D)	轉換(T)	分析(A)			延伸(X)	視窗(W)	說明(H)

							敍述統計(E)	▶	次數分配表(F)...				

| 1:性別 | | 1.00 | | | 貝氏統計資料(B) | ▶ | 敍述統計(D)... | | |

	性別	學歷	年資	表格(B)	▶	預檢資料(E)...	驗	
1	1.00	4.00		比較平均數法(M)	▶	交叉資料表(C)...	2.00	
2	1.00	3.00		一般線性模型(G)	▶	比例(R)...	2.00	
3	2.00	2.00		概化線性模型(Z)	▶	P-P 圖...	2.00	
4	1.00	2.00		混合模型(X)	▶	Q-Q 圖...	2.00	
5	2.00	3.00		相關(C)	▶		2.00	
6	1.00	3.00		迴歸(R)	▶		4.00	2.00
7	1.00	1.00		對數線性(O)	▶		4.00	2.00
8	2.00	4.00		神經網路(W)	▶		4.00	2.00

3. 選擇 變數(V)，如性別（以下代號 1 為男性，2 為女性）。

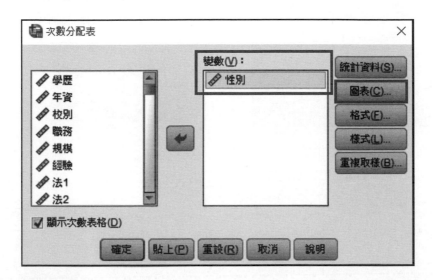

4. 選擇 圖表(C)，在長條圖、圓餅圖、直方圖，都有次數分配表和百分比的選擇。

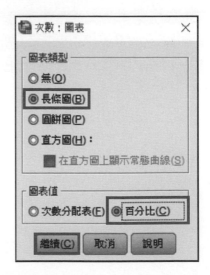

次數分配表圖示　　　　　　　　　百分比圖示

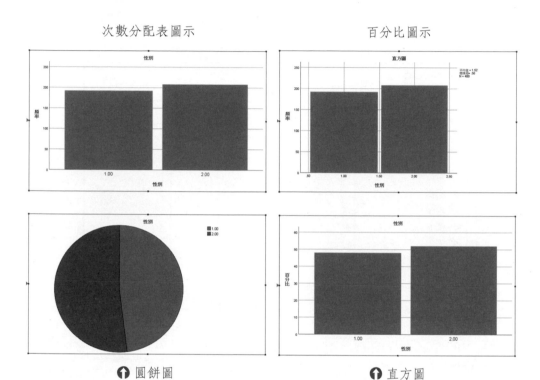

⬆ 圓餅圖　　　　　　　　　　　　⬆ 直方圖

　　如果以任教年資為例，操作後的報表在圖形的代號 1 為 5 年以下，2 為 6～10
年，3 為 11～15 年，4 為 16～20 年，5 為 21～25 年，6 為 26 年以上。

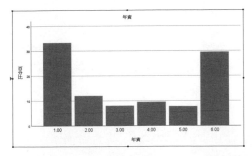

↑ 長條圖

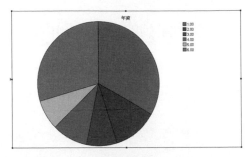

↑ 圓餅圖

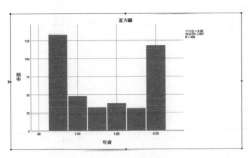

↑ 直方圖

　　由上圖可知，當選項比較多時，長條圖和直方圖可看出樣本次數的大致分布，也就是年資多和年資少者占多數，而年資在中間者明顯偏少，呈現 M 型分布；至於圓餅圖只能看出各選項的比例。而選擇何種圖形呈現，端看研究目的。此外，還有一種莖葉圖，它是以樣本的得分為莖（stem），而以該得分的累積次數為葉（leaf），所構成的圖形。

二、在功能列的 圖形(G)內繪圖

若要將職務變項繪製成直方圖,可在功能列的 圖形(G)之 舊式對話框(L),點選 直方圖(I),接著將職務選入 變數(V),再按 確定 。

若要瞭解資料結構之分布狀況,就需要散布圖,例如:積差相關、迴歸分析常需要此功能。以繪製遴選問題與功能為例,在功能列的 圖形(G)之 舊式對話框(L),點選 散點圖/點狀圖(S),會出現一個如下的視窗。

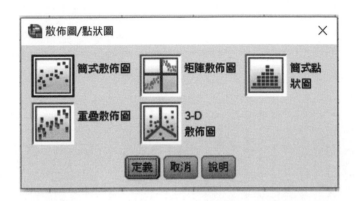

　　接著選定簡式散佈圖，按定義，又會出現一個視窗，把所要繪製的變項選入Y軸、X軸之中，以本例是將「遴選問題」選入 Y，而將「功能」選入 X，最後按確定就可以跑出來，如下圖所示。

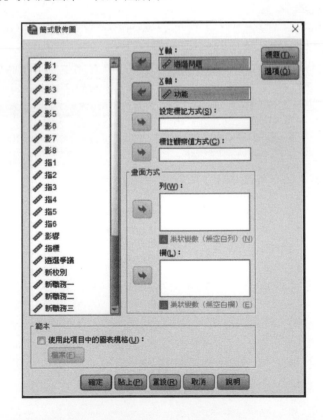

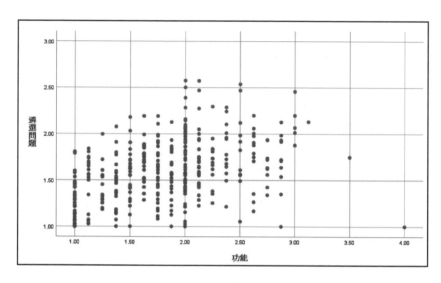

三、繪製誤差長條圖

若以年資及功能繪出誤差長條圖，操作如下：

在功能列點選 圖形 (G)，在 舊式對話框 (L)選取 誤差長條圖 (O)，之後會出現以下視窗。

簡式已被選定。接著點選定義。

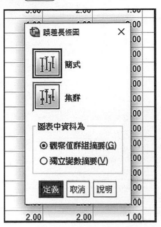

然後，把功能選到變數(V)，把年資選到種類軸(C)，最後按確定。

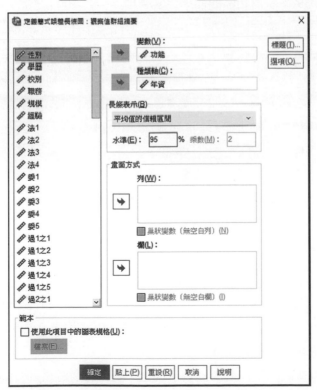

跑出的結果檔如下：

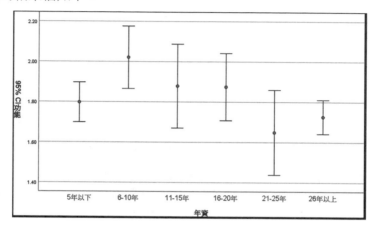

這個誤差長條圖的意義是 21～25 年年資者在 95%功能信賴區間最大，而 26
年以上年資的 95%功能信賴區間最小，區間較大代表 400 位樣本在此變項反應之
間的差異較大，也就是意見較分歧；反之，區間較小代表 400 位樣本在此變項反
應之間的差異較小，意見較集中。

跑出統計圖之後，若要在 Word 視窗製圖或修改，應以 APA 第七版為規範，
並掌握以下原則（林清山，1992）：

1. 不管是橫軸或縱軸，應有刻度、數字和小標題。

2. 刻度須自原點起始，但如為節省空間，不能自原點起始時，應以缺口表
   示。

3. 橫軸的刻度及數字由左而右逐漸增加，縱軸的刻度及數字由下而上依次變
   大。

4. 以直線表示量之大小，儘量避免用面積或體積來表示。

5. 若一篇論文或報告有很多個圖，應依序編號。

6. 為了美觀起見，圖的縱軸與橫軸之比例大約為黃金分割，即 3：5。不可
   以讓沒有統計顯著差異的資料顯得有統計顯著差異，而誇大圖示效果。

7. 圖應該有標題，圖的標題應置於全圖上方。

8. 不管圖或表的文字說明與圖表呈現上，應先有對圖表的意義做文字說明，
   再呈現圖表。

貳、變項加總

在分析的變項要進行加、減、乘、除，或是進一步要將資料數據進行不同的轉換，此時可透過資料的轉換來符合研究的需要，例如：要用好幾個題目表示一個向度，通常會將這些題目加總再進行平均，以得到的數值代表這個向度。操作程序如下：

1. 在功能列中，依序點選 轉換 (T) → 計算變數 (C)。

2. 在 目標變數 (T) 輸入此向度的變數名稱（研究者要自訂），如「配套措施」。

3. 在 數值表示式 (E) 輸入計算方式「(配 1＋配 2＋配 3＋配 4＋配 5＋配 7)/6」，表示這些題目加總平均，至於沒有配 6，是因為在因素分析時已經刪除（請參見第 15 章）（在功能框中有＋、－、＊、／、數字，以及 函數群組 (G)等，讀者可依計算需要點選使用）。計算的原則為先乘除後加減，如果有括弧，則以括弧內者優先計算。

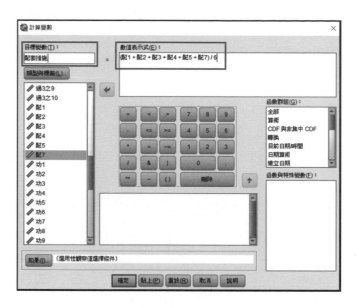

4. 輸入名稱和輸入完數值運算式後，按 確定 即可。

5. 在「資料視圖」的視窗中，後面出現「配套措施」一欄，表示已完成加總平均。

功能	影響	指標	遴選爭議	配套措施
1.63	2.63	1.67	1.97	2.17
1.38	2.38	1.17	1.64	1.50
2.13	2.75	2.00	2.29	2.50
1.50	3.25	1.67	2.14	2.17
2.38	2.25	3.00	2.54	2.17
2.75	2.00	2.33	2.36	2.17
2.88	3.00	1.83	2.57	2.00
1.00	4.00	1.00	2.00	1.00
1.00	4.00	1.00	2.00	1.00
1.00	1.63	1.00	1.21	1.00
2.13	2.88	1.00	2.00	1.50
1.75	1.50	1.50	1.58	1.83

參、樣本的選取

　　資料處理往往不需要將全部資料都納入分析，而是僅需對該筆資料中的某一部分之受試者資料進行分析；此時，如何篩選所需要的樣本資料呢？這是研究者要掌握的「樣本篩選」方式。

　　以本書的資料檔為例，如果僅單純分析男性在校長遴選的看法，就要進行選擇觀察值。因為發放的問卷不分男女同時調查，所以只要分析男性的看法，就要將女性的資料先暫時刪除，只保留男性資料。傳統作法是一筆一筆刪除，例如：要刪除某一筆樣本，就把游標放在該樣本所在列上，將該列反黃，如上節所述，接著在功能列上點選 編輯 (E)，該列中會有 清除 (E)功能，點選它就可以把該筆樣本刪除。然而，如果有很多筆資料，要一筆一筆刪除不但耗時，且很容易刪錯，準確性不高，不建議採用。類似選擇觀察值的研究不勝枚舉，諸如：本籍與外籍學生、藍綠政黨支持者，以及薪資高低雇用者等。以本書範例為例，在性別變項中，男性代號為1，女性代號為2，要將男性資料保留，暫時刪去女性資料。操作程序如下：

　　1.點選功能列上的 資料 (D) 之下的 選取觀察值 (S)。

2. 點選如果滿足條件(C)，然後按下如果 (I)...進行設定。

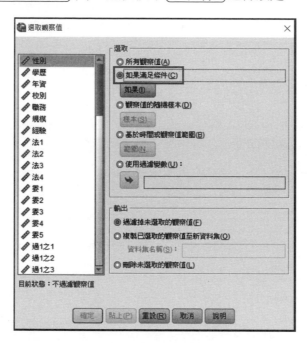

3. 在設定表格中輸入「性別＝ 1」，意指以性別代號為 1 的進行分析，其他
性別不為 1 的代號都將暫時刪除，接著按繼續(C)。

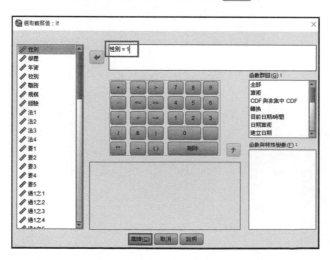

4. 如果設定成功，在「選取觀察值」的視窗[如果 (I)...]的後面會出現輸入語法「性別＝1」字樣，接著在該視窗按[確定](C)後，回到資料檢視視窗就可以看到性別資料不為 1 的都有「╱」的刪除記號，表示這些資料將不列入之後的統計分析，不過資料還是存在，只要到「選取觀察值」的視窗刪除設定，即可恢復原貌。

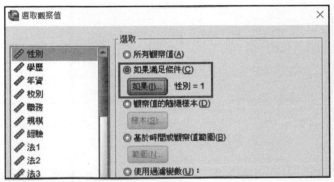

　　選擇觀察值還有隨機取樣的方式，若研究資料相當龐大，僅要從這些資料中抽取一部分來分析，除了上述以背景變項做為設定條件之外，也可以運用隨機取樣的方式來抽取樣本。其操作方式為：在功能列中，點選[資料](D)之下的[選取觀察值](S)，再點選[觀察值的隨機樣本](D)，則功能鍵下的[樣本 (S)...]會反黑，此時點選[樣本(S)...]，會出現「選取觀察值：隨機樣本」的視窗（如下圖），在視窗中有一個[近似](A)，旁邊有一個空白欄，依研究需要填入數值，例如：若要從該資料檔中隨機抽出 30%的樣本，就在空格中填入「30」，接著點選[繼續](C)，就完成了對該資料隨機抽取 30%的樣本設定。

肆、資料的反向計分轉換

在進行問卷題目資料登錄之後，常常需要對原先輸入的資料進行計分轉換。研究者常在題目滿意程度依序設計為 1、2、3 和 4 的選項，分數愈高表示愈滿意，這個概念適用於正向文字敘述題，但如果大部分為正向文字敘述題，有一題為反向文字敘述題的設計，例如：「對於數學科目感到厭惡」、「對於經濟措施感到失望」，此時分數愈高，滿意程度愈低，就要重新編碼，將觀察值做轉換，將該題分數倒轉，4 分變成 1 分、3 分變成 2 分、2 分變成 3 分、1 分變成 4 分。上述稱為資料的反向計分轉換。以本書範例檔來說，假設「遴選功能」的第 4 題為反向題，要將它的資料重新編碼，應該如何進行呢？首先，將 SPSS 的資料檔打開，操作程序如下：

1. 在功能列中，依序點選 轉換(T)→ 重新編碼成相同的變數(S)。

   ◎ 成相同變數：該變項會被新設定的觀察值取代，不建議採用。

   ◎ 成不同變數：該變項依舊保留，新設定的觀察值會成為另一個新變項。

2. 將重新編碼的變項放入 數值變數 中，按下 舊值與新值 (O)... 設定。

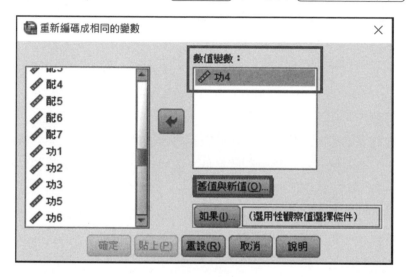

3. 舊值：值(V)→新值：值 (L) 的欄位中，必須有每一個觀察值的設定，以本資料檔為例，1～4 分的轉換就必須有四個設定。設定步驟要重複四次，確保每個觀察值都有進行轉換。接著按 繼續(C)，再按 確定 即可。

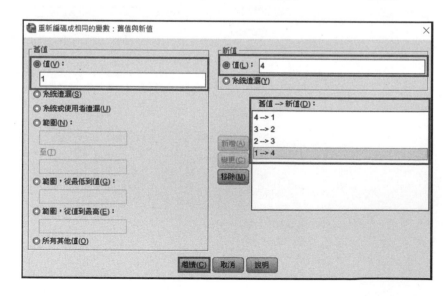

4. 若舊值數值為 4，新值數值為 1，可接著按 新增 (A)，出現如下圖右方的畫面，即表示完成一個觀察值的設定。

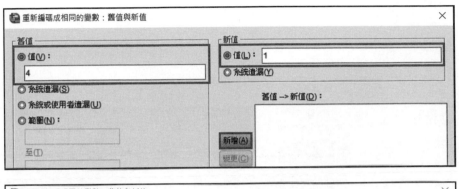

5. 設定成功後，可以發現遴選功能第 4 題原本觀察值為 4、3、2、1，會變成 1、2、3、4。至於沒有設定的變項則不變。

原始觀察值			重新編碼後		
功3	功4		功3	功4	
2.00	2.00		2.00	3.00	
2.00	2.00		2.00	3.00	
2.00	2.00		2.00	3.00	
2.00	2.00		2.00	3.00	
2.00	1.00		2.00	4.00	
3.00	4.00		3.00	1.00	
2.00	4.00		2.00	1.00	
1.00	1.00		1.00	4.00	

問題與操作

◎問題

　　SPSS 的結果檔如何儲存與整理呢？

◎操作

　　雖然在資料跑出結果之後，SPSS 會自動產生結果檔，然而此結果檔為 SPSS 的軟體格式，並不是 Word 檔或是 Excel 檔。簡單來說，印出結果會浪費很多紙張和碳粉，很不環保，同時印出報表後重新整理報表結果會受到眼力及精神的影響，而讓準確度降低。本例將跑出的數據結果，透過儲存在 Excel 檔之後，再重新修正，而獲得需要的結果，準確度高又環保。為了論文寫作及研究的便捷，需要將結果檔的數據重新整理，並依據 APA 第七版的格式，刪除不必要的數值及欄位，讓研究結果更有可讀性；否則，若將原始跑出來的結果檔，直接複製就貼在論文中，不僅會讓論文太過於雜亂無章與不精簡，而且論文品質還會降低。但應如何有效整理結果檔呢？這是跑完統計之後的重要課題。

　　以本書範例檔為例，若要瞭解性別、學歷、年資、校別、職務、規模與經驗的次數分配，此時應點選 SPSS 功能列的 分析 (A)，接著點選 敘述統計 (E)，在其功能下點選 次數分配表 (F)；接著把所要分析的變項，也就是將原本在左邊視窗中的性別、學歷、年資、校別、職務、規模與經驗等變項一一選出，並將這些變項透過按下位於中間的一個箭號圖形，移入右邊的 變數 (V) 欄位中，再按 確定 ，就會跑出結果檔。

　　若要儲存此結果檔，可在結果檔的視窗功能列中點選 檔案 (F)，再點選 儲存 (S)（如下圖），之後電腦即會詢問欲將此檔案儲存在哪一個資料夾中。在選取資料夾之後，記得應對結果檔命名，中英文皆可，再按儲存即可。要說明的是，「中文版本軟體」跑出來的結果檔，若要以「英文版本軟體」開啟，並無法執行，這

是因為中英文版本間無法切換，讀者應加以留意。

　　至於結果檔資料的整理，若直接印出統計報表是相當不環保，因為不必要的結果資料很多，要有意義的將結果檔進行整理，最好方式是直接將檔案儲存為 Excel 檔，再進行數值及欄位的整理。以上例來說，要整理背景資料中的「學歷」之結果檔，可以將游標放在學歷的結果檔上，用滑鼠右鍵點一下，即會出現一個外框，接著再點選 樣式輸出 (F)（如下圖）。

　　在點選 樣式輸出 (F)之後，會出現「匯出輸出」的視窗，其中可在 類型 (T) 選取「Excel(*.xls)」，在 檔案名稱 (F)（儲存在電腦的資料夾中）右方，按 瀏覽 (B)來決定儲存的位置。接續，點選視窗左下角的 類型 ，將類型拉出之後，會出現一個「Excel 檔案 (*.xls)」，此即是要輸出成 Excel 格式。當資料輸出後，可開啟 Excel 視窗，再依論文寫作及 APA 格式規範，進行數據資料及格式的整理。

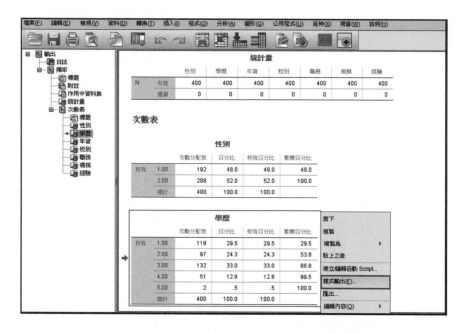

CHAPTER 4

問卷分析

第一節　工具的形成

　　為了讓讀者實際運用資料進行統計分析，本書以翁明國（2008）「金門縣國民中小學校長遴選問題及其爭議」的論文，做為各章的分析實例。本章說明其研究工具的形成，以清楚掌握此資料及研究重點。讀者若欲進一步認識問卷設計內容，可參考張芳全（2014）的《問卷就是要這樣編》（第二版）。

壹、研究內容

　　該研究的背景、動機、目的，分述如下。

一、研究背景

　　1994 年 9 月成立的行政院教育改革審議委員會經二年運作，於 1996 年提出《教育改革總諮議報告書》，其中建議：「校長定位為首席教師兼行政主管，……每聘任期為四年，得在原校連任。校長採遴聘制，遴選宜採委員會方式……。宜成立遴選委員會，依據評鑑結果進行遴選適當候選人，報請主管單位聘用。校長遴選辦法之訂定，宜邀請教育行政單位、學者、教師、社區參與為原則」（行政院教育改革審議委員會，1996）。

　　1999 年《國民教育法》修正條文公布實施後，將過去依各縣市政府需求缺額，統一辦理校長甄選儲訓及列冊候用，由縣市政府派任的方式，轉變為各縣市自行辦理甄選及儲訓，再由縣市政府組成校長遴選委員會遴選聘任的運作機制。這種由原來行政機關首長一人即決定學校校長人選方式，改變成至少要由遴選委

員會的遴選,再由縣市政府聘用校長,從原來的派任制改為遴選聘任制。這看似一個由派任改為遴選,微不足道的任用制度小小變革,卻讓身為校長者之生涯起了很大變化。研究者以切身經驗探討校長遴選問題做為研究主題,期能於研究結果提出對金門縣在校長遴選改進之建議。

二、研究動機

校長掌握學校教育的發展方向,更負有學校發展的重責大任,其影響深遠且責無旁貸。然而,並非人人都適合當校長,也不是人人都能當校長。校長的表現對於學校的運作、進步與發展,具有舉足輕重的地位,其所肩負的責任與對學校教育品質、學生受教權的維護,影響極為重大。校長人選既然是這麼重要,決定校長人選的遴選問題,應有深入研究探討之必要。

校長遴選運作、遴選委員會成員組成及遴選時做為判斷決定的規準,均關係著校長遴選運作能否符合公平正義,亦關係著能否選出契合學校需要的適配人選。因為不同背景的遴選委員,對於校長遴選的立場與思維存有差異性,自然會影響遴選運作結果,尤其是遴選所依據的判決規準,更是決定遴選準確度。上述兩者關係到建構良善的校長遴選重要因素,期能針對上述因素,分析整理出校長遴選運作的規準與遴選委員組成的採擇參考。

金門縣實施國民中小學校長遴選已有九年餘,這期間常聽到校長們對遴選表示意見,有些說公平,有些說地方選舉因素影響校長遴選結果,此種負面現象會影響校長的辦學方向與理念,甚至會打擊校長的工作士氣及領導風格。遴選上的校長為了生存,會以「人際取向」代替「工作取向」,其負面效應值得省思。

國民中小學校長遴選方式的改變是教育改革要項之一,其實施對學校產生明顯且立即性影響。就應然面來說,學校內教育人員對遴選問題應加以瞭解,但實際上並非如此,國民中小學大多數教職員對此問題卻是瞭解有限。本研究認為,校長遴選影響學校教育人員的工作,確有瞭解的必要,希望藉由本研究,瞭解國民中小學教職員的校長遴選問題。

任何政策之施行皆存有正負面效應,如何抑短揚長,讓正向功能發揮最大效

益，此為教育相關人員應共同戮力之處。筆者從政策執行的調查分析研究，期望
能從研究結果提出具體因應，以供教育決策者與教育工作者參考，這對地處離島
的金門縣而言，深具正面的意義。

三、研究目的

　　根據上述的研究背景與動機，本研究之目的如下：
　　1.瞭解金門縣教育人員在校長遴選問題的情形。
　　2.瞭解金門縣教育人員在校長遴選爭議的情形。
　　3.瞭解不同背景變項在金門縣校長遴選問題的差異情形。
　　4.瞭解不同背景變項在金門縣校長遴選爭議的差異情形。
　　5.分析金門縣校長遴選爭議之關聯性。

貳、研究工具

一、問卷設計藍圖

　　為了調查金門縣國民中小學校長遴選問題及校長遴選爭議，就文獻分析、現
有法令規定、各期刊對校長遴選制度的建議、各縣市政府及國民中小學實施遴選
制度的現況等，做為自編「金門縣國民中小學校長遴選問題及其爭議」調查問卷之
依據。

　　在編製問卷的步驟上，應先有問卷設計藍圖，此藍圖係由研究架構而來，即
研究者應經過學理、經驗、相關研究等文獻評閱，依據研究目的及問題設計出研
究架構，再依據此架構來設計問卷題目。以本書提供的資料檔為例，其研究架構
如圖 4-1 所示。在此架構中，背景變項有七項、校長遴選問題有四個面向、校長
遴選爭議有三個面向，這些都是設計該問卷的依據。

　　問卷題目編擬完成初稿後，再請大學教授或國中小有經驗之校長進行專家意
見審查，以確定問卷題目是否能真實反應校長遴選制度的相關問題與爭議。

圖 4-1　研究架構

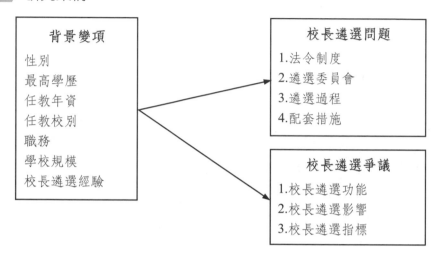

二、問卷編製依據

　　研究者參酌各級政府頒布有關校長遴選制度的法令、各縣市政府辦理校長甄選作業流程及簡章、各期刊有關國民小學實施校長遴選制度之討論與建議、各級學校實施校長遴選制度實際狀況等，做為編製問卷依據。問卷初稿編製完成後，先在金門縣國民中小學隨機取樣預試，依據填答者所提供的建議，將試題逐一修正，再送請相關人員指導修正，並參酌專家評定問卷，修正後定稿。

三、問卷編製內容

　　本問卷分為基本資料與問卷內容，其內容分為校長遴選問題及校長遴選爭議，以各種不同背景之對象及遴選制度可能實際發生的問題為內容。

　　在校長遴選問題方面，包含法令制度、遴選委員會、遴選過程與配套措施，其中的法令制度、遴選委員會向度以單選題，而遴選過程、配套措施向度則以李克特量表（Likert scale）四點選項進行調查，以非常重要、尚重要、不太重要、非常不重要為選項。

　　在校長遴選爭議方面，則包含校長遴選功能、校長遴選影響、校長遴選指標，皆以李克特量表四點選項進行調查，選項分為非常同意、尚同意、不太同意、非常不同意。最後一題則是開放性問題，給予受試者發表本問卷未提及之國民中小學校長遴選問題的看法。茲將問卷題目內容整理如表 4-1 所示。

表 4-1　校長遴選問題與校長遴選爭議問卷內容彙整

向度	題號	問題內容	備註
法令制度	1	對校長遴選制度的瞭解程度。	單選題
	2	對金門縣國中小學校長遴選的滿意程度。	單選題
	3	是否贊成由教育部統一規範遴選作業程序。	單選題
	4	校長遴選的適宜方式。	單選題
遴選委員會	5	對金門縣現行遴選委員人數比例的看法。	單選題
	6	金門縣遴選委員會適當的委員人數。	單選題
	7	是否贊成金門縣教師會納入遴選委員會委員。	單選題
	8	浮動委員遴選時意見表達的代表性。	單選題
	9	遴選委員會委員最適宜產生方式。	單選題
遴選過程	10	建立遴選客觀機制各方法的重要性。	李克特量表
	11	遴選前置作業事項的重要性。	同 上
	12	遴選出適任校長方式的重要性。	同 上
配套措施	13	校長遴選制度的配套措施。	同 上
校長遴選功能	14	實施校長遴選所發揮功能的同意程度。	同 上
校長遴選影響	15	實施校長遴選後對產生負面影響的同意程度。	同 上
校長遴選指標	16	對遴選指標的同意程度。	同 上
其他看法	17	對校長遴選問題的其他看法。	開放題

統計就是要這樣跑

四、問卷編製流程

本問卷依據研究架構，透過擬定問卷大綱、草擬問卷初稿及初步修正、專家審題、預試與正式問卷等步驟，詳述如下。

（一）擬定問卷大綱

經由參考相關文獻後，本研究建立國民中小學教育人員基本資料、校長遴選問題及校長遴選爭議之研究架構（問卷設計藍圖），並且根據此架構擬定問卷大綱。基本資料分為性別、最高學歷、任教年資、任教校別、職務、學校規模及校長遴選經驗等變項；校長遴選問題分為法令制度、遴選委員會、遴選過程及配套措施；校長遴選爭議分為校長遴選功能、校長遴選影響及校長遴選指標。

（二）草擬問卷初稿及初步修正

當問卷大綱擬定之後，接下來就是要針對大綱來草擬問卷的題目，也就是要將文獻探討中與校長遴選爭議及問題有關的內容，轉化為問卷題目。本研究在草擬題目時，參考了張芳全（2014）《問卷就是要這樣編》（第二版）一書所列舉的相關原則，例如：一個題目宜用一個概念、不要用學術用語、題目文字敘述不要太長（如每題最好不要超過 15～20 個字）、題目內容不要讓受試者困擾、各面向的題目應反應該面向的內涵、各面向的題數要平衡（不要有的面向題目多，有的面向題目少）、所有問卷題目均能回答所要的研究問題等。

（三）專家審題

　　為求問卷內容切合實際，邀請 11 位專家學者提供修正意見，最後將審查意見加以彙整，再依據 11 位專家學者對於每一題提供的建議進行修改，相關內容可參考翁明國（2008）的論文。

（四）預試與正式問卷

　　本研究參酌專家學者給予的意見，決定刪減、修改部分題目。接著再進行問卷的預試，於資料蒐集之後，對於「校長遴選問題」（遴選過程及配套措施）以及「校長遴選爭議」（功能、影響及指標）進行因素分析（請參見第 15 章），確定建構效度之後，再對問卷題目進行信度分析（請參見第 10 章）；最後完成「金門縣國民中小學校長遴選問題及其爭議」正式問卷，也是本書使用的問卷。

第二節　題目與編碼

壹、本書使用的問卷

　　本書使用的問卷應用時宜注意下列重點：第一，基本資料的變項類型，在該研究所列的資料均為類別變項，如性別、任教校別。不過有些資料在本研究進行分析時，將它視為連續變項，如最高學歷、學校規模，嚴格說起來，它應該是一種等級或類別變項；第二，在問卷內容第 1 至 9 題的選項亦視為一種類別變項；第三，第 10 至 16 題採用李克特量表，視為連續變項，讀者在此應留意；第四，本章最後的一些注意事項，操作時更應注意。

「金門縣國民中小學校長遴選問題及其爭議」意見調查問卷

敬愛的教育先進：您好！

　　首先感謝您參與這項研究，本問卷想瞭解您對金門縣國民中小學校長遴選問題的認知，所得資料純做學術研究，且僅做團體分析，不做個別處理，故不需填寫姓名，請安心作答。您的意見非常寶貴，請仔細閱讀各部分作答，依照個人感受逐題填寫。感謝百忙中撥冗協助，敬請將填妥問卷交由貴校負責人收齊後寄回，衷心感激協助！耑此

　　順頌　教安

　　　　臺北教育大學教育經營與管理學系　指導教授：張芳全　博士
　　　　　　　　　　　　　　　　　　　　研　究　生：翁明國　敬上

基本資料：請您在下列的 □ 打 ∨

1. 性別：□(1)男　□(2)女

2. 最高學歷：□(1)師範大學、教育大學或教育學院　□(2)一般大學或學院　□(3)研究所四十學分班結業　□(4)碩博士　□(5)其他

3. 任教年資：□(1) 5 年以下　□(2) 6～10 年　□(3) 11～15 年　□(4) 16～20 年　□(5) 21～25 年　□(6) 26 年以上

4. 任教校別：□(1)國中　□(2)國小

5. 職務：□(1)國中小學教師　□(2)國中小學主任或組長　□(3)現任國中小學校長（含已儲訓候用校長）　□(4)已退休校長

6. 學校規模：□(1) 8 班以下（含附設幼稚園班）　□(2) 9～14 班　□(3) 15～24 班　□(4) 25～48 班

7. 有無參與校長遴選經驗（曾為校長遴選委員會成員或曾參與校長遴選候選人）：□(1)有　□(2)無

問卷指導語

第一部分：1.法令制度　2.遴選委員會　3.遴選過程　4.配套措施
填答說明：請在題目內符合您意見的□中打∨，如勾選「其他」，請說明。

法令制度

1. 《金門縣國民中小學校長遴選辦法》自 1999 年公布實施至今，您對此一遴選
   制度的瞭解程度如何？（法 1）
   □(1)非常瞭解　□(2)瞭解　□(3)不太瞭解　□(4)非常不瞭解

2. 您對金門縣國民中小學實施校長遴選的滿意程度為何？（法 2）
   □(1)非常滿意　□(2)滿意　□(3)不滿意　□(4)非常不滿意

3. 《國民教育法》第 9 條規定國民中小學校長採用遴選制度，惟各縣市政府執行
   細節不一，致產生差異性，您是否贊成由教育部統一發布辦法，規範遴選作業
   程序？（法 3）
   □(1)非常贊成　□(2)尚贊成　□(3)不太贊成　□(4)非常不贊成

4. 您認為金門縣國民中小學採用哪一種校長遴選方式較為適宜？（法 4）
   □(1)由教育局籌組校長遴選委員會直接遴選的「一階段」遴選方式
   □(2)由校長出缺學校組成遴選委員會，先遴選出若干名候選人，再送請金門縣
   　　校長遴選委員會複選的「二階段」遴選方式
   □(3)由現任服務期滿且經評鑑績優之校長優先參加第一階段遴選，餘出缺的學
   　　校由儲備校長與具備校長遴選資格者參加第二階段遴選，以對辦學績優現
   　　任校長之鼓勵

遴選委員會

5. 現行「金門縣國民中小學校長遴選委員會」組成：設委員 11 人。其中，家長會代表 2 人，專家學者代表 3 人，教師代表 2 人，校長代表 1 人，縣政府代表 3 人。您對此各類代表人數的看法是：（委1）

　□(1)適宜　　□(2)不適宜　　□(3)無意見

6. 目前「金門縣國民中小學校長遴選委員會」委員人數為 11 人，您認為委員人數應為幾人較為適當？（委2）

　□(1) 7～9 人　　□(2) 9～11 人　　□(3) 11～13 人　　□(4) 13～15 人

7. 目前「金門縣國民中小學校長遴選委員會」出缺學校有教師代表二名為浮動委員，本縣縣級教師會屢建議應有縣級教師會代表一名納入遴選委員會，您認為下列處理方式何者最適當？（委3）

　□(1)縣級教師會代表一名受聘為遴選委員（不占浮動委員教師代表之名額）

　□(2)縣級教師會代表一名與出缺學校教師代表一人，皆為浮動委員教師代表

　□(3)維持現狀，不必聘請縣級教師會代表為遴選委員

8. 目前「金門縣國民中小學校長遴選委員會」的浮動委員為出缺學校的家長和教師代表各二名，基於遴選時所表達的意見，下列何者最適宜？（委4）

　□(1)僅為代表出席家長和教師之個人意見

　□(2)以其所代表團體決議的意見，於遴選時行使所代表團體的決議

　□(3)不必規範，自由表達即可

9. 「金門縣國民中小學校長遴選委員會」委員產生方式，下列何者最適宜？（委5）

　□(1)由縣長直接遴聘

　□(2)先由教育局推薦，再供縣長遴聘

　□(3)先由家長會提供名單，再供縣長遴聘

　□(4)先由各出缺學校提供參考名單，再供縣長遴聘

　□(5)先由教師會提供名單，再供縣長遴聘

　□(6)先聯合推薦，再供縣長遴聘

遴選過程

【說明】：下列 10～13 題，請就各選項敘述，依您個人的看法：非常重要、
尚重要、不太重要、非常不重要之程度情形，分別在適當□內打勾：

	非常重要 1.	尚重要 2.	不太重要 3.	非常不重要 4.
10.為了建立國民中小學校長遴選客觀機制，下列各項的重要性如何？				
(1)正式的法令依據（過 1 之 1）…………………	□	□	□	□
(2)明確的遴選作業流程（過 1 之 2）……………	□	□	□	□
(3)客觀的遴選標準（過 1 之 3）…………………	□	□	□	□
(4)成立具代表性的遴選委員會（過 1 之 4）……	□	□	□	□
(5)公告校長出缺學校的需求及特色（過 1 之 5）……	□	□	□	□
11.校長遴選之前，下列事項的重要性如何？				
(1)遴選委員會進行評審會議前，應先召開協調會，討論面談程序規範、審議程序、議決方式等相關事宜（過 2 之 1）	□	□	□	□
(2)出缺學校應明確公告對候選校長的期望（過 2 之 2）……	□	□	□	□
(3)出缺學校應明確公告候選校長的必備條件（過 2 之 3）…	□	□	□	□
12.遴選出適任國民中小學校長的方式，下列各項的重要性如何？				
(1)面試（過 3 之 1）…………………………	□	□	□	□
(2)參考校務評鑑結果（過 3 之 2）……………	□	□	□	□
(3)參考校長辦學績效評鑑結果（過 3 之 3）…	□	□	□	□
(4)領導效能（過 3 之 4）………………………	□	□	□	□
(5)教育價值觀（過 3 之 5）……………………	□	□	□	□
(6)語言表達能力（過 3 之 6）…………………	□	□	□	□
(7)實施人格測驗（過 3 之 7）…………………	□	□	□	□
(8)參考督學訪視結果（過 3 之 8）……………	□	□	□	□
(9)問題解決情境模擬（過 3 之 9）……………	□	□	□	□
(10)辦理教育理念說明會（過 3 之 10）…………	□	□	□	□

配套措施

	非常重要 1.	尚重要 2.	不太重要 3.	非常不重要 4.
13.金門縣國民中小學實施校長遴選配套措施，下列各項的重要性如何？				
(1)建立校長證照制度（配 1）…………………………………	□	□	□	□
(2)實施教師分級制（配 2）……………………………………	□	□	□	□
(3)實施校長評鑑（配 3）………………………………………	□	□	□	□
(4)實施校務評鑑（配 4）………………………………………	□	□	□	□
(5)訂定校長轉任督學或教學研究人員辦法，做為校長任期屆滿之進路（配 5）………………………………………	□	□	□	□
(6)校長回任教師或轉任他職的安排（配 6）…………………	□	□	□	□
(7)建立校長遴選申訴制度（配 7）……………………………	□	□	□	□

第二部分：1.校長遴選功能　2.校長遴選影響　3.校長遴選指標

【說明】：下列 14～16 題，請就各選項敘述，依您個人的看法：非常同意、尚
同意、不太同意、非常不同意之程度情形，分別在適當□內打勾：

	非常同意 1.	尚同意 2.	不太同意 3.	非常不同意 4.
14.金門縣國民中小學實施校長遴選，可發揮下列之功能？（遴選功能）				
(1)校務運作較為民主（功 1）…………………………………	□	□	□	□
(2)增加家長參與校務的意願（功 2）…………………………	□	□	□	□
(3)增加教師參與校務的意願（功 3）…………………………	□	□	□	□
(4)增加教師專業能力（功 4）…………………………………	□	□	□	□
(5)增加教師自主（功 5）………………………………………	□	□	□	□

	非常同意 1.	尚同意 2.	不太同意 3.	非常不同意 4.
(6)激勵校長專業成長（功6）	□	□	□	□
(7)較能遴選到適任的校長（功7）	□	□	□	□
(8)可以提升學校效能（功8）	□	□	□	□
(9)可以淘汰不適任校長（功9）	□	□	□	□

15.金門縣國民中小學實施校長遴選後，是否會產生下列情形？（遴選影響）

(1)造成校長領導效能減退（影1）	□	□	□	□
(2)家長會擴權干預校務（影2）	□	□	□	□
(3)校長會過度重視公共關係（影3）	□	□	□	□
(4)選風惡質化影響到教育形象（影4）	□	□	□	□
(5)校長為求勝選與連任而急功近利，失去教育理想（影5）	□	□	□	□
(6)使具有校長資格者，汲汲鑽營而無暇專心校務（影6）	□	□	□	□
(7)校長年資和經歷將不受重視，校園倫理式微（影7）	□	□	□	□
(8)政治考量因素影響遴選結果（影8）	□	□	□	□

16.您同意以下列指標來遴選金門縣國民中小學校長嗎？（遴選指標）

(1)校長候選人之辦學理念（指1）	□	□	□	□
(2)校長候選人在現任職務的績效表現（指2）	□	□	□	□
(3)出缺學校的實際需求及條件（指3）	□	□	□	□
(4)校長候選人的專業能力（指4）	□	□	□	□
(5)遴選委員會訪查所蒐集的資料（指5）	□	□	□	□
(6)校長候選人的人格特質（指6）	□	□	□	□

17.對於金門縣國民中小學校長遴選問題，您是否還有其他看法？請提供卓見。

貳、變項命名與編碼

本書使用上述問卷，茲就該問卷各題目的資料編碼及變項的命名做一說明，在搭配各章的統計操作時，將更為容易與準確。該筆資料可以在心理出版社的網站下載取得（請見本書目次第 v 頁的說明），請讀者務必上網抓取，並試著對照本書各章來練習。

一、變項名稱

在變項名稱上，讀者可以將 SPSS 視窗切換到 變數視圖 ，如圖 4-2 所示。考量變項名稱宜簡短與明確，該資料檔以兩個中文字名稱為主，例如：問卷的基本資料第 2 題為最高學歷，就以「學歷」簡稱，學校規模以「規模」簡稱，其餘變項簡稱依此類推。

在問卷第一部分中，第 1 至 4 題為法令制度，分別以法 1、法 2、法 3、法 4 為簡稱；第 5 至 9 題為遴選委員會，分別以委 1 至委 5 命名；第 10 至 13 題為遴選過程，第 10 題有五個子題，第 1 子題以「過 1 之 1」命名至第 5 子題以「過 1 之 5」命名；第 11 題有三個子題，分別簡稱為「過 2 之 1」至「過 2 之 3」；第 12 題有十個子題，分別簡稱為「過 3 之 1」至「過 3 之 10」；第 13 題為配套措施，分別以配 1 至配 7 簡稱。

在問卷第二部分中，第 14 題為校長遴選功能，題目有九題，分別以功 1 至功 9 簡稱；第 15 題為校長遴選影響，題目有八題，分別以影 1 至影 8 簡稱；第 16 題為校長遴選指標，題目有六題，分別以指 1 至指 6 簡稱。

圖 4-2　問卷的變數檢視

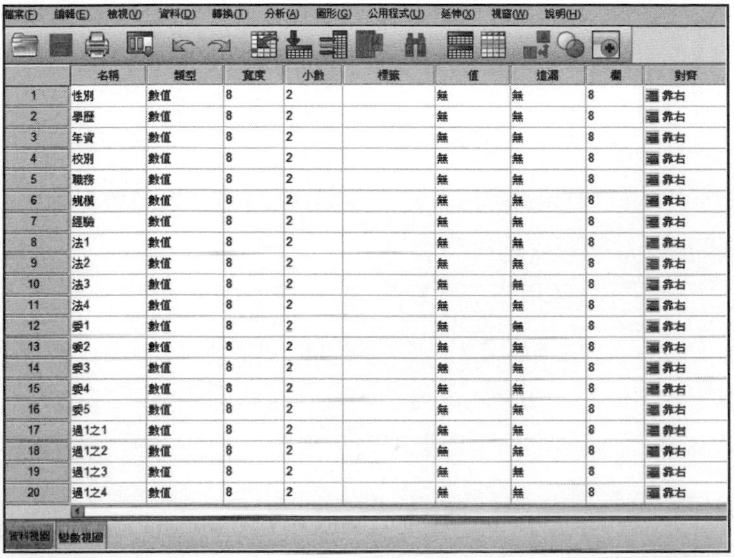

	名稱	類型	寬度	小數	標籤	值	遺漏	欄	對齊
1	性別	數值	8	2		無	無	8	靠右
2	學歷	數值	8	2		無	無	8	靠右
3	年資	數值	8	2		無	無	8	靠右
4	校別	數值	8	2		無	無	8	靠右
5	職務	數值	8	2		無	無	8	靠右
6	規模	數值	8	2		無	無	8	靠右
7	經驗	數值	8	2		無	無	8	靠右
8	法1	數值	8	2		無	無	8	靠右
9	法2	數值	8	2		無	無	8	靠右
10	法3	數值	8	2		無	無	8	靠右
11	法4	數值	8	2		無	無	8	靠右
12	委1	數值	8	2		無	無	8	靠右
13	委2	數值	8	2		無	無	8	靠右
14	委3	數值	8	2		無	無	8	靠右
15	委4	數值	8	2		無	無	8	靠右
16	委5	數值	8	2		無	無	8	靠右
17	過1之1	數值	8	2		無	無	8	靠右
18	過1之2	數值	8	2		無	無	8	靠右
19	過1之3	數值	8	2		無	無	8	靠右
20	過1之4	數值	8	2		無	無	8	靠右

資料視圖　變數視圖

二、變項編碼

　　在各個變項的名稱上，基本資料有七題：在性別上，以 1 代表男，2 代表女；在最高學歷上，以 1 代表師範大學、教育大學或教育學院，2 代表一般大學或學院、3 代表研究所四十學分班結業、4 代表碩博士、5 代表其他。其實，該筆資料的編碼可以這些選項前的數字為準，編碼時就以受試者勾選的選項，再看問卷上的數值即可。基本資料的編碼依此類推。

　　問卷內容分為二個部分：第一部分為法令制度、遴選委員會、遴選過程、配套措施，各題選項都有一個數字，受試者所勾選者，就是要登錄的數值，例如：第 1 題受試者勾選(2)「瞭解」，編碼即以 2 為代表，依此類推。問卷第一部分的第 10 至 13 題選項是以非常不重要、不太重要、尚重要、非常重要，分別以 4、3、2、1 計分與編碼；而問卷的第二部分，即第 14 至 16 題的題目以非常不同意、不太同意、尚同意、非常同意，則分別以 4、3、2、1 計分與編碼。

三、使用本書 SPSS 資料檔的注意事項

本書在後面幾章會使用幾項名詞,讀者在操作及解說時宜先掌握,如下:

1. 過程平均=(過1之4+過2之1+過2之3+過3之1+過3之2+過3之4+過3之8+過3之9+過3之10)╱9。

2. 分配平均的計算要扣除「配6」(因為在因素分析時會刪除)。

3. 遴選問題=(過程平均+配套平均)╱2。

4. 功能平均的計算要扣除「功6」,即功能平均=(功1+功2+功3+功4+功5+功7+功8+功9)╱8。扣除「功6」是因為在問卷的因素分析發現,該題無法在預期的向度之內,因此將它刪除。

5. 遴選爭議=(功能平均+影響平均+指標平均)╱3

總之,在後面的章節會用到這些名詞,操作前要先瞭解,否則以目前提供的檔案,一開始操作總是出現錯誤,所計算之答案會與書本的數字不同。如果讀者還有問題,可以上「臺灣博碩士論文知識加值系統」網站(https://ndltd.ncl.edu.tw)找出翁明國(2008)的論文,可以掌握這些名詞的計算內容,更可以核對。

◎問題

　　上述問卷有一項「基本資料」欄，讀者知道這些受試者的屬性（基本資料）是屬於哪一種變項嗎？

◎討論

　　讀者應先掌握本章所列的基本資料屬性之後，比較容易進入後續章節的統計方法運用。說明如下：

1. 性別：分為男性與女性，它是類別變項。

2. 最高學歷：該選項共有五項，前四項很明顯是類別變項，最後一項（第五項）為其他，更可以說明此變項為類別變項。

3. 任教年資：此項以每隔 5 年為一個區間，共區分為六個項目。嚴格說起來，它應該是屬於類別變項或等級變項，主因是前五個項目是以 5 年為一個區間，但第六個項目為「26 年以上」，並非完全以 5 年為區間所得到的，受試者有可能任教年資達 40 年，此與 26 年之差距就有 14 年之久；但有很多研究會將其視為連續變項，也就是將 1 至 6 的數值視為連續變項，這是有些牽強。因此，若要將此項以連續變項來分析，最好在設計問卷時，即運用空格形式，讓受試者填寫任教年資之數值。然而，此施測方式受試者會覺得麻煩，配合填答的意願更低，有效樣本會比上述的設計施測者更少。因此，就需要看研究者的需求來決定問卷設計方式。

4. 任教校別：此項為類別變項。

5. 職務：此項分為四類，也是類別變項。

6. 學校規模：雖然它有明確的數值，但是在選項的班級數之間隔數，分別為

8、5、9、23，因此它可以是等級變項，也可以是類別變項。

7.有無參與校長遴選經驗：此項為類別變項。

CHAPTER 5

集中量數

第一節　基本原理

壹、用途

　　社會科學研究常要針對一組資料的某些變項，計算其數值的集中趨勢，此時宜先掌握整筆資料的次數分配，接著再計算某一變項的數值集中情形，此集中情形的數值就是集中量數。簡言之，若要掌握一個特定的團體或某一社會現象的集中趨勢，需以集中量數來分析較為適當。如果一個團體的某一變項數值愈集中，就代表該團體之變項所表現出來的特性，較不具有極端值的情形；反之，如果一個團體的變項數值愈分散，即表示團體中的個案差異性愈大。集中量數，包括算術平均數（平均數）、幾何平均數、中位數、眾數等，其中以平均數應用最廣。研究者要瞭解社會現象，即可透過研究工具的施測，獲得一筆受試者資料，再針對所蒐集到的資料加以估算，以瞭解數據的集中情形。研究者可計算資料的平均數做為比較基準，以瞭解某一個案與平均數的差距，就能瞭解該個案與所有樣本的差異。

貳、次數分配

　　次數分配（frequency distribution）是指，將蒐集到的資料依其數量大小或類別種類分成許多組別，並列出各組所含次數，也就是各組所包括觀察值的個數，最後再以次數分配圖表或其他方式來表示。次數分配可以反應出一組資料分數的

集中與分散情形。集中情形係指,全部資料會趨近於某個數值,為了表示趨近的數值,可以用平均數、中位數、眾數等統計量來反應,也就是該次數分配會偏向於高分、平均分或低分;而分散情形係指,全部資料數據分散數值大小,例如:以標準差、變異數來反應,如果該數值愈大,代表愈分散,反之則較集中。本章說明集中量數,下一章則會說明分散或變異量數。

　　例如:小明蒐集到文化國小甲、乙、丙三班,每班 40 名學生的第一次期中考國語成績(最高 9 分,最低 1 分)之分數及人數分配,經登錄統計電腦軟體,整理如 5-1 表示。從表中可看出,甲班在 1 分、2 分、3 分、4 分的人數各有 2 名、5 名、9 名、8 名,各占全班的 5.0%、12.5%、22.5%、20.0%,次數累積百分比各為 5.0%、17.5%、40.0%、60.0%,以此類推。依此三個班各個分數的次數分配可看出,甲班是低分人數分配較多、高分者少,乙班是高分人數分配較多、低分者少,丙班則是高、中、低分的人數分配較為平均。縱然國語成績考試的題目相同,但各班分數之次數分配不同,所以各班總平均分數會有所差異,也就是各班的國語成績集中及分散情形有所不同。

參、算術平均數的原理

　　算術平均數又稱為平均數(average mean),以字母 M 表示。如果平均數是由 X 變數計算,就記為 $\overline{X}$,讀作 X bar。

一、平均數的計算方法

(一)未分組資料計算平均數的方法

　　當一組資料未進行統計分類時,想描述其典型情況,找出其代表值,則可計算算術平均數,公式為:

$$\overline{X} = \frac{\Sigma X_i}{N} \tag{5-1}$$

表 5-1 甲、乙、丙班的國語成績考試分數之次數分配

班級	甲班			乙班			丙班		
分數	次數分配	百分比	累積百分比	次數分配	百分比	累積百分比	次數分配	百分比	累積百分比
1	2	5.0	5.0	1	2.5	2.5	1	2.5	2.5
2	5	12.5	17.5	2	5.0	7.5	3	7.5	10.0
3	9	22.5	40.0	3	7.5	15.0	5	12.5	22.5
4	8	20.0	60.0	4	10.0	25.0	7	17.5	40.0
5	6	15.0	75.0	6	15.0	40.0	8	20.0	60.0
6	4	10.0	85.0	8	20.0	60.0	7	17.5	77.5
7	3	7.5	92.5	9	22.5	82.5	5	12.5	90.0
8	2	5.0	97.5	5	12.5	95.0	3	7.5	97.5
9	1	2.5	100.0	2	5.0	100.0	1	2.5	100.0
總計	40	100.0		40	100.0		40	100.0	
平均數	4.28			5.73			5.00		
中位數	4.00			6.00			5.00		
眾數	3.00			7.00			5.00		

式中，ΣX_i 表示原始分數的總和；

N 表示資料的個數。

算術平均數的計算公式係將所有資料相加，再用資料的總和除以資料的個數。在公式 5-1 中，ΣX_i 的右下標可省略，寫為 ΣX。計算例子如下：有一組觀測資料為 26、28、29、28、26、30、31、35、33、34，計算其平均數。根據公式 5-1，已知 $N = 10$，$\overline{X} = \dfrac{26 + 28 + \cdots\cdots + 34}{10} = \dfrac{300}{10} = 30$。

（二）加權平均數

有些測量所得資料，其單位權重（weight）不相等，若要計算平均數，就不能用算術平均數，應使用加權平均數。計算公式如下：

$$MW = \frac{W_1 X_1 + W_2 X_2 + \cdots\cdots + W_n X_n}{W_1 + W_2 + \cdots\cdots + W_n} = \frac{\Sigma W_i X_i}{\Sigma W_i} \qquad (5\text{-}2)$$

式中，W_i 為加權數，加權數是指各變數在構成總體中的相對重要性，而每個變項的權數大小，由研究者依據一定的理論或經驗而定。社會科學研究常會遇到對測量資料進行加權，例如：以表 5-1 的甲班國語成績為例，成績 1 分、2 分、3 分、4 分、5 分、6 分、7 分、8 分、9 分各有 2 名、5 名、9 名、8 名、6 名、4 名、3 名、2 名、1 名，計算甲班平均分數必須針對各分數對該分數的人數加權，此時各分數的人數就是一個加權值。

$$MW = \frac{2 \times 1 + 5 \times 2 + 9 \times 3 + 8 \times 4 + 6 \times 5 + 4 \times 6 + 3 \times 7 + 2 \times 8 + 1 \times 9}{40}$$
$$= 4.28$$

二、平均數的特點

平均數具有以下的特點：第一，在一組資料中，每個變數與平均數之差（稱為離均差）的總和等於 0，也就是 $\Sigma(X_i - \bar{X}) = 0$，即資料中每一分數與平均數之差的總和是 0，如上例：$\Sigma(X_i - \bar{X}) = (26 - 30) + (28 - 30) + \cdots\cdots + (34 - 30) = 0$；第二，在一組資料中，每一個數都加上一個常數 C，所得的平均數為原來的平均數加常數 C，亦即 $\dfrac{\Sigma(X_i + C)}{N} = C + \bar{X}$；第三，在一組資料中，每一個數都乘以一個常數 C，所得的平均數為原來的平均數乘以常數 C，即 $\dfrac{\Sigma(X_i \times C)}{N} = C \times \bar{X}$。平均數的這些特點，在推演其他一些統計公式時經常會使用，請見本書後面的幾章。

三、平均數的優缺點

平均數具備一個良好的集中量數應有的一些條件（張厚粲、徐建平，2007）：(1)反應靈敏。資料中任何一個數值大小變化，計算平均數都能反應出來，平均數可以取較多的小數位數，因而其數值較為靈敏與精確；(2)計算嚴密。

計算平均數有確定公式，不管何人在何種場合，只要是同一組觀測資料，計算的平均數都相同；(3)計算簡單。計算過程只是應用簡單的四則運算；(4)簡明易解。平均數概念簡單明瞭，較少數學抽象概念，容易理解；(5)適合於進一步用代數方法演算，再求解其他統計，如計算離均差與標準差，都要使用平均數；(6)較少受抽樣變動影響。樣本大小或個體變化，對計算平均數影響很小。來自同一母群體的集中量數，平均數變動常小於其他集中量數，因此是一個可靠的集中量數。

平均數的缺點如下：(1)易受極端資料影響。平均數反應靈敏，當資料分配呈偏態，受極端值影響，平均數即無法適當描述分配；(2)若出現模糊不清的資料無法計算平均數。計算平均數需要每一筆資料都加入計算，在次數分配中只要有一筆資料含糊，就無法計算平均數。

肆、中數與眾數的原理

一、中數

中數（median）又稱中位數，符號為 Md 或 Mdn，是按順序排列在一起的一組資料居於中間位置的數，也就是在這組資料中，有一半的數據比它大，有一半的數據比它小。中數能描述一組資料的典型情況，社會科學研究經常應用它。中數的求法根據資料是否分組，而有不同的方法。

（一）未分組資料求中數的方法

中數的計算應先將資料依其數值大小排序，然後找出位於中間的那個數，就是中數。此時又分幾種情況：

第一，一組資料中沒有重複數值的情況。一組資料沒有相同的數，這時即取處於序列中間位置的那個數為中數。此時又分為兩種情況：(1)數據個數為奇數，則中數為 $\frac{N+1}{2}$ 位置的那個數，例如：在數列 4、6、7、8、12 的中數為何？因為

$\dfrac{N+1}{2}$ 等於 3，數列中排在第 3 的數據為 7，故 Md = 7；(2)資料個數為偶數，則中數為居於中間位置兩個數的平均數，即第 $\dfrac{N}{2}$ 與第 $(\dfrac{N}{2}+1)$ 位置的兩個資料相加除以 2，例如：有一組數列 2、3、5、7、8、10、15、19 共計八個數，求其中數，因為數列中第 $\dfrac{N}{2}$ 位置的數是 7，處於第 $(\dfrac{N}{2}+1)$ 位置的數是 8，故 Md = $\dfrac{7+8}{2}$ = 7.5。

第二，一組資料中有重複數值的情況。一組資料中有相同數值的資料，這時計算中數的方法基本上與沒有重複數值的單列資料相同。當位於數列中間的幾個數是重複數值時，求中數的方法就比較複雜，可參考張厚粲、徐建平（2007）的著作。

第三，如以表 5-1 的甲班為例，從低分至高分的人數累計之後，可以找出甲班國語成績的中位數為 4.0。

（二）中數的優缺點與應用

中數的計算簡單容易理解，不是每個資料都加入，其大小不受全體數據影響，反應不夠靈敏，極端值變化對中數不產生影響；中數受抽樣影響較大，不如平均數穩定；計算時需要先將資料按大小排列；中數不能做進一步代數運算。一般情況下，中數不被普遍應用。

二、四分位數

（一）計算方式

四分位數（quartile）是分位數的一種形式，它把蒐集到的資料數值由小到大排列，並分成四等分，介於三個分割點位置的數值就是四分位數。第一四分位數（Q_1）等於蒐集到的樣本中，所有數值由小到大排列後第 25%的數值；第二四分位數（Q_2）又稱為中數，等於蒐集到的樣本中，所有數值由小到大排列後第 50%的數值；第三四分位數（Q_3）等於蒐集到的樣本中，所有數值由小到大排列

後第 75%的數字。它的計算方式如下：

$$K_p = n \times \frac{p}{100}$$ （5-3）

式中，p 為所選擇四分位數的百分比值，n 為總樣本數。如果 K_p 計算出來是整數，取第 K 和第 K + 1 的平均值；如果 K_p 不是整數，取下一個最近整數，如 K_p = 3.2 則取 4。

例如：有一組數列由小到大排列為：6、15、17、25、30、38、41、45、61、75、81，請計算出 Q_1、Q_2、Q_3，方式如下：

$$K_{25} = 11 \times \frac{25}{100} = 2.75，所以取 3，因此 Q_1 = 17。$$

$$K_{50} = 11 \times \frac{50}{100} = 5.5，所以取 6，因此 Q_2 = 38。$$

$$K_{75} = 11 \times \frac{75}{100} = 8.25，所以取 9，因此 Q_3 = 61。$$

（二）應用與限制

四分位數在實務應用上常常見到：第一，中位數是四分位數的典型例子，從四分位數也可以找到中位數；第二，它不僅可以找到一組數據的 25%、50% 及 75%之數值，而且可以找出從不同百分位數的數值，如此易於瞭解資料的次數分配。然而，不同百分位數之間不可以做四則運算，以及它易受極端值影響，反應比較不靈敏。

三、眾數

眾數（mode）常用符號 Mo 來表示，是在次數分配中出現次數最多的那個數之數值，也是一種集中量數，亦可用來代表一組資料的集中趨勢。

（一）計算眾數的方法

不論是分組的資料還是未分組的資料都可用觀察法求眾數。直接觀察求眾數

的方法很簡單，就是只憑觀察找出出現次數最多的那個資料就是眾數，例如：有一組資料為 2、3、5、3、4、3、6，其中 3 出現的次數最多，3 就是眾數。資料整理成次數分配表後，觀察次數最多的那個分組區間的組中值即為眾數。如以表 5-1 的甲班為例，從低分至高分的人數分配來看，3 分的人數有 9 名最多，所以眾數為 3.0。

（二）眾數的意義與應用

眾數的概念簡單明瞭，容易理解，會受分組影響，亦受樣本變動影響。計算不需每一個資料都加入，較少受極端值的影響，反應不夠靈敏。眾數不能做進一步代數運算。可見，眾數不是優良的集中量數，應用不廣泛。

四、平均數、中數與眾數的關係

一組量數的分配情形稱為態勢，分為正偏態、負偏態及常態分配。在三種態勢上，平均數、中數及眾數所落在的位置不同。在常態分配中，平均數、中數、眾數三者相等，在數軸上三個集中量數完全重合。在正偏態分配中 $M > Md > Mo$，在負偏態分配中 $M < Md < Mo$，如圖 5-1 所示。

在社會科學的資料上，某一變項的次數分配，不外乎會形成常態分配、負偏態及正偏態。常態分配係指，在此一分配的資料中，其平均數的上下 1 個標準差之間的次數，大約占總次數的 68%，2 個標準差之間大約占總次數的 95%，3 個標準差之間大約占總次數的 99%；同時，某一變項的分配若為常態分配，則其平均數為 0，標準差為 1.0。負偏態係指，在該次數分配中，樣本點多集中在高分者多；而正偏態則正好相反，其樣本點的表現多集中在低分者。因為分配的類型不同，除了常態分配之外，在正偏態與負偏態下，其平均數、中數及眾數的位置就有所不同。從圖 5-1 可以看出，不管是正偏態或負偏態，眾數（Mo）都在最高位置，中數（Md）都在中間位置，而平均數（M）都在最低位置。表 5-1 甲、乙、丙班的平均數、中位數及眾數之數值排列可呼應上述說明，也就是甲班為正偏態、乙班為負偏態、丙班為常態分配。

圖 5-1 不同分配中三個集中量數的關係

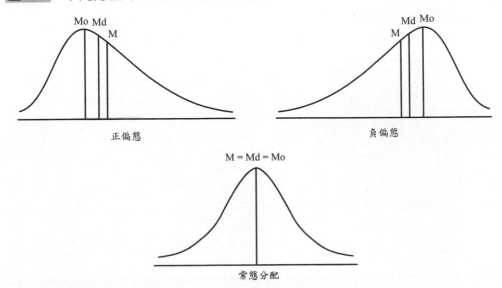

第二節 操作與解說

壹、操作一

　　茲以「金門縣國民中小學校長遴選問題及其爭議」之調查問卷（以下各章稱為本書範例檔）為例，來瞭解 400 位教師的「背景變項」（基本資料）分配情形，操作如下。

次數分配及百分比的操作步驟如下：

1. 在 SPSS 視窗中開啟資料。

2. 在功能列中，依序點選 分析(A) → 敘述統計(E) → 次數分配表(F)。

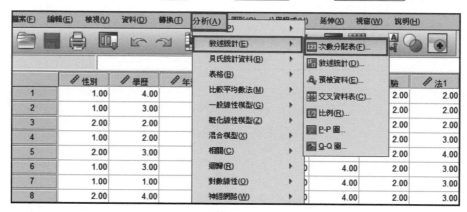

3. 將所要投入的變項選入 變數(V)中。

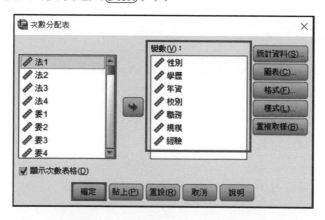

4. 再按 確定，可獲得這些樣本的次數分配（如下，跑出來的表格有八個，但因篇幅限制，僅呈現兩個，其餘省略）。

性別

		次數	百分比	有效百分比	累積百分比
有效的	1.00	192	48.0	48.0	48.0
	2.00	208	52.0	52.0	100.0
	總和	400	100.0	100.0	

學歷

		次數	百分比	有效百分比	累積百分比
有效的	1.00	118	29.5	29.5	29.5
	2.00	97	24.3	24.3	53.8
	3.00	132	33.0	33.0	86.8
	4.00	51	12.8	12.8	99.6
	5.00	2	.5	.5	100.1
	總和	400	100.1	100.1	

註：表中的累積百分比 100.1，原本應該是 100.0，因各累積百分比小數點四捨五入的影響，而有此現象。

貳、解說

金門縣國民中小學教育人員接受問卷調查者的基本資料，如表 5-2 所示。在性別方面，男女生各占全體的 48.00% 和 52.00%；在最高學歷方面，研究所四十學分班結業最多，占全體的 33.00%；在任教年資方面，5 年以下和 26 年以上者居多，分別占全體的 33.25% 和 29.50%；在任教校別方面，以國小服務者居多，占全體的 70.25%；在職務方面，多數擔任國中小學教師，占全體的 56.50%，其次為擔任國中小學主任或組長者，占全體的 35.50%，現任或退休的校長人數明顯較少；在學校規模方面，8 班以下者最多，占全體的 52.00%；在有無參與校長遴選經驗方面，多數的教育人員均沒有參與經驗，占全體的 86.00%。

表 5-2 接受問卷調查者基本資料分析 （$N = 400$）

類別	項目	人數	百分比（%）
性別	男	192	48.00
	女	208	52.00
最高學歷	師範大學、教育大學或教育學院	118	29.50
	一般大學或學院	97	24.25
	研究所四十學分班結業	132	33.00
	碩博士	51	12.75
	其他	2	0.50
任教年資	5 年以下	133	33.25
	6～10 年	48	12.00
	11～15 年	32	8.00
	16～20 年	38	9.50
	21～25 年	31	7.75
	26 年以上	118	29.50
任教校別	國中	119	29.75
	國小	281	70.25
職務	國中小學教師	226	56.50
	國中小學主任或組長	142	35.50
	現任國中小學校長	23	5.75
	已退休校長	9	2.25
學校規模	8 班以下	208	52.00
	9～14 班	35	8.75
	15～24 班	76	19.00
	25～48 班	81	20.25
有無參與校長遴選經驗	有	56	14.00
	無	344	86.00

　　此外，如果以最高學歷來說，眾數為「研究所四十學分班結業」，中位數為「一般大學或學院」；而任教年資的眾數為「5 年以下」，中位數是「11～15 年」；學校規模的眾數及中位數都是「8 班以下」。

参、操作二

　　茲以本書範例檔為例，計算年資的平均數、中位數與眾數，其操作步驟如下：

1. 在 SPSS 視窗中開啟範例檔。
2. 在功能列中，依序點選 分析 (A)、敘述統計 (E)、次數分配表 (F)。

3. 將所要分析的年資，選入 變項 (V) 中。

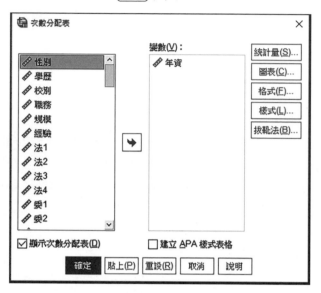

4. 點選 統計量 (S) 之後會有一個對話框，再選取 四分位數 (Q)、平均值 (M)、
   中位數 (D)、眾數 (O)，再按 繼續 (C)，最後按 確定，即可以跑出結果。

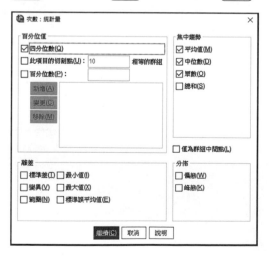

統計量

年資

N	有效	400
	遺漏	0
平均數		3.35
中位數		3.00
眾數		1.00
百分位數	25	1.00
	50	3.00
	75	6.00

年資

		次數分配表	百分比	有效百分比	累積百分比
有效	5 年以下	133	33.3	33.3	33.3
	6～10 年	48	12.0	12.0	45.3
	11～15 年	32	8.0	8.0	53.3
	16～20 年	38	9.5	9.5	62.7
	21～25 年	31	7.8	7.8	70.5
	26 年以上	118	29.5	29.5	100.0
	總計	400	100.0	100.0	

肆、解說

從上述的統計量可看出，在 400 位樣本中，年資的平均數、中位數及眾數各為 3.35、3.00、1.00。從這些數值可看出，年資屬於正偏態，而第一四分位數、第二四分位數及第三四分位數各為 1.00、3.00、6.00。

◎問題

　　研究者若要將所蒐集的資料以分配圖來呈現，應如何運用 SPSS 呢？

◎操作

　　茲以範例檔的資料為例，要瞭解這 400 位教育工作者在年資及職務的分配情形，其操作方式如下：

　　在 SPSS 視窗的功能列中，依序點選 分析 (A)→ 敘述統計 (E)→ 次數分配表 (F)，接著將「年資」及「職務」的變項選入 變數 (V)中（如下圖），再點選 圖表 (C)，此時會出現「次數：圖表」的視窗，再選擇 直方圖 (H)之後，於 在直方圖上 顯示常態曲線 (S)的空格打勾（如下圖），最後按 繼續 (C)回到上一個視窗，再按 確定 ，就可以跑出圖 5-2 及圖 5-3。

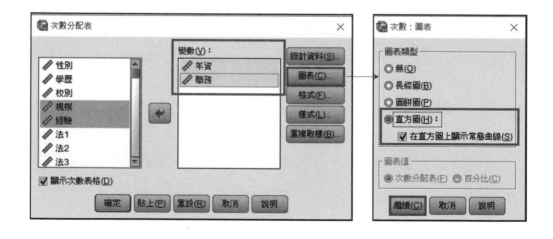

圖 5-2 年資分配情形

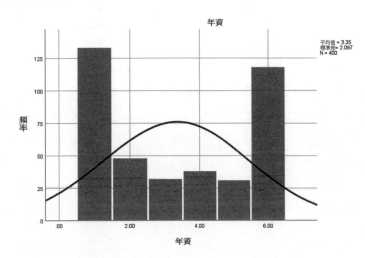

圖 5-3 職務分配情形

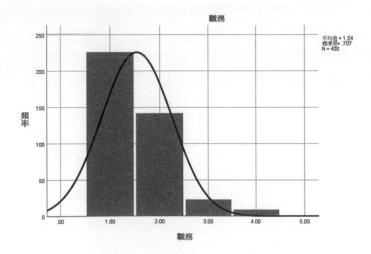

◎解說

　　從圖 5-2 來看，在 400 位受試者的年資次數分配線（圖中的線條）中，呈現了低闊峰與正偏態，圖 5-3 裡 400 位受試者的職務次數分配線，呈現出高狹峰與正偏態。由此可見，此調查資料在年資上以 5 年以下者居多，而 6～10 年、11～15 年、16～20 年、21～25 年者相當，26 年以上者也較多；而在職務上，國中小學教師(1)與國中小學主任或組長(2)較多，相對的，現任國中小學校長(3)及已退休校長(4)則較少。

CHAPTER 6

變異量數

第一節　基本原理

壹、用途

　　前一章說明了欲瞭解樣本群在某一變項的數值集中情形，統計學運用了集中量數來解釋，本章則從另一個角度來瞭解樣本群在某一變項的數值分散情形。如果可以掌握群體中的樣本在所要分析的變項或特質之分散程度，有助於掌握樣本群的分配狀況。

　　研究者若要了解某些群體或社會現象的分散情形，此時需要以變異量數來分析。變異量數包括全距（range）、平均差（average deviation）、標準差（standard deviation）、四分位差等，其中以標準差運用最廣。**標準差**在瞭解社會現象之中，某一個變項數值的分散程度，例如：研究者想要瞭解某一個群體在某項政策支持度的集中情形，更想要瞭解該群體對某項數據的分散程度，以瞭解這群體的樣本對於政策支持程度的分散情形，也就是要瞭解樣本對政策較集中於支持，或在支持與不支持呈現分歧，就可以用變異量數來評估。又如，要瞭解一所學校的五個班級在一次期中考之後，哪一個班級學生的英文成績較為集中？哪一個班級學生的英文成績較為分散？此時需要對各班成績的變異量來瞭解分散程度。再如，若想要瞭解臺灣各縣市每人每月賺取所得的分散程度，也要運用變異量數來分析。如果上述所計算的變異量數愈大，代表這些變項或特質在一個群體中是較為分散；反之，如果所計算的變異量數愈小，則代表這些變項或特質較為集中。

在實務應用上，如以班級學生的成績分散性來看，透過變異量數的分析，就可以知道學生成績愈分散情形，若變異數愈大，代表班級中的學生能力差異很大，教師比較不好授課；而縣市之間的每人賺取所得分散愈大，代表貧富差距愈大。因此，瞭解群體中某些特質的變異量，有助於瞭解這群體的背後可能隱含的教育及教育現象與問題。

為了更能理解變異量數，就以圖 6-1 來說明。圖中的每一個點代表一個樣本，每一個樣本的某一變項在空間中都代表著某一個數值，在 A 群體中的樣本在某一變項的數值（如上述的每月賺取所得、政策支持度、英文成績）較為集中，相對的，B 群體中的樣本在某一變項的數值較為分散。簡言之，變異量數在瞭解一組數列的分散情形。如果研究者擬瞭解一個群體對某項意見、變項或指標的分散程度，即可運用變異量數。

圖 6-1　變異量數示意圖

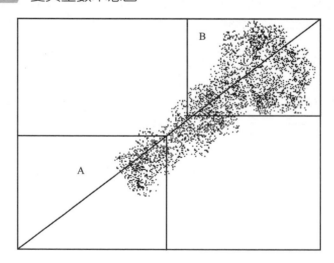

A 的樣本群變異小
B 的樣本群變異大

在社會科學研究中，要完整描述一組資料特徵，不但要瞭解資料的典型情況，而且還要瞭解特殊情況。這些特殊性為資料的變異性，若只用集中量數，是不可能真實的反映出它們的分配情形。為了全面反映資料的總體情況，除了必須

求出集中量數之外，還需要使用變異量數，或稱為差異量數。變異量數就是對一組資料的變異性，即離中趨勢的特點進行計算和描述的統計量，也稱為離散量數（measures of dispersion）。變異量數，包括全距（範圍）、四分位差、百分位差、平均差、標準差、變異數（variance）等，說明如下。

貳、全距

全距（range）用符號 R 表示，是說明資料離散程度的統計量。SPSS 軟體中以「範圍」為名稱，把一組數值資料從最小數值依序排列到最大值，再用最大值（maximum）減去最小值（minimum）就是全距。它的計算公式如下：

$$R = X_{max} - X_{min} \qquad (6\text{-}1)$$

全距是最簡單、最易理解的差異量數，計算最簡單，但也是最粗糙和最不可靠。這種量數僅利用資料的極端值，其他資料都未參與運算過程發揮作用。如果兩極端值有偶然性或屬於異常值，全距就會不穩定、不靈敏。

參、動差體系、平均差、變異數與標準差

一、動差體系

動差（moment）是力學測量力的旋轉趨勢之名稱，統計學用此概念表示次數分配的離散情況。它把各組次數當做力學的力，用組中值與原點之差做為距離來計算動差，如果以平均數為原點和組中值所計算出的動差叫做中心動差（central moment）。一組資料在次數分配的離散情形，這種分配離散的情形可以用平均數、標準差、偏態與峰度來表示，前兩者各代表資料集中及資料分散的情形，而後兩者則代表資料左右分配及資料高低峰度分配的狀況。上述都可以從動差計算出來，而在計算動差時宜找到一個支點，或稱為比較的參照點，在統計上常以

座標原點（0）以及以平均數為支點較常見，但更常用平均數作為支點來計算動差，也就是計算出中心動差。常見的中心動差包括：

一級動差　$\mu_1 = \dfrac{\Sigma(X_i - \overline{X})}{N} = 0$ （6-2）

二級動差　$\mu_2 = \dfrac{\Sigma(X_i - \overline{X})^2}{N} = S^2$ （6-3）

三級動差　$\mu_3 = \dfrac{\Sigma(X_i - \overline{X})^3}{N}$ （6-4）

四級動差　$\mu_4 = \dfrac{\Sigma(X_i - \overline{X})^4}{N}$ （6-5）

上述的四級動差分別代表的意義說明如下：

1. μ_1 無法用來表示資料分配的差異度，因為 $\Sigma x_i = 0$。在實際應用過程中，一級動差不取其代數和（$\Sigma f x$），而是取絕對值的總和（$\Sigma |x|$）做為分子，來反映分布的差異情況，這就是平均差。

2. μ_2 是用來表示一個分配中，離中趨勢的指標，也就是變異數。它的平方根就是標準差，是應用最為廣泛的一種差異量數。

3. μ_3 是用來表示一個分配中，偏斜度或偏態性的指標，其數值為負的，會形成負偏態；其數值為正的，會形成正偏態；$\mu_3 = 0$ 則為常態分配。至於正偏態、負偏態及常態分配的圖示，讀者可以參見第 5 章的平均數、中數與眾數的關係一節。

4. μ_4 是用來表示一個分配中，峰態性的指標，其數值愈大愈會形成高狹峰，數值愈小會形成低闊峰。

上述，一、二、三、四級動差各為以某一個數離開平均數差距（$X_i - X$）的 1 次方、2 次方、3 次方、4 次方。2 次方及 4 次方一定是一個正數，且 4 次方所得到的數值一定比 2 次方還要大許多。2 次方就像在計算正方形面積（如為邊長 S 的平方，即 $S^2 = S \times S$），4 次方是 2 次方的好多倍，即 $S^4 = S \times S \times S \times S$。如果用拍球動作來比喻，當球由上往地面拍，此時有 S^2 的高度，若比 S^2 再用 S^2 的力

量,則可以有 S^4 的高度。若運用在統計資料的一組數量分配中,S^4 就代表該組數量分配的高低,如圖 6-2 所示。

圖 6-2 高狹峰、常態峰與低闊峰之示意圖

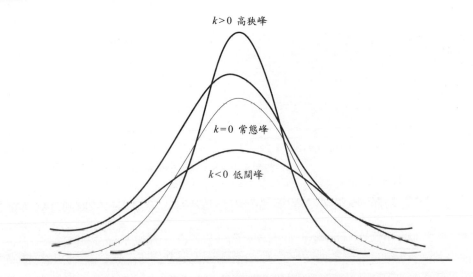

要檢定資料分配的峰度,可以透過以下公式來掌握分配的情形:

$$K = (\frac{\mu_4}{\mu_2^{\,2}}) - 3 \qquad\qquad (6\text{-}6)$$

式中,μ_2 為離中趨勢的指標,μ_4 為峰態性的指標。

若 $K = 0$,則該筆資料所形成的是常態分配;若 $K > 0$,則代表該筆資料所形成的次數分配是高狹峰;若 $K < 0$,代表該筆資料所形成的次數分配是低闊峰。如圖 6-2 所示。

此外,還有一種簡捷方式可以判斷出所獲得的資料是否具有常態性。Kline(1998)認為,如果一筆資料計算出來的偏態絕對值小於 3,峰度絕對值小於 10,就可以視該筆資料大致呈現常態分配。

二、 平均差

平均差（average deviation）是次數分配中，所有原始資料與平均數絕對離差的平均值，其符號用 AD 或 MD 來表示。如果使用原始資料求平均差，可使用以下公式：

$$AD = \frac{\Sigma |X_i - \overline{X}|}{n} = \frac{\Sigma |x_i|}{n} \qquad (6\text{-}7)$$

式中， AD 為平均差；

x_i 為離均差。

例如：有 5 名學生的零用錢為 16、18、20、22、17 元，求其平均差。因為已知 $n = 5$，$\overline{X} = 18.6$，所以 $AD = \dfrac{|16 - 18.6| + |18 - 18.6| + \cdots\cdots + |17 - 18.6|}{5} = 1.92$。

平均差係根據分配中每一個觀測值的離均差計算求得，較能反映次數分配的離散程度。平均數代表一組數據的集中趨勢，把一組資料裡的每個資料與平均數比較，就可以知道每個數據與平均數的偏離程度。如果把這組資料中的每個資料與平均數差異的情況相加，那麼所有資料的差異情況就一目了然。離均差表示每個觀測值與平均數的距離大小，以正負號說明方向，離均差的總和為 0 （$\Sigma x_i = 0$），代表完全平衡。在計算平均差時，須先對每個數值的離均差取絕對值，再把它們相加求其平均值。平均差根據分配中每一個觀測值計算求得，它代表資料分配的離散程度。由於計算要對離均差取絕對值，較少運用於推論統計分析。

三、 變異數與標準差

（一）計算公式

要了解一組資料離散程度，如果要避免負數出現，不能直接取離均差的數值，也不宜取其絕對值，最好的方式就是取離均差的平方。如果把每一個原始資

料與平均數之差（即離均差）的平方相加起來，就得到了離均差的平方和，即 $\Sigma(X-\overline{X})^2$。用這個平方和再除以總個數，得到的值就是變異數。公式如下：

$$S^2 = \frac{\Sigma(X-\overline{X})^2}{N} \qquad (6\text{-}8)$$

變異數是做為樣本的統計量，用符號 S^2 表示；母群體參數用符號 σ^2 表示。它是每個資料與該組資料平均數之差乘方後的平均值，即離均差平方後的平均數。變異數是度量資料分散程度很重要的統計量，是上述提到的二級動差，可用來表示全部資料分配的分散情形。標準差用 S 或 SD 表示，若用 σ 表示，指母群體的標準差。變異數與標準差是常用的描述次數分配離散程度的差異量數。標準差的公式如下：

$$S = \sqrt{S^2} = \sqrt{\frac{\Sigma x^2}{N}} \qquad (6\text{-}9)$$

基於上述，將標準差的相關概念歸納如下：

$$離均差 = X_i - \overline{X} \qquad (6\text{-}10)$$

它代表每一個樣本數值離開平均數的距離有多遠。如果數值差異愈大，代表離開平均值愈遠，就是愈遠離集中數值。

$$離均差平方 = (X_i - \overline{X})^2 \qquad (6\text{-}11)$$

因為各個離均差可能會有正負值，如果把這些離均差都加起來會等於 0，所以如果把它平方之後，就不會有負值產生，也不會將它們加起來之後等於 0。

$$離均差平方和 = \Sigma(X_i - \overline{X})^2 \qquad (6\text{-}12)$$

因為所分析的資料組之中有很多個樣本，所以需要把這些樣本離均差平方都加總起來。當所有離均差平方和加總之後，卻無法看出每一個樣本離開平均數的情形，於是把所有樣本除以整體離均差平方和，也就是平均之後就可以看出每個

樣本的平均變異數,又稱變異數。每個樣本變異數愈大,代表樣本之間愈分散。

$$變異數 = \frac{\Sigma(X_i - \bar{X})^2}{N} \qquad (6\text{-}13)$$

因為變異數有面積的意味,如果將變異數開根號之後,就變成線段的概念,如圖 6-3 所示的概念。此時,如果線段愈長,代表離開平均數愈大,反之則離開平均數愈小。

$$標準差 = \sqrt{\frac{\Sigma(X_i - \bar{X})^2}{N}} \qquad (6\text{-}14)$$

(二)計算實例

王小明要計算 6 位學生成績,即 6、5、7、4、6、8 的變異數和標準差(如表 6-1 所示)。

表 6-1　6 名學生成績

學生	成績	$(X-\bar{X})$	$(X-\bar{X})^2$
X_1	6	0	0
X_2	5	-1	1
X_3	7	1	1
X_4	4	-2	4
X_5	6	0	0
X_6	8	2	4
$\bar{X}$	6		

已知 $X_1 = 6$、$X_2 = 5$、$X_3 = 7$、$X_4 = 4$、$X_5 = 6$、$X_6 = 8$,$N = 6$,標準差計算如下:

1. 求平均數:$\bar{X} = \dfrac{\Sigma Xi}{N} = \dfrac{X_1 + X_2 + X_3 + X_4 + X_5 + X_6}{N} = \dfrac{6+5+7+4+6+8}{6}$

$= \dfrac{36}{6} = 6$。

2. 求離均差的平方和：$\Sigma x^2 = (X_1 - \overline{X})^2 + (X_2 - \overline{X})^2 + (X_3 - \overline{X})^2 + (X_4 - \overline{X})^2 + (X_5 - \overline{X})^2 + (X_6 - \overline{X})^2 = (6-6)^2 + (5-6)^2 + (7-6)^2 + (4-6)^2 + (6-6)^2 + (8-6)^2 = (0)^2 + (-1)^2 + (1)^2 + (-2)^2 + (0)^2 + (2)^2 = 10$。

3. 求變異數與標準差：將 Σx^2、N，代入公式 6-9 得到：

$$S^2 = \frac{\Sigma x^2}{N} = \frac{10}{6} = 1.67 \ ;$$

$$S = \sqrt{S^2} = \sqrt{1.67} = 1.29 \ 。$$

　　上述是以標準差公式計算出來的，但若用數線來說明 6 位學生的成績在離均差、變異數、標準差之情形，就可以更瞭解它們的特性，如圖 6-3 所示。

圖 6-3　離均差、變異數、標準差之關係

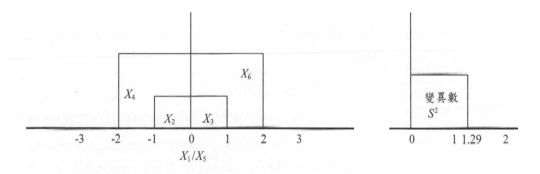

　　圖中的 -3、-2、-1、0、1、2、3 代表每一位學生離開平均數的差距，0 的兩端各為正負值，代表有些學生離開平均數的差距是正值，有些則是負值，這是離均差的概念。若不把正負號納入考量，而是把每位學生與平均數之間的差距視為一段距離，此時每位學生的分數與平均數的距離（線段）之平方就是面積了，也就是離均差平方。以 X_6 來說，它與平均數的差距為 2.0，其面積為 4.0，若依此觀念，可以將每位學生的表現與平均數的距離及面積都計算出來。接著，將這些面積予以相加起來，再除以樣本數 6，這就是變異數，即是圖 6-3 右邊的框。當然，若把圖 6-3 右邊的框所代表的變異數開根號，就等於距離。從距離及面積概念來看標準差及變異數，就更能理解：若變異數愈大，代表樣本之間的差異愈

大,即樣本之間的分散程度愈高,反之則否。

　　要強調的是,在描述統計時,變異數及標準差的計算係以公式 6-8 及 6-9 來進行。然而,若要推論所計算的樣本數值,是屬於推論統計,在變異數及標準差的計算上,則需以公式 6-15 及 6-16 進行。這兩個公式與描述統計公式的不同在於分母項為 $N-1$,這是因為由樣本的變異數與標準差來替代母群體的變異數與標準差時,為避免有低估情形,故以 $N-1$ 來計算。同時,為了區別描述統計的標準差及變異數之符號,推論統計的變異數及標準差分別以小寫的 s^2 及 s 為代表。

$$s^2 = \frac{\Sigma(X - \overline{X})^2}{N-1} \tag{6-15}$$

$$s = \sqrt{s^2} = \sqrt{\frac{\Sigma x^2}{N-1}} \tag{6-16}$$

(三)標準差的性質和應用

　　變異數是對一組資料某一變項的各個樣本間之變異的總和測量,具有可加性和可分解性。資料分析常運用變異數的可加性,來分解屬於不同來源的變異性(如組內與組間),並進一步說明各種變異與總和的關係,是推論統計常用的統計數。標準差是一組資料變異數的平方根,有以下特性:(1)每個觀測值都加一個相同常數 C 之後,計算得到的標準差等於原來的標準差,亦即 $Y_i = X_i + C$,則 $S_Y = S_X$。這性質說明,若一組資料的每一個數都加上一個相同的常數,則這組資料彼此的離散程度不會改變;(2)每個觀測值都乘以一個相同的常數 C,所得的標準差為原標準差乘以這個常數,亦即 $Y_i = C \times X_i$,則 $S_Y = C \times S_X$;(3)每個觀測值都乘以同一個常數 C($C \neq 0$),再加一個常數 d,所得的標準差等於原標準差乘以這個常數 C,亦即 $Y_i = C \times X_i + d$(C 為不等於 0 的常數),則 $S_Y = C \times S_X$。

　　變異數在實務應用相當多,例如:一個班級學生在學習科目的標準差愈大,代表該班學生的學習能力差異大。如果一個縣市多所國中的學生學習成就(如國文、英語、數學)的差異大,代表該縣市的多所國中及其學生能力差異大,這可

能涉及學習落差或教育機會均等的問題。如果從不同國家的學習成就評比來看，例如：國際學生能力評量計畫（Programme for International Student Assessment, PISA）、國際數學與科學教育成就趨勢調查（Trends in International Mathematics and Science Study, TIMSS）、促進國際閱讀素養研究（Progress in International Reading Literacy Study, PIRLS）等在數學、科學、閱讀學習成就，若同一領域的標準差或變異數過大，某種程度也代表學習落差過大現象，這些都可以運用變異量數與標準差來探究。

　　總之，變異數與標準差表示一組資料離散程度的指標，其值愈大，說明樣本次數分配的離散程度愈大，該組樣本資料較分散，也就是愈異質；其值愈小，說明次數分配的數據比較集中，離散程度愈小，也就是愈同質。它們是統計描述與統計推論分析最常用的差異量數，在描述統計部分，只需要標準差就足以說明一組資料的離中趨勢；在推論統計部分，例如：在變異數分析（請參見第 13 章）與迴歸分析（請參見第 14 章）的公式中，都有運用標準差或變異數的概念。

肆、標準差的限制與改善

　　標準差用途廣泛，尤其在推論統計中的許多統計方法都需用標準差做為分析基礎，而在描述統計中，則可以運用差異係數（coefficient of variation）來瞭解一個次數分配的離散程度。上述指出，標準差反映一個次數分配的離散程度，若對同一個特質使用同一種測量工具進行測量，所測量的樣本在測量之特質水平比較接近時，直接比較標準差大小即可知樣本間離散程度。標準差的單位與原資料的單位相同，因而有時稱它為絕對差異量。當遇到下列情況時，則不能直接以標準差來比較：(1)兩個或兩個以上樣本群所使用的觀測工具不同，也就是在測量不同特質時；(2)兩個或兩個以上樣本群使用同一種觀測工具，所測量的特質相同，但在樣本數相差較大時。在第一種情況下，標準差的單位不同，不能直接比較標準差的大小；第二種情況雖然標準差的單位相同，但兩組樣本數不同，這可從平均數大小來確定。通常，平均數值較大，其標準差也較大，平均數值較小，其標準

差也較小。在這種情況下，若直接比較標準差大小，藉以比較不同樣本分散情況是無意義的。可見，上述情況不能用單一差異量來比較不同樣本的離散程度，而應使用相對差異量，最常用的相對差異量是差異係數。差異係數又稱為變異係數，它是一種相對差異量，用 CV 來表示，它是標準差相對於平均數的百分比。它的數值愈大，代表該變項的離散程度愈大，反之則離散程度愈小。其計算公式如下：

$$CV = \frac{S}{\overline{X}} \times 100\% \qquad (6\text{-}17)$$

式中，S 為某樣本的標準差；

$\overline{X}$ 為該樣本的平均數。

差異係數常應用於：(1)同一個團體不同觀測值離散程度的比較，例如：某國小一年級學生平均體重為 30 公斤，體重的標準差是 4.1 公斤，平均身高 120 公分，標準差為 6.5 公分，試問體重與身高的離散程度，哪個較大？在 $CV_{體重} = \frac{4.1}{30} \times 100\% = 13.7\%$，$CV_{身高} = \frac{6.5}{120} \times 100\% = 5.4\%$，從比較這兩個差異係數可知，體重分散程度比身高的分散程度大（13.7% > 5.4%）；(2)對於檢定樣本數量差異較大時，例如：一筆資料為 4,000 位，另一筆資料僅有 40 位，要進行同一種觀測值（如身高、體重等）分析，此時在觀測值離散程度比較上，就需要運用差異係數。

在應用差異係數比較相對差異大小時應注意：(1)資料要具有等距尺度，計算的平均數和標準差才有意義，應用差異係數進行比較也才有意義；(2)觀測變項應具備絕對零點，這時應用差異係數去比較分散程度效果更好。差異係數常用於有關重量、長度、時間的測驗量表內；(3)差異係數只能用於相對差異量描述，至今尚無有效的假設檢驗方法，因此對差異係數不能進行統計推論。總之，標準差、變異數價值較大，應用廣泛；相較而言，其他差異量數，如全距（範圍）、平均差、百分位差和四分位差的缺點較明顯，應用受限。

第二節　操作與解說

壹、操作

　　茲以本書範例檔為例，計算影 1 至影 8 的平均數、標準差、變異數、範圍（全距）、差異係數。其步驟如下：

1. 在 SPSS 視窗中開啟範例檔。

2. 在功能列中，依序點選 分析(A)、敘述統計(E)、敘述統計(D)。

3. 選取所要分析的變項於 變數 (V)中（即影 1 至影 8），並點選 選項 (O)。

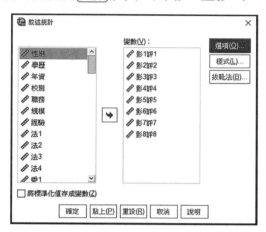

4. 進入「敘述統計：選項」的視窗，選取 平均值 (M)、標準差 (T)、變異 (V)、範圍 (R)，再按 繼續 (C)，回到上一個視窗，按 確定 即可。

5. 以下是跑出來的報表結果，研究者可以擷取所需數據，原始報表數據的小數點位數可依所需的位數取用，建議在同一份報告或研究論文中的小數點位數一致較好。

敘述統計

	N	範圍	平均值	標準偏差	變異
影 1 評 1	400	3.00	2.7700	.69520	.483
影 2 評 2	400	3.00	2.5825	.71727	.514
影 3 評 3	400	3.00	2.0225	.75393	.568
影 4 評 4	400	3.00	2.4775	.77200	.596
影 5 評 5	400	3.00	2.2725	.82459	.680
影 6 評 6	400	3.00	2.3950	.79722	.636
影 7 評 7	400	3.00	2.5650	.77283	.597
影 8 評 8	400	3.00	2.2375	.83537	.698
有效的 N（listwise）	400				

貳、解說

　　經過統計分析之後，校長遴選影響的範圍、平均數、標準差、變異數及差異係數如表 6-2 所示。遴選影響以非常同意、尚同意、不太同意、非常不同意分別以 1、2、3、4 計分，每一題的參照標準為 2.5 分，當某一個題目的平均數低於 2.5 分，表示樣本在遴選影響傾向同意；反之，當某一個題目的平均數高於 2.5 分，表示樣本在遴選影響傾向不同意。

　　從表中可看出，範圍都是 3.00，因問卷題目選項的最低與最高各為 1 與 4 分，兩者差異為 3.00 分，而在平均數大多數低於 2.5 分，表示金門縣國中小教育人員傾向同意校長遴選的影響情形。平均數最高及最低各為影 1 及影 3，影 1 是指金門縣國中小校長遴選會造成校長領導效能減退，而影 3 則是指校長遴選會讓校長過度重視公共關係。標準差最高與最低各為影 8 及影 1，標準差愈高代表這 400 名樣本對該題項意見最分歧，反之則意見愈集中；差異係數最高及最低各為影 8 及影 1，可見若將 400 名樣本的平均數與標準差一起考量，在這八題之中的意見最分歧者為影 8，意見最集中、也是最有共識者為影 1。

表 6-2 校長遴選影響的範圍、平均數、標準差、變異數及差異係數

變項	樣本數	範圍	平均數	標準差	變異數	差異係數
影 1	400	3.00	2.77	0.70	0.48	25.10
影 2	400	3.00	2.58	0.72	0.51	27.77
影 3	400	3.00	2.02	0.75	0.57	37.28
影 4	400	3.00	2.48	0.77	0.60	31.16
影 5	400	3.00	2.27	0.82	0.68	36.29
影 6	400	3.00	2.40	0.80	0.64	33.29
影 7	400	3.00	2.57	0.77	0.60	30.13
影 8	400	3.00	2.24	0.84	0.70	37.33

註：SPSS 沒有差異係數計算功能，需將各題平均數與標準差匯入 Excel 自行計算。

◎問題

　　若需要分析資料來瞭解峰度及偏態，應如何從 SPSS 的操作中，獲得此數值及判斷其分配呢？

◎操作

　　茲以範例檔中的 400 位教育工作者之年資及職務為例，操作方式如下：在視窗的功能列中，依序點選 分析 (A)→ 敘述統計 (E)→ 次數分配表 (F)，再將「年資」及「職務」選入 變數 (V) 之中；在視窗下有三個選擇鍵，其中一個是 統計資料 (S)，點選之後，會出現一個「次數：統計量」視窗，在其右下角有一個分配欄有 偏態 (W) 及 峰度 (K)，在其空格打勾，再按 繼續 (C) 回到上一個視窗，按 確定 ，就可跑出數值（見第 5 章的圖 5-2 及圖 5-3）。

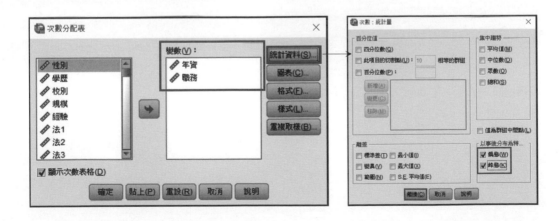

◎解說

　　由表 6-3 可看出，400 位受試者的年資及職務之偏態值各為 .14 及 1.32，可見這 400 位受試者的年資及職務之次數分配都屬於正偏態，其中職務的正偏程度較大。而年資及職務之峰度值各為 -1.67 及 1.68，可見受試者的年資呈現低闊峰分配，而其職務則為高狹峰分配（請參見第 5 章的問題與操作，更可以支持此說法）。

表 6-3　受試者年資及職務的偏態值與峰度值

項目	年資	職務
偏態	.14	1.32
峰度	-1.67	1.68

CHAPTER 7

相對地位量數

第一節　基本原理

壹、用途

　　社會科學研究常要瞭解一個個體在團體中的相對地位，如果沒有標準化的尺度，就很難讓人理解個體在某一個變項的數值表現，究竟在團體中的位置為何？為了讓資料具有理解性，統計學家以百分制來對團體中的樣本屬性進行排名，讓我們可以瞭解在 100 個人中，某一項得分的相對位置。換句話說，如果在百分制中，一位學生獲得的百分等級（percentile rank, PR）為 55，那麼在換算成分數之後，他應該有多少分。這種情形以百分制來進行排名，能讓人瞭解其相對地位。還有以標準分數進行資料轉換，以瞭解樣本的相對位置，此稱為標準化 Z 分數。

貳、百分位數

　　百分位數（percentile）係由百分等級來推算分數，亦即在團體中占某一等級之得分為多少，其符號為 P_p。如果將團體的所有資料劃分成 100 等分，則共有99 個分割點的分數，第一個分割點的分數稱為第一個百分位數，以 P_1 表示之；第二個分割點的分數稱為第二個百分位數，以 P_2 表示之，依此類推至第 99 個百分位數 P_{99}，所以百分位數是 $P_1 \sim P_{99}$，例如：$P_{74}=61.5$，它的意義是在百分等級為 74，需要獲得 61.5 分。第 5 章介紹的中位數、四分位數亦是百分位數的形式。

一、百分位數的原理

百分位數的計算公式如下：

$$P_p = L + \left[\frac{\frac{PR}{100} \times N - F}{f_p}\right] \times i \qquad (7\text{-}1)$$

式中，PR 為百分等級；

　　　L 為第 p 百分位數所在組的精確下限；

　　　f_p 為第 p 百分位數所在組的次數；

　　　F 為第 p 百分位數所在組以下的累積次數；

　　　N 為總次數；

　　　i 為組距。

精確下限的意義是指數字（該組最低數值者）減 0.5，這是約定成俗。

例如：表 7-1 為甲班 40 名學生的數學成績相關資料，如果有人想要瞭解在甲班中，轉換為百分位數，想在 100 個人之中勝過 68 個人，也就是 $PR = 68$ 之學生的數學成績應該考幾分？計算方式如下，答案是 55.36 分。

表 7-1　40 名學生數學成績的相關資料

組別	次數（f_p）	累積次數（F_p）	累積百分比（％）
65～69	3	40	100.00
60～64	4	37	92.50
55～59	7	33	82.50
50～54	9	26	65.00
45～49	8	17	42.50
40～44	6	9	22.50
35～39	3	3	7.50

$$P_{68} = 54.5 + \left[\frac{\frac{68}{100} \times 40 - 26}{7} \right] \times 5$$

$$= 54.5 + \left[\frac{27.2 - 26}{7} \right] \times 5$$

$$= 54.5 + 0.86$$

$$= 55.36$$

二、百分等級原理

百分等級是一種相對位置量數，在社會科學研究中廣泛應用。當團體中各個體的得分依高低順序排列，然後算出某人在 100 人中勝過多少人，或計算某人以下占多少百分比，則用百分等級來表示任何一個分數在該團體中的相對位置，例如：某人考試成績的百分等級 *PR* 為 90，就意味著他的成績比 89% 的人好，但比 10% 的人差。百分等級以整數表示，最高為 99（*PR* 99），最低為 1（*PR* 1）。百分等級屬於次序變數，不能進行加減乘除計算，例如：*PR* 90−*PR* 80 不等於 *PR* 80−*PR* 70。

它的計算有兩種情況：

一是**未分組資料**的計算，公式為：

$$PR = 100 - \left[\frac{100R - 50}{N} \right] \tag{7-2}$$

其中，*R* 是原始分數排列順序數，*N* 是指總人數（樣本總人數）。

例如：小明在 50 名同學中的國語成績是 70 分，排第 10 名，百分等級為：

$$PR = 100 - \left[\frac{100 \times 10 - 50}{50} \right] = 81$$

它的意義是指，若轉為 100 名同學的排名中，國語成績低於小明的 70 分有 81 位。

二是**已分組資料**的計算，公式為：

$$PR = \frac{100}{N} \times \left[F + \frac{f_b\,(X-L)}{i} \right]$$ （7-3）

式中，X為原始分數；

　　　f_b 為該原始分數所在組的次數；

　　　L為該原始分數所在組的精確下限；

　　　F為小於L的累積次數；

　　　N為總次數；

　　　i為組距。

例如：表 7-1 有 40 名學生的數學成績相關資料，其中一位學生的成績為 51 分，請問他的百分等級（PR）等於多少？

$$
\begin{aligned}
PR &= \frac{100}{40} \times \left[17 + \frac{9 \times (51-49.5)}{5} \right] \\
&= 2.5 \times \left[17 + \frac{9 \times (51-49.5)}{5} \right] \\
&= 2.5 \times (17 + 2.7) \\
&= 49.25 \text{，也就是接近 49。}
\end{aligned}
$$

參、標準分數原理

標準分數（standard score）又稱為 Z 分數（Z score），是以標準差為單位表示一個原始分數在團體中所處位置的相對位置量數。離平均數有多遠，即表示原始分數在平均數以上或以下幾個標準差的位置，從而瞭解該分數在團體中的相對地位。簡言之，它表示一系列的分數中，每一個分數與該系列的平均數之差，除以該系列資料的標準差所得到的數值，其意義是假設 Z 分數是以樣本的標準為單位，某一個分數在平均數以上或在平均數以下，有多少個標準差單位。有時為了

要掌握不同教育現象表現高低，但不同的教育現象無法直接比較，就需要轉化為標準分數，讓單位一致，才可以進行分析。

一、計算公式

$$Z = \frac{X - \bar{X}}{S} = \frac{x}{S} \tag{7-4}$$

式中，X代表原始資料；

$\bar{X}$為一組資料的平均數；

S為標準差。

式中可以瞭解 Z 分數是一個原始分數與平均數之差，除以標準差所得的商數。它無實際單位，與原始分數和平均數的距離（$X - \bar{X}$）呈正比，與該組分數的標準差呈反比。如果一個原始分數小於平均數，其值為負數；如果一個原始分數大於平均數，其值為正數；如果一個原始分數等於平均數，其值為 0。可見 Z 分數可以說明原始分數在該組資料分配中的位置，故稱為相對地位量數。當把原始分數轉換為 Z 分數後，只需要看 Z 分數的數值和正負號，就可以明瞭每一個原始分數的相對地位。

例如：某班平均成績為 90 分，標準差為 3 分，甲生得 96 分，乙生得 93 分，請問甲乙生的 Z 分數各多少？已知 $X = 90$，$S = 3$，$X_{甲} = 96$，$X_{乙} = 93$。據公式 7-4：

$$Z_{甲} = \frac{X_{甲} - \bar{X}}{S} = \frac{96 - 90}{3} = \frac{6}{3} = 2$$

$$Z_{乙} = \frac{X_{乙} - \bar{X}}{S} = \frac{93 - 90}{3} = \frac{3}{3} = 1$$

因此，甲生的標準分數是 2 分，乙生的標準分數是 1 分。

把原始分數轉換成 Z 分數，就是把單位為不等距，並缺乏明確參照點的分數轉換成以標準差為單位、以平均數為參照點的分數。因為在一個分配中，標準差所表示的距離是相等的，以標準差為單位就使單位等距。以平均數為參照點，也

就是以 0 為參照點，因為等於 X 的原始分數轉換成標準分數後，其值為 0。原始分數轉換成 Z 分數，就是轉換為以 1 個標準差為單位、以 0 為參照點的分數，從而可以明瞭各個原始分數的相對地位，且分數之間具有相互比較的基礎。

二、標準分數的性質

Z 分數有以下的特性：(1)Z 分數無實際單位，是以平均數為參照點、以標準差為單位的一個相對量；(2)一組原始分數轉換得到的 Z 分數可以是正值，也可以是負值，凡小於平均數的原始分數之 Z 值為負數，大於平均數的原始分數之 Z 值為正數，等於平均數的原始分數之 Z 值為 0。所有原始分數的 Z 分數之和為 0，Z 分數的平均數也為 0，即 $\Sigma Z = 0$，這可以根據求平均數及 Z 分數的公式得到證明；(3)在一組原始資料中，各個 Z 分數的標準差為 1，即 $S_Z = 1$；(4)若原始分數為常態分配，轉換的所有 Z 分數平均值為 0、標準差為 1 的標準常態分配。

三、標準分數的特點

標準分數有以下的特點（張厚粲、徐建平，2007）：(1)可以比較性。標準分數以團體平均分數做為比較的基準，以標準差為單位，因此不同性質的成績，一經轉換為標準分數（平均數為 0、標準差為 1）後，相當於處在不同背景下的分數，放在同一背景下去考慮分數的意義，具有可比較性；(2)可以相加性。標準分數是一個不受原始分數單位影響的抽象化數值，能使不同性質的原始分數具有相同的參照點，所以可以相加；(3)明確性。知道某一受試者的標準分數，運用常態分配表，如**附表 D**（關於查表，本章後面會說明），就可以知道該分數在全體分數的相對位置，即百分等級，所以標準分數較原始分數意義更為明確；(4)穩定性。原始分數轉換為標準分數之後，其標準差為 1、平均數為 0，保證不同變項的分數在總分數的權重應一樣。

四、標準分數的應用

　　Z分數不僅能表示原始分數在分配中的相對地位，而且能在不同分配的各個原始分數之間進行比較。若要瞭解兩個以上的團體所擁有的某一現象在群體中的相對地位，就需要先將各組的原始資料轉化為標準分數，才可以進行比較，例如：要比較甲、乙兩校的國三學生在第一次期中考的數學成績高低，因為兩所學校的數學題目難易不一，學生人數也不一樣，此時如果冒然拿來比較，很容易產生比較基準不一樣的問題。因此，宜先分別對兩所學校的數學成績進行轉換，接著才可以比較。Z分數常見的用途如下。

（一）比較不同變項的觀察值之相對位置

　　它可以用於比較幾個分屬性質不同的觀測值，在各個資料分配中相對位置的高低，例如：研究者要比較某一次期中考，學生在數學、語文、自然及社會的成績，如果已獲得各科的平均數及標準差，就可以依這些資料來比較各科目在此次考試的好壞。Z分數可以表示各個原始資料在該組資料分配中的相對位置，它並沒有實際單位，這樣便可對不同的觀測值進行比較。在實務上常遇到幾種不同性質的觀測值，所以不能對它們進行直接比較。若知道各資料分配的平均數與標準差，就應當分別求出Z分數才可以比較。一個原始分數被轉換為Z分數後，就可知道它在平均數以上或以下幾個標準差的位置，從而知道它在分配中的相對地位。當原始分數是常態分配，只要求出分配中某一原始分數的Z分數，也可以經由常態分配表得知原始分數的百分等級，進而瞭解在該數值之下的分數個數占全體分數個數的百分比，進一步掌握此分數的相對地位。

　　尤其在團體中的相對位置，不同性質的原始觀測值不等距，也沒有一致的參照點，不能相加減。在上述介紹算術平均數時也指出，計算平均數要求資料必須具相同標準，否則會使平均數沒有意義。當研究要整併成不同性質的資料時，若已知不同變項值的次數分配為常態，此時可採用Z分數來計算不同性質觀測值的總和，經過Z分數轉換後的數值就可以比較了。

（二）作為轉換測驗分數之後的相對比較

經過標準化測驗的常模分數，其次數分配接近常態分配，為了不讓轉換後的標準分數出現小數與負數，增加可理解性，因而將它轉換成常態標準分數。轉換公式為：

$$Z' = az + b \qquad\qquad\qquad (7\text{-}5)$$

式中，Z' 為經過轉換後的標準常態分數；a、b 為常數，就看研究者對於 a 的加權，以及 b 項的數值而定。

過去，臺灣的師範校院在師資分發實習學校時，因為各校對學生的評分標準不一，或教師甄試、行政機關人事甄選等會有不同組別的評審，使得不同組別評審對考生評分不一，所以要將資料轉換為 T 分數，它的公式如下：

$$T = 50 + 10Z \qquad\qquad\qquad (7\text{-}6)$$

標準分數經過線性轉換後，仍保持原始分數的分配形態，同時也具有原來標準分數的優點，例如：「比奈—西蒙智力測驗」就使用 $Z' = 16z + 100$ 公式，「普通分類測驗」（AGCT）$= 10z + 100$，它們仍具有常態分配的特性。教育與心理研究有很多轉換，林清山（1992）就整理了常態分配曲線、百分等級和常態標準分數的種類，如圖 7-1 所示。

另外，Z 分數有一些缺點，如計算相對比較繁雜，還有負值和 0，以標準差為單位，還會帶有許多小數，進行比較必須滿足原始資料的分配形態相同之條件。

圖 7-1 常態分配曲線、百分等級和常態標準分數的種類

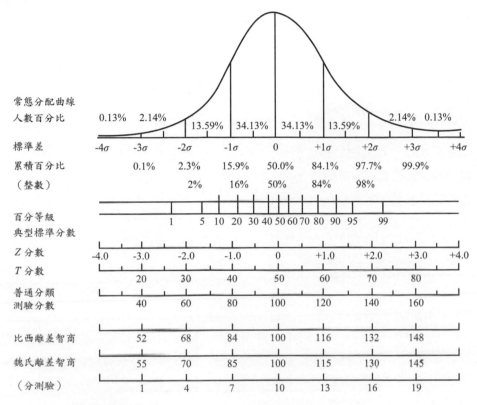

常態分配曲線 人數百分比	0.13%	2.14%	13.59%	34.13%	34.13%	13.59%	2.14%	0.13%	
標準差	-4σ	-3σ	-2σ	-1σ	0	+1σ	+2σ	+3σ	+4σ
累積百分比		0.1%	2.3%	15.9%	50.0%	84.1%	97.7%	99.9%	
（整數）			2%	16%	50%	84%	98%		

百分等級 1　5　10　20　30 40 50 60 70　80　90　95　99

典型標準分數

Z 分數	-4.0	-3.0	-2.0	-1.0	0	+1.0	+2.0	+3.0	+4.0
T 分數		20	30	40	50	60	70	80	
普通分類 測驗分數		40	60	80	100	120	140	160	
比西離差智商		52	68	84	100	116	132	148	
魏氏離差智商		55	70	85	100	115	130	145	
（分測驗）		1	4	7	10	13	16	19	

註：林清山（1992，頁 115）。

肆、常態分配

　　在社會科學研究中，很多現象的次數分配常接近於左右對稱的鐘形曲線，這種曲線的分配情形稱為常態分配。就理論來說，一個均勻的銅板，投擲一次得到正面的機率為二分之一，得到反面的機率也是一樣。如果將銅板做無限多次的投擲，就可以把出現正面（或反面）銅板的次數做一個次數分配，此時會看到出現正面（或反面）次數的分配為一個左右對稱且平滑的曲線，這就是常態分配。簡

單的說，常態分配是指一個隨機變項的觀察值，其無限多個樣本數值的次數會呈現對稱的鐘形曲線分配。

常態分配的函數式如下：

$$f(x) = \frac{1}{\sqrt{2\pi}\sigma} e^{-\frac{(x-\mu)^2}{2\sigma^2}} \qquad -\infty < X < \infty$$

$\pi = 3.14159$；$\sigma =$ 標準差；$e = 2.71828$；$\mu =$ 平均數；$\infty =$ 無限大。

假定在常態分配曲線底下的總面積為 1.0，此時各個標準差 σ（常態分配可以視為 z 分配，接近母群體的常態分配以英文小寫 z 為代表，如果是抽樣樣本所計算的標準分數 Z，則以英文大寫字母為代表）的常態分配如圖 7-2 所示，其中不同標準差之下所占的面積，說明如下：

圖 7-2 常態曲線與累積機率

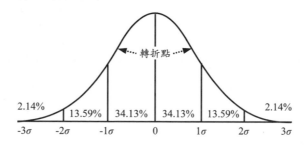

平均數 0 以下，占全體人數的一半（50%）。
平均數 0 以上，占全體人數的一半（50%）。
得分在 $\mu \pm 1$ 個標準差（σ）者，占總人數的 68.26%。
得分在 $\mu \pm 2$ 個標準差（σ）者，占總人數的 95.44%。
得分在 $\mu \pm 3$ 個標準差（σ）者，占總人數的 99.72%。

然而，Z 值往往不一定剛好在一個、兩個或三個標準差的位置，而是具有小數點的 Z 值，例如：$Z = 2.3$，若要瞭解 $Z = 2.3$ 以下的面積有多少，就需要查附表 D。因為每一種資料的次數分配不同，就需要查核不同的表，來瞭解不同樣本

的相對地位。在後續的推論統計及統計檢定方法中，例如：積差相關係數、卡方檢定、變異數分析檢定（F 值）等都需要查表，讀者應學會查詢相關的統計表。如以**附表 D** 來說，它在第一、二及三個欄各為 Z 值、Y 值及 P 值，其中 Z 值就是經過標準化分數轉換過的數值，Y 值為 Z 值所對應的高度，而 P 值是代表從 Z = 0 至所要查表的 Z 值所涵蓋的面積。若 $Z > 0$，在查出該值之後，需要再加上 .50；若 $Z < 0$，所查出來的值需要用 .50 扣除 P 值。如果某位考生所得到的數學成績，轉換後為 $Z = -1.2$，查表得知 $P = .38493$，此時 $.50 - .38493 = .11507$，代表在 100,000 人中，這位考生位於第 11,507 名。如以 $Z = 2.3$ 來說，$P = .48928$，因此，$.48928 + .50 = .98928$，它的意義是指，若於 10,000 個人中，位在約第 9,893 名。當然，如果所得到的資料不是常態分配，就不可以這樣計算。

第二節　操作與解說

壹、百分位數

　　茲以本書範例檔為例，來進行「遴選爭議」的百分位數計算，其操作步驟如下：

1. 在 SPSS 視窗中開啟資料。
2. 在功能列中，依序點選 轉換(T) → 秩觀察值(K)。

3. 將「遴選爭議」放入欲分析的 變數 (V) 中，點選 秩類型 (K) 後，在「秩觀察值：類型」視窗中進行勾選，再按 繼續 (C)回到上一個視窗，再按 確定 即可。

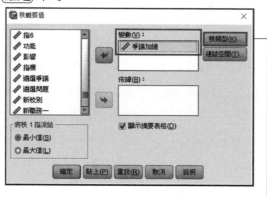

4. 回到 SPSS 視窗的主畫面，最右欄出現的欄位就是百分位數（「P 爭議」欄位），表示編號 1 受試者在 100 人中位於第 54.13 的位置。而「R 爭議」為第 1 位排到第 400 位的順序，以編號受訪者估計數為 216.500 為例，代表在 400 名中，排在第 217 名。

	爭議	遴選問題	新校別	新職務一	新職務二	新職務三	爭議加總	R爭議	P爭議
1	1.97	1.75	1.00	.00	1.00	.00	44.00	216.500	54.13
2	1.64	1.50	1.00	.00	1.00	.00	37.00	86.000	21.50
3	2.29	2.05	1.00	1.00	.00	.00	51.00	353.500	88.38
4	2.14	2.03	1.00	1.00	.00	.00	48.00	306.000	76.50
5	2.54	1.73	1.00	1.00	.00	.00	55.00	389.000	97.25
6	2.36	1.74	1.00	1.00	.00	.00	52.00	369.000	92.25
7	2.57	1.98	1.00	1.00	.00	.00	58.00	397.000	99.25
8	2.00	1.00	1.00	.00	1.00	.00	46.00	266.500	66.63
9	2.00	1.00	1.00	.00	1.00	.00	46.00	266.500	66.63
10	1.21	1.00	1.00	.00	1.00	.00	27.00	12.500	3.13
11	2.00	1.29	1.00	1.00	.00	.00	46.00	266.500	66.63
12	1.58	1.43	1.00	1.00	.00	.00	35.00	56.000	14.00
13	2.17	1.87	1.00	1.00	.00	.00	48.00	306.000	76.50
14	1.63	1.58	1.00	1.00	.00	.00	36.00	68.500	17.13
15	1.63	1.22	1.00	.00	1.00	.00	36.00	68.500	17.13
16	1.67	1.58	1.00	.00	1.00	.00	37.00	86.000	21.50
17	2.00	1.64	1.00	1.00	.00	.00	46.00	266.500	66.63
18	2.22	2.57	1.00	1.00	.00	.00	50.00	339.500	84.88
19	1.67	1.00	1.00	1.00	.00	.00	38.00	107.000	26.75

貳、標準分數

　　茲以本書範例檔為例，來進行「遴選爭議」的標準分數轉換，其 SPSS 的操作步驟如下：

1. 在 SPSS 視窗中開啟資料。

2. 在功能列中，依序點選 分析 (A)→ 敘述統計 (E)→ 敘述統計 (D)。

3. 選擇要分析的 變數 (V)，本例為「遴選爭議」，再勾選 將標準化值存成變數 (Z)，最後按 確定 即可。

4. 「資料視圖」視窗畫面出現的「Z爭議加總」欄位就是標準化的Z分數結果。

檔案(F) 編輯(E) 檢視(V) 資料(D) 轉換(T) 分析(A) 圖形(G) 公用程式(U) 延伸(X) 視窗(W) 說明(H)

14 :

	遴選問題	新校別	新職務一	新職務二	新職務三	爭議加總	R爭議	P爭議	Z爭議加總	變數
1	1.75	1.00	.00	1.00	.00	44.00	216.500	54.13	.18806	
2	1.50	1.00	.00	1.00	.00	37.00	86.000	21.50	-.77109	
3	2.05	1.00	1.00	.00	.00	51.00	353.500	88.38	1.14722	
4	2.03	1.00	1.00	.00	.00	48.00	306.000	76.50	.73615	
5	1.73	1.00	1.00	.00	.00	55.00	389.000	97.25	1.69531	
6	1.74	1.00	1.00	.00	.00	52.00	369.000	92.25	1.28424	
7	1.98	1.00	1.00	.00	.00	58.00	397.000	99.25	2.10638	
8	1.00	1.00	.00	1.00	.00	46.00	266.500	66.63	.46211	
9	1.00	1.00	.00	1.00	.00	46.00	266.500	66.63	.46211	
10	1.00	1.00	.00	1.00	.00	27.00	12.500	3.13	-2.14132	
11	1.29	1.00	1.00	.00	.00	46.00	266.500	66.63	.46211	
12	1.43	1.00	1.00	.00	.00	35.00	56.000	14.00	-1.04514	
13	1.67	1.00	1.00	.00	.00	48.00	306.000	76.50	.73615	
14	1.58	1.00	1.00	.00	.00	36.00	68.500	17.13	-.90812	
15	1.22	1.00	.00	1.00	.00	36.00	68.500	17.13	-.90812	
16	1.58	1.00	.00	1.00	.00	37.00	86.000	21.50	-.77109	
17	1.64	1.00	1.00	.00	.00	46.00	266.500	66.63	.46211	
18	2.57	1.00	1.00	.00	.00	50.00	339.500	84.88	1.01020	

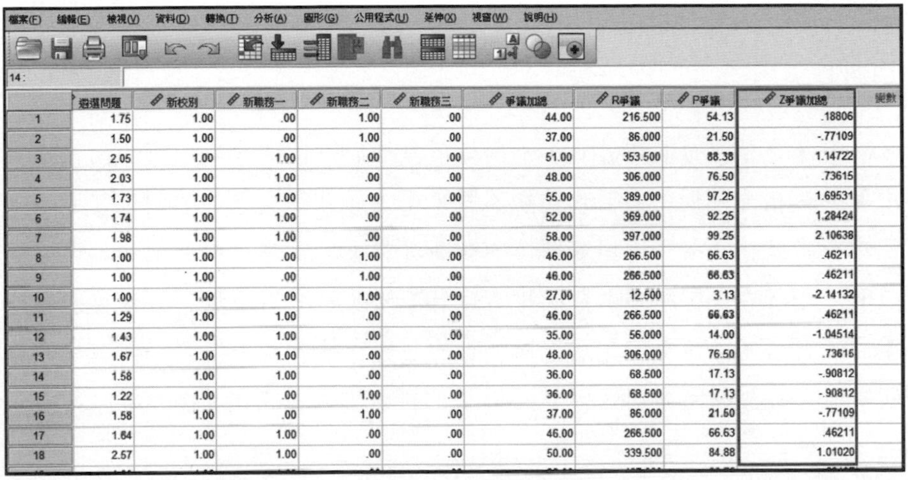

在上圖中的「Z爭議加總」可以看出，編號1和2受試者的標準化Z分數各為.18806與-.77109。這兩位受試者在100位受訪者中的相對位置可以依此數值查附表D。

◎問題

　　本章在標準分數中強調，不同變項會形成不同的次數分配（因樣本表現的集中與分散情形不同），而致使在不同變項（如身高與體重）間，其原始分數經過標準分數轉換之後，不同變項（如身高與體重）標準分數之總和，與原始分數之總和，兩者在全部樣本的分數排名也有不同。在教育現場常有學校將期中考的學生成績排名，但常見的是將不同科目的分數直接相加，得到一個總分，接著就將所有總分成績進行排名。試想，這樣的排名方式是否有問題呢？

◎說明

　　很明顯的，上述所得到的排名一定有誤，問題在於總分僅是不同屬性科目之原始成績，而沒有考量該次考試的題目難易程度，例如：在該次考試中，國文科的題目很簡單，所有學生的成績都傾向高分，因而國文科成績形成了負偏態；數學科的題目非常困難，學生難以作答，其成績均傾向低分，因而數學科成績形成了正偏態；英語科的題目則是難易適中，所以學生成績形成了常態分配。因學生在每個科目的表現，容易受到題目難易的影響，在學生各科成績表現有所不同的情形下，就任意的直接將原始分數相加，然後對所有學生予以排名，並給予排在前三名者獎勵，此時就產生了很大錯誤。除非先將這三個科目的成績予以標準化 Z 分數轉換，再排名，否則排名結果有誤。

　　為證明上述說法，茲採本書的 SPSS 範例檔，假定 400 位學生在一次期中考的成績，以「性別」代表國文科成績、「學歷」代表數學科成績、「年資」代表英語科成績。首先，將這三個科目的原始分數加總，另外將三個科目成績進行標準化 Z 分數轉換後，接著再加總，來比較兩者分數的排名是否一樣。研究者如何操作 SPSS 以獲得此數值並排名呢？

◎操作

操作方式如下：在計算原始科目的總成績上，不要忘了本書第 3 章所介紹不同變項數值的加總，其操作方式如下：點選 轉換 (T)→ 計算變數 (C)，會出現一個視窗，請在 目標變數 (T)之空白處對新的變項加以命名，就以「總分」為名稱，接續將性別（代表國文科成績）、學歷（數學科成績）、年資（英語科成績）選入右邊的空格中，最後按 確定 ，就可以看到 SPSS 資料檔中的最後一欄是「總分」。

而在上述三個科目的標準化 Z 分數轉換上，如同本章上一節的操作，將這三個變項一起選入 變數 (V)之中，在「敘述統計」之視窗左下角有一個 將標準化值 存成變數 (Z)前的空格打勾，最後按 確定 ，就可以在 SPSS 資料檔中的最後三個欄位分別看到：「Z 性別」（代表國文科成績的標準化 Z 分數）、「Z 學歷」（代表數學科成績的標準化 Z 分數）、「Z 年資」（代表英語科成績的標準化 Z 分數），最後將這三個標準化 Z 分數的成績予以加總，其操作方式如上述，並把其暫時命名為「Z 總分」。點選 繼續 (C)以及 確定 ，就跑出數值。

◎解說

從跑出的結果來看，若以「總分」及「Z 總分」來比較，編號 2、10、12、14 位學生（請參見下圖中的數字）的「總分」均為 10，而他們在「Z 總分」的分數分別為 .89、.89、2.89、.89。按理來說，原始總分為 10，若要排名次，應該會相同名次，但若以「Z 總分」來排名，編號 12 學生就與其他三位學生的名次不同。再以「總分」為 9 的學生來說，圖中的編號 4 及 11 都是，然而他們的「Z 總分」卻各為 .07 及 2.42，是截然不同。從上述看出，若要對不同變項的數值進行加總，宜考量各個變項的分配情形，再決定加總。在社會現象中，若沒有考量各個變項在不同人數的分配特性，而任意對變項數值加總，就很容易得到錯誤結果，而形成錯誤推論。上述例子，正是很好的省思。

	檔案(F) 編輯(E) 檢視(V) 資料(D) 轉換(T) 分析(A) 圖形(G) 公用程式(U) 延伸(X) 視窗(W) 說明(H)							
	R爭議	P爭議	Z爭議加總	總分	Z性別	Z學歷	Z年資	Z總分	累數
1	216.500	54.13	.18806	7.00	-1.03953	1.62374	-.64370	-.06909	
2	86.000	21.50	-.77109	10.00	-1.03953	.66578	1.26355	1.11534	
3	353.500	88.38	1.14722	6.00	.95957	-.29218	-.64370	-.46390	
4	306.000	76.50	.73615	9.00	-1.03953	-.29218	1.26355	.72053	
5	389.000	97.25	1.69531	11.00	.95957	.66578	1.26355	1.51015	
6	369.000	92.25	1.28424	9.00	-1.03953	.66578	.78674	.72053	
7	397.000	99.25	2.10638	4.00	-1.03953	-1.25014	-.64370	-1.25352	
8	266.500	66.63	.46211	7.00	.95957	1.62374	-1.12051	-.06909	
9	266.500	66.63	.46211	8.00	-1.03953	.66578	.30993	.32572	
10	12.500	3.13	-2.14132	10.00	.95957	.66578	1.26355	1.11534	
11	266.500	66.63	.46211	9.00	.95957	1.62374	-.16688	.72053	
12	56.000	14.00	-1.04514	10.00	.95957	1.62374	.30993	1.11534	
13	306.000	76.50	.73615	4.00	-1.03953	-.29218	-1.12051	-1.25352	
14	68.500	17.13	-.90812	10.00	-1.03953	.66578	1.26355	1.11534	
15	68.500	17.13	-.90812	4.00	.95957	-1.25014	-1.12051	-1.25352	
16	86.000	21.50	-.77109	9.00	-1.03953	.66578	.78674	.72053	
17	266.500	66.63	.46211	11.00	-1.03953	1.62374	1.26355	1.51015	
18	339.500	84.88	1.01020	8.00	.95957	.66578	-.16688	.32572	

　　由上述Z分數轉換之後的數值變化,就可以理解生活中有很多案例如果沒有轉換為標準化Z分數來排名或做其他計算,就會產生許多問題,例如:公務人員高等考試有六考科,每考科各有4個申論題,每科評分老師標準不一,若單以考生得到各科原始成績之加總進行排名來擇優錄取,就會有上述問題產生。又如:一位研究者若要以不同學校學生的國中數學成績進行分數比較,因各校數學老師的評分標準不一、數學考題的難度也不一,卻將不同學校整合為一個資料檔就加以分析,而沒有把各校的成績先轉換,也會有上述問題產生。

CHAPTER 8

推論統計

第一節　基本觀念

壹、推論統計的意義

社會科學研究往往要掌握母群體（population）特性，但由於研究的資源與時間有限，且母群體可能相當龐大，因此需要從界定的母群體中，抽取具有代表性的樣本（sample）之變項進行檢定，接著再對母群體進行推論。此種經由抽樣及統計技術，由樣本特性對母群體推論的過程稱為推論統計，如圖 8-1 所示，圖中的每一小點代表一個樣本。推論統計經由可靠的樣本選取方法，由母群體抽取樣本進行估計，然而此過程會有抽樣誤差，且以此樣本得到的數據來推論母群體特性，當然也會有推論誤差或稱犯錯機率。推論統計就是因為母群體太大或未知，而由樣本資料來推論母群體，由特殊情形來瞭解母群體普遍特性的科學步驟。

圖 8-1　推論統計示意圖

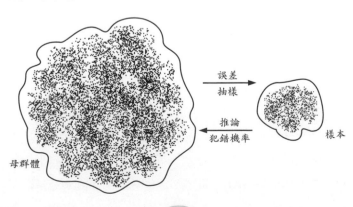

誤差
抽樣

推論
犯錯機率

樣本

母群體

　　推論統計的過程必須要掌握幾個重點：(1)對於母群體的界定，也就是根據某些原則，例如：性別（如男性、女性）、年級（如小學一年級、二年級、三年級等）、地區（如臺北市、新北市、臺中市、臺南市等）為樣本，加以認定的全部觀察量數的總集合；(2)從母群體中抽取樣本，即由母群體中抽樣而來的部分集合做為要估算的依據；(3)蒐集樣本所反應出來的數據（也就是抽樣後的結果數值分配），經由樣本資料整理，也就是描述統計，再經由統計檢定的過程來進行數據推論，當然在推論估算及其過程應掌握推論誤差。經過抽樣所得到的樣本要進行推論統計的過程，在社會科學研究中，此種推論過程需要透過假設檢定或稱為假設檢定的步驟，才可以說是完成推論統計。

貳、抽樣的分類

　　推論統計很重要的概念是對母群體進行抽樣，社會科學研究常見的抽樣方法分為隨機抽樣和非隨機抽樣。非隨機抽樣不適合用來做推論統計，會有較大的誤差。隨機抽樣宜合乎「**均等的機率**」和「**獨立的機率**」，以及取得「**代表性樣本**」的原則。均等的機率是指，母群體內每個個體均有相同的機率可被抽取為樣本；獨立的機率是指，母群體內某個體被抽為樣本時，不影響其他個體被抽為樣本的機率；而取得代表性樣本，是以樣本的被抽中均等及樣本獨立性所結合而成。

　　社會科學研究中常見的隨機抽樣方法如下。

一、簡單隨機抽樣

　　它是運用亂數表對於母群體抽樣得到樣本的方式，亂數表請參見本書附表C，因為經由亂數表，所以抽出來的樣本均有代表性，可以避免抽樣的系統性偏差。假若一個班有 40 名學生（編號 1 至 40），要從中抽 10 名學生，若從附表C 的第十列，在 10～14 欄開始抽，每 2 個號碼一起抽，符合者抽出，不符合者依續往下抽，若第十列抽完，再往第十一列抽，依此類推。本例依序抽出以下的號碼：31、84、20、86、34、11、88、78、60、70、08、46、42、05、65、74、

39、03、65、41、66、02、77、51、77、47、39、86、64、23。最後符合 40 以下的 10 個號碼為 31、20、34、11、08、05、39、03、02、23。

二、分層隨機抽樣

它的特性是母群體中的層次明顯，且同一層內的樣本變異小，即同層樣本屬性不會太異質，同時層與層之間的樣本屬性變異要大，這樣才可以區別出不同層樣本之差異性。在抽樣時，層的決定，可以用樣本屬性，例如：年齡大小（如要分為三層，可以用 30 歲以下、30～50 歲、50 歲以上）、國民所得收入（若要區分為四層，可以有以下的方式：每月家庭總收入 5 萬元以下、5～10 萬元、10～15 萬元、15 萬元以上）來決定要抽取的層。當抽取的層決定之後，再來決定層中的樣本如何抽取。通常此種抽樣的誤差比簡單隨機抽樣還要小。

三、系統性抽樣

若決定運用某一個系統性的次數做為一個分界點，例如：一所學校共有 500 名學生，要抽取 30 名樣本參與實驗研究，故將全校學生編號 1 至 500，接著每間隔 15 號就抽出該樣本，持續抽到滿 30 名為止。這樣以每 15 號有規律性的抽取方式，抽取到研究者所需要的樣本數為止，就稱為系統性抽樣。

四、叢集抽樣

它的抽樣單位是一群元素所構成的集合，例如：以學校、班級為抽樣單位，也就是先界定母群體之後，對母群體中的許多次團體進行抽取，且一次抽取一個團體。此種團體與先前的分層抽樣不同，分層抽樣的方式是同層中的樣本同質性高，而叢集抽樣的「叢集團體」中的樣本異質性比較高，就如一次抽取一個學校學生樣本要瞭解其學習成就，學校有高、中、低學業成就的學生。

在實務上，常會運用上述的抽樣方法而採取多階段取樣，如二階段、三階段等。教育與心理研究常以第一階段先抽取學校、第二階段抽取班級、第三階段抽

取學生的方式進行，例如：研究者進行臺中市國民小學六年級學生學習成效的調查研究，其確定臺中市國民小學共 120 所，學生數（不含特教學生）有 4,000 名，依樣本計算公式，起碼要抽出 735 名樣本。於是，研究者以三階段來抽樣，第一階段先抽取學校，依國民小學的小型學校（24 班以下）、中型學校（24～48 班）、大型學校（48 班以上）的校數比例各為 3：2：1，分別抽出各類型學校為 60 所、40 所及 20 所，各類型學校應抽取 368 名、245 名、122 名學生。因此，第一階段先對大、中、小型學校隨機抽取出要調查的學校，第二階段隨機抽取各類型學校的班級，第三階段再從各班級中以隨機取樣方法，抽取代表性的樣本。

參、樣本數的決定

上述僅說明抽樣方法，然而在調查研究中，如涉及到推論統計，究竟要抽取多少樣本才可以代表母群體的特性呢？這是值得思考的議題。若研究者在抽樣的母群體確定之後，可以透過「樣本決定公式」來估算出應抽出的樣本數：

樣本決定公式：$n_0 = \dfrac{Z_{\alpha/2}^2}{4d^2}$ （8-1）

抽樣人數公式：$n = \dfrac{n_0}{1 + \dfrac{n_0}{N}}$ （8-2）

式中，Z 為常態分配，在統計顯著水準下相對應的機率，常以 $\alpha = .05$ 或 .01 來代表。$\alpha = .01$ 是指在幾乎沒有誤差的情況下進行抽樣，即 $Z_{(\alpha/2)}^2 = (3)^2 = 9$（請參見第 7 章的常態分配），此外將抽樣的錯誤機率（d）設定為 .05，N 代表母群體的人數。

例如：一份研究的母群體為 4,000 名，而統計顯著水準設為 .01，抽樣誤差為 .05，此時研究者應該抽取多少樣本才足以代表該母群體呢？代入公式：

樣本決定公式：$n_0 = \dfrac{9}{4 \times (.05)^2} = 900$

抽樣人數公式：$n = \dfrac{900}{1 + \dfrac{900}{4000}} = 734.69$

由上述可以瞭解，此研究者宜抽 735 名較具有代表性。

肆、假設檢定步驟

步驟一：設定研究問題

社會科學的研究問題來源可以從幾個方面來設定：(1)演繹法：從理論中演繹出研究問題；(2)歸納法：從社會現象中歸納出研究問題；(3)權威觀點：從專家學者或權威人士與機關所提出的論點中提出合理推斷；(4)研究者經驗：個人的工作與生活經驗的啟發；(5)文獻探討：透過現有的文獻與相關研究，來瞭解有哪些尚待解決的問題等。當確認研究問題之後，接著要針對研究問題蒐集有關的文獻進行深入評閱，以形成研究假設後，蒐集數據資料，再進行研究假設的檢定。

步驟二：提出研究假設

研究者根據問題所提出的研究假設，轉換為統計假設，包括**虛無假設**（null hypothesis）和**對立假設**（alternative hypothesis）。接著要分辨檢定的單側檢定（one-tailed test）或雙側檢定（two-tailed test），確定單側或雙側檢定之後，接下來要寫出對立假設H_1與虛無假設H_0，不含「＝」的對立假設。對立假設是過去研究所發現的事實相接近者，也是研究者內心期待支持的假設。撰寫方式如下：

1. 具方向性的假設寫法（單尾或稱為單側檢定）：

$H_0 : \mu_1 \leqq \mu_2$

$H_1 : \mu_1 > \mu_2$

2. 沒有方向性的假設寫法（雙尾或稱為雙側檢定）：

　相關係數檢定的寫法　　或　　平均數差異檢定的寫法

$$H_0 : \rho = 0$$

$$H_1 : \rho \neq 0$$

$$H_0 : \mu_1 = \mu_2$$

$$H_1 : \mu_1 \neq \mu_2$$

步驟三：決定適當的統計方法

　　研究者根據 σ（母群體標準差）已知（$n \geq 30$，樣本數大於 30，屬於常態分配，也就是 z 分配）或未知（$n < 30$，樣本數小於 30，不屬於常態分配，其分配情形會依自由度大小而改變，屬於 t 分配），來決定選用適當的統計方法，此時應先掌握母群體的特性。研究者所進行的調查研究若是大樣本，會將母群體的標準差視為已知。統計方法有很多，例如：相關係數檢定、卡方檢定、平均數 t 檢定、變異數分析、迴歸分析等。

步驟四：宣稱推論犯錯的機率

　　研究者要宣稱願冒第一類型錯誤（type I error）的大小，並劃定拒絕區。社會科學研究中的統計檢定，將犯第一類型錯誤的機率以 α 表示，α 又叫做統計顯著水準，也稱為容忍犯錯的程度，通常採用 .05 或 .01。在後面章節介紹推論統計方法及實務應用時，若有達到統計顯著水準，會以 *p < .05 及 **p < .01 來表示，其意義就如同 $\alpha = .05$ 及 $\alpha = .01$。α 設為 .05，表示 H_0 為真的情形，具有 100 次會出現 5 次的機會。但是研究者也可以自訂統計顯著水準，不過統計顯著水準訂的愈小，犯第二類型錯誤（type II error）的機會會提高，研究的價值與推論就會降低。

步驟五：裁決與解釋檢定結果

　　研究者根據數據進行統計分析的結果進行裁決，這代表檢定假設之後的決定，再進行解釋統計上及實務上的意義。研究者宜以上述劃定的犯錯機率值做為裁決的依據，如圖 8-2 為單尾檢定（或單側檢定），以 .05 做為臨界值，此時就

要判斷是接受對立假設或虛無假設。圖 8-2 (a)和(b) 的灰色區域與白色區域之臨界值為 1.65 和 -1.65，這是在附表 D 中，以 α = .05 或 p = .05 查到的 z 值，此區域為拒絕虛無假設區，白色區域則為接受虛無假設區。如果落入拒絕區，代表要拒絕虛無假設，接受對立假設，最後再對研究結果進行解釋。

圖 8-2 單側檢定的拒絕區與接受區

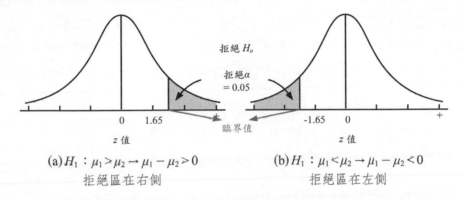

(a)$H_1 : \mu_1 > \mu_2 \rightarrow \mu_1 - \mu_2 > 0$
拒絕區在右側

(b)$H_1 : \mu_1 < \mu_2 \rightarrow \mu_1 - \mu_2 < 0$
拒絕區在左側

　　如果研究問題沒有方向性，只強調有差異的假設檢定，也就是雙側檢定，其拒絕區及接受區如圖 8-3 所示，拒絕區（$\frac{\alpha}{2}$ = .025）附表 D，代表單邊犯錯機率為 .025，p 值為 .4725。查 D 表，D 表是常態分配，不同 Z 值下，有其機率值，若機率為 .025 是較難達到統計顯著水準，亦即較不容易拒絕 H_0。

圖 8-3 雙側檢定的拒絕區及接受區

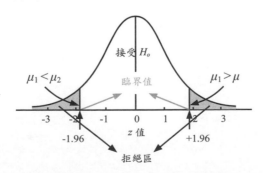

伍、中央極限定理

中央極限定理（central limit theorem）是指，從母群體分配中重複抽取無數次的樣本，計算某一個樣本統計量（如平均數），則無限多個平均數會形成一個常態分配。常態分配是一個隨機變項的觀察值，呈現對稱的鐘形曲線分配。不論原始母群體的形狀是否為常態分配，當樣本人數夠大，抽樣分配會趨近於一個常態分配，因此無限多個樣本平均數的次數會成為常態分配。在常態分配中，區間估計（請參見本章第二節之說明）的情形如下：

68.26%的觀察值會落在平均值 ±1 個標準誤的區間內。

95.44%的觀察值會落在平均值 ±2 個標準誤的區間內。

99.72%的觀察值會落在平均值 ±3 個標準誤的區間內。

在社會科學研究中，如果對母群體進行抽樣，其抽樣分配的樣本次數如果很多，此時抽樣出來的平均數等於母群體平均數，如圖 8-4 所示，這 p 次（通常也要大於 30）的平均數加總後，除以 p，會有一個平均數，而這 p 個標準差，可再計算出一個標準差，為了與一次樣本取樣所估計的標準差區隔，故稱為標準誤

圖 8-4 估計標準誤示意圖

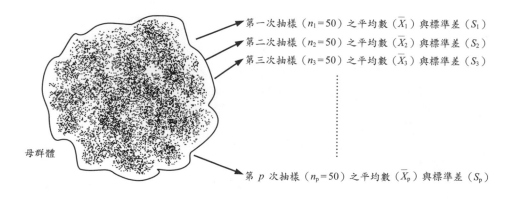

第一次抽樣（$n_1=50$）之平均數（$\overline{X}_1$）與標準差（S_1）
第二次抽樣（$n_2=50$）之平均數（$\overline{X}_2$）與標準差（S_2）
第三次抽樣（$n_3=50$）之平均數（$\overline{X}_3$）與標準差（S_3）

母群體

第 p 次抽樣（$n_p=50$）之平均數（$\overline{X}_p$）與標準差（S_p）

（standard error）。也就是：(1)從一個母群體中，抽取**樣本大小為** N **的樣本**；(2)再從每個樣本求得一個平均數；(3)當抽樣次數大於 30 或更多時，這些**平均數分配**會相當接近**常態分配**，即樣本平均數的變異數等於母群體的變異數除以樣本數。而這些**樣本平均數的標準差**，又稱**標準誤**，它以 $\sigma_{\bar{X}} = \dfrac{\sigma}{\sqrt{N}}$ 來表示，N 為樣本數，σ 為標準差。從這個公式可以看出，如果抽取樣本人數（N）愈大，則樣本平均數的標準誤會愈小。而描寫樣本平均數次數分配的理論，就稱為中央極限定理，它所形成的分配亦是一個常態分配，如圖 8-5 所示。

圖 8-5　樣本平均數的次數分配（無限多個樣本平均數的次數分配會成為常態分配，其平均數為 μ，標準誤為 $\sigma_{\bar{x}}$）

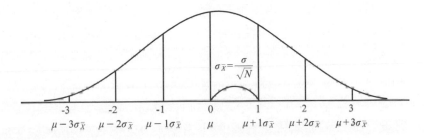

在隨機情形下，以大數法則抽樣，樣本值會呈現常態分配，如果是在描述一個變項對稱性的量數，稱為偏態係數。當無限多個樣本平均數的次數分配會形成常態分配，相對的，如果所抽取的樣本計算的平均數，呈現不對稱的情形，稱為偏態資料，依其方向可分為負偏（或稱為左偏，即左側具有偏離值）、正偏（或稱為右偏，即右側具有偏離值）與對稱的情形，請參見本書第 5 章。而常態分配或常態性（normality）假設是樣本觀察值的分配符合常態分配特性，很多推論統計需要符合常態性假設，才能獲得可靠的分析結果。實務上可以將蒐集的資料，在 SPSS 使用 Shapiro-Wilk 常態性檢定與根據常態機率圖來評估。前者如果達到 .05 的統計顯著水準，代表不符合常態分配，後者若各個殘差值在 XY 軸的空間分布呈 45 度線，則符應常態分配。

第二節　基本原理

壹、信賴區間估計

　　社會現象常無法得知母群體的平均數，然而，我們如何瞭解從母群體抽出的樣本所計算出來的樣本平均數，是否具有代表母群體的特性呢？由於抽出不同的樣本，其平均數也不盡相同，樣本平均數與母群體平均數之差（抽樣誤差）也無法求得，因此更讓我們無所適從，所以必須進行有效的**估計**與**假設**。

　　進行樣本變項的估計，常以樣本的信賴區間（confidence interval）方式進行估計。它是以樣本平均數當作最佳點估計，通常母群體平均數未知，此時如何瞭解樣本平均數是否可靠呢？當然就需要對樣本的數值進行估計。而估計又分為點估計與區間估計，前者是用一個特定值，做為估計母群體的最佳數值，例如：研究者從 800 名學生中抽出 50 名學生測量他們的身高，結果發現平均身高為 150 公分，這個平均數 150 公分即為數線上的一個點，它可以做為估計值，以估計 800 名學生（母群體）的平均身高。信賴區間則是使用樣本資料計算出一個區間 (a, b)，以估計母群體平均數，並指出該區間包含母群平均數的可靠度。而信賴水準是指信賴區間內包含母群體平均數的機率，通常有 95%、99%，常以 $\alpha = .05$、$\alpha = .01$ 表示。

　　如上例，800 名學生抽出 50 名學生測量他們的身高，平均身高為 150 公分，標準誤為 5 公分，研究者在估計他們的身高時，並不是以一個點，而是以一個線段區間為依據，並且母數可能落在這一個線段之間。就如對這 50 名學生身高估計的說法是，在 145 與 155 公分之間，即上下一個標準誤，為 150 ± 5。換句話說，母群體的身高平均數落在 145 與 155 公分之間的機率為 68.26%。

貳、虛無假設與對立假設

　　推論統計的重要概念是建立假設，研究者需先有研究假設，再來檢定此統計假設。按照費雪爾（R. A. Fisher）的說法，統計假設分為虛無假設（H_0）與對立假設（H_1）。費雪爾建議將實驗者心目中，盼望得到的研究結果當作是對立假設 H_1，而將與對立假設完全相反的結果當作是虛無假設 H_0。

　　社會科學的統計檢定需要提出研究假設，做為研究檢定數值的依據。研究假設是研究者對於研究問題所提出的暫時性解答，或猜測可能發生的情形，例如：研究者要對國小六年級學生進行智商表現情形的調查而進行文獻評閱，在蒐集 60 篇論文後可能提出：六年級男生智商（μ_1）高於六年級女生智商（μ_2），類似此種說法即為研究假設。然而，虛無假設與對立假設表示方式如下：

　　虛無假設（H_0）：$\mu_1 \leqq \mu_2$
　　對立假設（H_1）：$\mu_1 > \mu_2$

　　在統計的檢定過程中，虛無假設直接受到統計檢定，藉由統計檢定推翻虛無假設，間接提供對立假設的可信度，即所謂的反證。因為在社會科學研究中，研究者要證明一個敘述為真非常困難，但只需提供一個反證，即可否定此一敘述，例如：研究者想要研究國中學生的智商與數學成績之關聯性。以此研究題目來說，在預期上都應該是學生的智商愈高，他們的數學成績會愈高。然而，這是吾人預期的主觀想法，研究者很想瞭解究竟後來的研究結果是否如此。因此，研究者針對過去在學生智商與數學成績表現之相關研究，蒐集文獻進行評閱，並歸納過去研究在這兩個變項之可能的研究發現。研究者努力蒐集了 60 篇國內外學術期刊的實證研究結果，並歸納出 57 篇為兩者呈現正向顯著關聯，3 篇為兩者沒有正向顯著關聯。

　　研究者發現：過去在這方面的研究結果以正向顯著關聯居多，僅有少數研究結果沒有呈現正向顯著關聯。為此，研究者預期結果應以兩者呈現正向顯著關聯

為宜，主因是研究者期待的結果是如此，多數人的期待也是如此。所以，研究者對此研究問題的對立假設與虛無假設的敘寫如下：

H_0：學生的智商與數學成績沒有正向顯著關聯。
H_1：學生的智商與數學成績為正向顯著關聯。

本小節一開始就強調：對立假設是研究者所預期想要得到的結果，因為過去多數研究結果如此，若完成研究之後，應該與過去多數研究結果一致，就很容易將虛無假設推翻，而不會與多數研究結果相左。反之，若研究者的對立假設是：學生的智商與數學成績沒有正向顯著關聯，在完成研究之後，卻無法推翻虛無假設，即無法與多數研究發現一致，就很容易讓人質疑研究結果之可信度，畢竟多數研究（以上述所蒐集到的 60 篇實證研究中，僅有 3 篇為沒有正向顯著關聯）與研究者的研究結果不同。此時，研究結果可信度不高，或者在研究過程中可能有些問題等，就會令人懷疑。

由上述來看，在統計檢定時，應先提出與對立假設完全不同的假設，接著再蒐集資料，並進行統計分析，來否定虛無假設的真實性；而在提出假設之前，研究者應對其所想要研究的議題，進行大量的文獻評閱，從中歸納出所要研究變項之間的可能關聯性，再提出合於邏輯的統計假設。

參、單側檢定與雙側檢定

推論統計涉及了研究者所提出的問題是否具有方向性。研究者若在其所要檢定研究問題的說明中具有優於、劣於、少於、多於、高於、低於等文字，就是問題具有方向性，例如：男生的數學成績高於女生、臺北市市民的國民所得高於澎湖縣居民等，類似這樣的研究問題具有方向性，就需要以單側檢定來進行。然而，有一些研究問題是沒有方向性，研究問題敘述會以無差異、沒有不同、有無差異等文字來表現，問題的說明沒有方向性，此時即為雙側檢定。常見的問題說明如下：男女生在學業成就是否有統計顯著差異、北高居民在國民所得並無差

異。簡言之，單側檢定是研究者想要檢定單一方向的問題，其對立假設是以單一方向來呈現，只考慮 $H_1 : \mu_1 > \mu_2$（$H_0 : \mu_1 \leq \mu_2$）或 $H_1 : \mu_1 < \mu_2$（$H_0 : \mu_1 \geq \mu_2$）。雙側檢定不強調方向性，所以 $H_1 : \mu_1 \neq \mu_2$，而 $H_0 : \mu_1 = \mu_2$。

肆、第一類型錯誤與第二類型錯誤

推論統計是從母群體進行抽樣，並期待以抽樣的樣本屬性來推論母群體，此時從樣本屬性推論母群體可能犯錯的機率大小，可以從第一類型錯誤與第二類型錯誤來說明。第一類型錯誤是指拒絕 H_0 所犯的錯誤，也就是說，當虛無假設為真，而我們卻拒絕虛無假設時所犯的錯誤；犯第一類型錯誤的機率以 α 表示，α 又叫做統計顯著水準（通常採用 .05 或 .01）。第二類型錯誤是指接受 H_0 所犯的錯誤，當母群體的虛無假設為假，而我們卻接受虛無假設時所犯的錯誤；犯第二類型錯誤的機率以 β 表示。統計檢定會有推論正確性犯錯的可能，只是犯錯機率大小而已。統計檢定力（power）是正確拒絕 H_0 的機率，它的數值愈大愈好，它們之間的關係如表 8-1 所示。

表 8-1　虛無假設與對立假設的關係

（母群體真正的性質）

	H_0 是真	H_0 是假
拒絕 H_0	第一類型錯誤 α	裁決正確（$1-\beta$）統計檢定力
接受 H_0	裁決正確（$1-\alpha$）	第二類型錯誤 β

（樣本裁決結果）

在表 8-1 的標題之下有一行字「母群體真正的性質」，在其左邊有「樣本裁決結果」，它們是有意義的。「母群體真正的性質」之意義是：研究者在研究過程所界定的母群體，而此一母群體的所有樣本，形成了一個常態分配，我們先稱為「母群體的常態分配」，在這個分配中的某些變項上，其標準差為 1、平均數

為 0，或是有其具備的真正性質。而在左邊的「裁決」二字，它是指經由界定的母群體所抽出的樣本，所形成的一個樣本群體，研究者再對它進行統計檢定，才能獲得「樣本裁決結果」。要說明的是：在統計「裁決」之前，此組樣本是從「母群體的常態分配」中抽出的，在樣本被抽出之後，於所要檢定的變項（如智商、身高、滿意度、知識管理等）之樣本次數會形成某種分配，有可能是常態分配、正偏態或負偏態，但因為抽樣受大數法則影響，在抽出樣本數超過 30 以上時，就被假定也呈現常態分配，而此為「樣本的常態分配」，在此分配所要檢定的變項，也會有其特性存在。「樣本的常態分配」之變項特性是否與「母群體真正的性質」一樣，就是統計檢定之後可以確認的。

是以，吾人進行的統計檢定是「樣本的常態分配」，所裁決的結果僅是從母群體抽樣出來的而已，但是它究竟是否與「母群體真正的性質」一樣，就需要以統計檢定來提供解答。若以「樣本的常態分配」所「裁決」的結果為拒絕虛無假設（H_0），此表示所得到的研究結果（以上述例子來說，學生智商與數學成績為正向顯著關聯）與過去多數研究一樣，合於預期。然而，對母群體一方來說，也就是「母群體真正的性質」有可能虛無假設（H_0）是真的，在這裡所謂「H_0是真的」，代表「母群體真正的性質」可能與研究者所抽出的「樣本的常態分配」之結果不同。以上例來說，即是在母群體中，學生智商與數學成績是沒有正向顯著關聯，但是這種機會可能很小。在統計學上，要說明這種犯錯的可能稱為第一類型錯誤，常以 $\alpha = .05$ 或 .01 來表示犯錯機率。$\alpha = .05$，代表了每 100 次研究之下，有可能 5% 是錯的，但是卻有 95% 正確。也就是說，研究者在此次研究中，從母群體抽出樣本之後，對「樣本的常態分配」的「裁決」結果為 95% 正確（即學生智商與數學成績為正向顯著關聯），但是仍有 5% 錯誤（即可能「母群體真正的性質」是學生智商與數學成績沒有正向顯著關聯）。

總之，統計檢定結果，若能有 95% 正確，僅有 5% 錯誤，算是很不錯的研究結果，而會犯錯 5%，也是合理。畢竟這只是一次研究，僅從母群體中抽出一部分樣本來進行統計檢定而已，所以 5% 犯錯是可以接受的。

伍、自由度

　　自由度（degree of freedom, *df*）表示在一定條件下，一組分數當中，可以自由變動數值的個數，統計學的表示方式為 *df* = *N* − 1，例如：一個三角形，其內角和為 180 度，這即是一定條件，當吾人知道某兩個角度，如各為 40 度及 80 度，就能確定第三個角為 60 度。再如：X 變項的 5 個數值為 2、4、6、8、10，平均數為 6，平均數為 6 就代表在一定條件之下，當 X_1、X_2、X_3、X_4 各為 2、4、6、8 時，X_5 必為 10，不能自由變化，故需失去 1 個自由度。在推論統計中，自由度不一定都是 *N* − 1，例如：*df* = *N* − 2 代表有 2 個不能變動數，像是簡單迴歸分析中，必須要有 2 個點才能成立，因為直線迴歸方程式（*y* = *a* + *bx*）有截距 *α* 以及斜率 *b*，這 2 個要估計的參數，所以要失去 2 個自由度。因此，自由度不全是 *N* − 1 或 *N* − 2，需視不可以自由變動的個數有多少而定，若一組分數之中，可以自由變動數值的個數，即稱為自由度。

陸、*t* 分配

　　t 分配（Student's t distribution）是用來檢定一組樣本平均數與母群體平均數差異是否達到統計顯著水準的方法，也就是母群體的標準差 σ 未知，且樣本數 *n* < 30 所使用的方法，但是如果 *n* 超過 30，甚至愈多的時候，就會接近常態分配。若是母群體標準差 σ 已知，或是 *n* ≧ 30 時，則用 *z* 分配。當樣本為 30 以下，*t* 值與 *Z* 值有相當差距。因此，當不知道母群體標準差與樣本小於 30 時，若採用 *Z* 檢定，會產生低估的誤差，所以需要透過 *t* 檢定才能準確檢定。社會科學中有很多研究在實務上有樣本數限制，例如：新藥效果實驗、班級教學方法實驗等，需要用 *t* 分配的單一變項平均數 *t* 檢定公式（請參見第 12 章）。而 *t* 分配是對稱的鐘形（bell-shaped）分配，相似於常態分配的曲線，不同的是，它是依著自由度來改變形狀，當 *df* = 30，*t* 分配就已經很接近常態分配，而 *df* 愈大，*t* 分配愈接近常態分配（如圖 8-6 所示）。

圖 8-6　*t* 分配與自由度

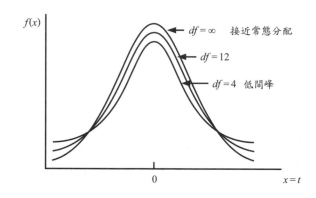

　　t 分配的變異數會隨著自由度的變化而變動，當自由度愈大，變異數愈趨近於 1，接近標準化常態分配，但是自由度愈小，變異數愈大於 1，也就是比標準化常態分配更趨於分散扁平，相關的數值可以查**附表 E**。其實，常態分配是 *t* 分配的一個特例。

◎問題一

如果研究者要瞭解一個抽樣群體中，某一個變項之數值的信賴區間，可以從 SPSS 哪一項操作獲得呢？

◎操作

茲採本書範例檔 400 位樣本的任教年資資料，以 單一樣本 T 檢定 (S)來估計，其操作方式如下：在功能列中，依序點選 分析 (A)→ 比較平均數法 (M)→ 單一樣本 T 檢定 (S)，會出現「單樣本 T 檢定」視窗（如下頁圖），接續將「年資」選入右邊空格，並點選 選項 (O)，即會出現「單樣本T檢定：選項」視窗，此時 信賴區間百分比 (C)設定值為 95%，研究者若要改為 99%亦可，最後按 繼續 (C)回到上一個視窗，再按 確定 。其結果如下表所示。

	性別	學歷	年資		規格	畢驗
1	1.00	4.00				
2	1.00	3.00				
3	2.00	2.00				
4	1.00	2.00				
5	2.00	3.00				
6	1.00	3.00				
7	1.00	1.00			4.00	2.00
8	2.00	4.00			4.00	2.00
9	1.00	3.00			4.00	2.00
10	1.00	3.00			4.00	2.00
11	2.00	4.00			4.00	2.00
12	2.00	4.00			4.00	2.00
13	1.00	2.00			4.00	2.00

功能列選單：檔案(F) 編輯(E) 檢視(V) 資料(D) 轉換(T) 分析(A) 圖形 公用程式 延伸(X) 視窗(W) 說明(H)

分析選單：敘述統計(E)、貝氏統計資料(B)、表格(B)、比較平均數法(M)、一般線性模型(G)、概化線性模型(Z)、混合模型(X)、相關(C)、迴歸(R)、對數線性(O)、神經網路(W)、分類(F)、維度縮減(D)、比例(A)、無母數檢定(N)、預測(T)

比較平均數法子選單：平均數(M)...、單一樣本 T檢定(S)...、獨立樣本 T檢定...、成對樣本 T檢定(P)...、單因數變異數分析(O)...

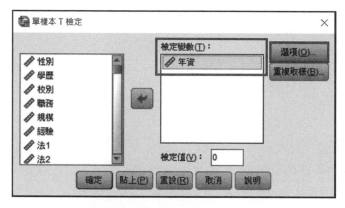

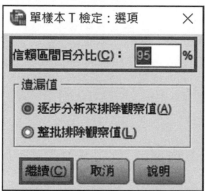

任教年資的單一樣本統計量

	個數	平均數	標準差	平均數的標準誤
年資	400	3.3500	2.0973	.1049

任教年資的單一樣本檢定（檢定值＝0）

	t	自由度	顯著性（雙尾）	平均差異	差異的95%信賴區間 下限	上限
年資	31.946	399	.000	3.3500	3.1444	3.5556

◎解說

　　由上表可看出，400 位受試者任教年資的（平均）差異 95%信賴區間，其下限為 3.1444，上限為 3.5556。它是由平均數 3.3500 各加減 1.96 個平均數的標準誤（其數值為 .1049）而來。用 1.96（接近 2 個標準差），是因為以 95%信賴區間為估計範圍，加上它以雙尾估計，若查**附表 D** 得知，$Z = 1.96$ 之 P 值為 .475，代表 1.96 個標準差所包含的面積是 .475。其計算如下：

$$3.3500 + (1.96 \times .1049) = 3.5556（上限）$$
$$3.3500 - (1.96 \times .1049) = 3.1444（下限）$$

　　其意義是，400 位受試者任教年資在 3.1444 至 3.5556 之區間內，可能包括了母群體的平均數（μ）在內（記得：這 400 位樣本僅是從母群體中抽出的一些樣本而已，理論上還有一個母群體存在，此次抽樣僅是一次而已），其信賴水準可以達到 95%。

◎問題二

　　推論統計的重要假設之一是資料的常態分配或常態性假設，但在 SPSS 中要如何操作呢？請以本書範例檔的年資為例，來操作 SPSS 的 Shapiro-Wilk 常態性檢定與 Kolmogorov-Smirnov 檢定。其判斷標準是以該係數達到統計顯著水準，就代表所檢定的資料不符合常態分配；若沒有達到統計顯著水準，則將檢定資料視為常態分配。

◎操作

1. 在功能列中，依序點選 分析 (A)→ 敘述統計 (E)→ 預檢資料 (E)。

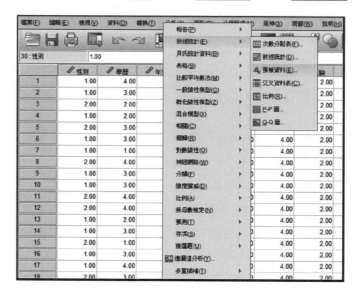

2. 開啟「預檢資料」視窗後，將年資變項輸入 依變數清單 (D)，接著點選 圖形 (T)，開啟「預檢資料：圖形」視窗，再勾選 常態圖（含檢定）(O)，按 繼續 (C)回上一個視窗，按 確定 即可。

完成上述步驟之後，所跑出來的結果如下。

描述性統計量

		統計量	標準誤
年資	平均數	3.3500	.10486
	平均數的 95% 信賴區間　下限	3.1438	
	上限	3.5562	
	刪除兩極端各 5% 觀察值之平均數	3.3333	
	中位數	3.0000	
	變異數	4.398	
	標準差	2.09726	
	最小值	1.00	
	最大值	6.00	
	範圍	5.00	
	四分位全距	5.00	
	偏態	.137	.122
	峰度	-1.672	.243

常態檢定

	Kolmogorov-Smirnov 檢定[a]			Shapiro-Wilk 常態性檢定		
	統計量	自由度	顯著性	統計量	自由度	顯著性
年資	.201	400	.000	.806	400	.000

[a] Lilliefors 顯著性校正

年資的常態 Q-Q 圖

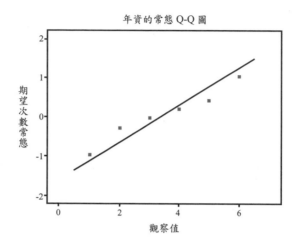

◎解說

　　本例使用 Kolmogorov-Smirnov 常態性檢定發現，它達到 .000 的統計顯著水準，代表年資的殘差分布不符合常態性。同時，根據所跑出的常態機率圖特性發現，年資的殘差值分布為略偏於 45 度的直線，這些點無法接近於 45 度直線，因此也能推論不符合常態分配的假定。

CHAPTER 9

相關係數

第一節 基本原理

壹、用途

在社會科學研究中,研究者如果要瞭解兩組或兩組以上變項之間的關聯程度,就需要使用相關係數來估算。研究者可能要瞭解教育現象中,某些變項之間是否有高度顯著相關、低度相關或是沒有相關,例如:某一學生的高中成績與大學入學考試成績之關係,此時可運用皮爾遜積差相關係數(Pearson correlation)來計算。相關係數即是指二個或二個以上的變項,且變項為等比或等距尺度所計算的關聯程度。如圖 9-1 所示,圖中 A 與 B 之間的相關程度,即交集的部分,是所要進行估算的部分。因此,積差相關係數的用途包括:(1)初步瞭解變項之間的關聯性;(2)做為迴歸分析在自變項與依變項之關係的初探,若自變項與依變項關係愈高,預測力會愈高;(3)做為研究工具信度評估的參考,如以重測信度來說,兩次測驗的相關係數愈高,代表信度愈好。

圖 9-1　相關程度的示意圖

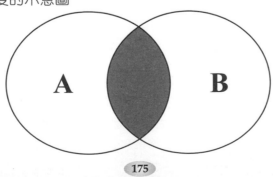

貳、皮爾遜積差相關

一、原理

在社會科學研究中，兩個變項之間的相關較常使用的是皮爾遜積差相關，又稱為積差相關。它適用的變項為連續變項，所得的數值以 r 表示，其值介於 -1 至 1 之間，1.0 稱為完全正相關（perfect positive correlation），-1.0 則稱為完全負相關（perfect negative correlation），例如：r_{xy} = .6 表示 X 變項和 Y 變項是正相關；r_{xy} = -.3 表示 X 變項和 Y 變項是負相關；當 X 變項和 Y 變項是零相關，其積差相關係數是 0。二個變項所計算出的相關係數是否達到統計顯著水準，必須經由統計檢定，考量樣本大小、拒絕虛無假設風險高低進行檢定，才能瞭解不同變項之間是否達到統計顯著水準。

相關係數常有以下幾種情形。

（一）正相關

常見的情形是：高中成績好，大學入學考試成績也好；高中成績差，大學入學考試成績也差，例如：$r = 1$，$r = .92$，$r = .25$。如圖 9-2 所示。

圖 9-2 高中與大學入學考試成績的散布情形

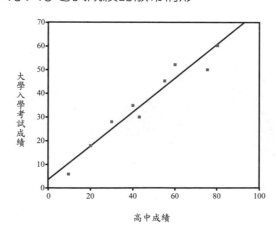

（二）負相關

常見的情形是：情緒困擾測驗分數低，學業成就測驗分數高，例如：$r=$ -.10，$r=$ -.56，$r=$ -.87。如圖 9-3 所示。

圖 9-3 情緒困擾與學業成績的散布情形

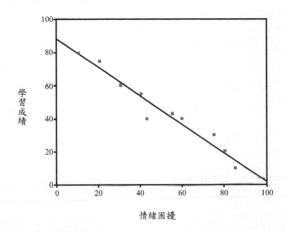

（三）零相關

這是指變項之間沒有關聯性，例如：腰圍與智商的分數、雀斑多寡與智商高低，用符號表示：$r=$ .00。如圖 9-4 所示。

圖 9-4 腰圍與智商的散布情形

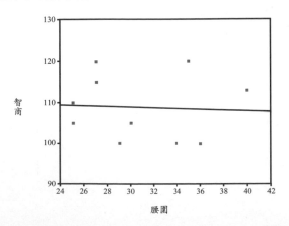

（四）完全正相關

常見的情形是：測驗一的分數高，測驗二的分數也高，例如：$r=+1.00$。如圖 9-5 所示。圖中可以看出，此條斜線正好由左下角以 45 度往上連結到右上角，而每位學生的測驗一與測驗二的分數正好落在此直線上。

圖 9-5 測驗一與測驗二的散布情形

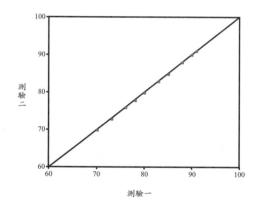

（五）完全負相關

常見的情形是：測驗 A 的分數高，測驗 B 的分數低，例如：$r=-1.00$。如圖 9-6 所示。圖中可以看出，此條斜線正好由左上角以 45 度往下連結到右下角，而每位學生的測驗 A 與測驗 B 的分數正好落在此直線上。

圖 9-6 測驗 A 與測驗 B 的散布情形

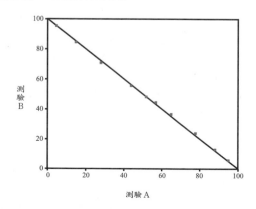

二、計算步驟

　　以下就以一個例子來說明積差相關的計算步驟。研究者要瞭解 10 名高中生的高中成績與大學入學考試成績的相關性，他們的高中成績及大學入學考試成績如表 9-1 所示，兩者在座標的散布圖如圖 9-7 所示，試計算其相關程度，並檢定兩者是否具有顯著相關性存在。在此要說明的是，如僅計算積差相關係數，並沒有要對樣本計算出來的相關係數進行推論，此時僅代入積差相關的公式計算，求得積差相關係數即可。然而，為了讓積差相關與推論統計結合，本章在計算積差相關係數的過程中，交叉說明推論統計的意義，也就是積差相關係數在推論統計中的假設檢定步驟。

表 9-1　10 名高中生的高中成績與大學入學考試成績

學生	高中成績（X）	大學入學考試成績（Y）	XY
A	85	90	7,650
B	60	75	4,500
C	75	85	6,375
D	80	85	6,800
E	65	70	4,550
F	70	65	4,550
G	80	85	6,800
H	95	90	8,550
I	90	95	8,550
J	70	75	5,250
總計	770	815	63,575
平均數	77.00	81.50	
標準差	11.11（s_1）	9.73（s_2）	

圖 9-7　高中成績與大學入學考試成績的散布圖

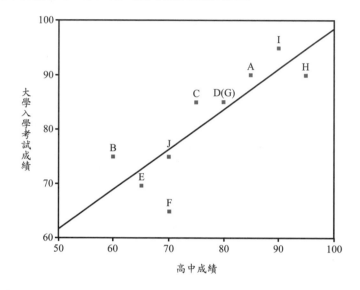

（一）研究問題

　　要瞭解高中成績是否與大學入學考試成績有相關？這就是研究問題。高中成績及大學入學考試成績為連續變項，因此檢定上述問題選擇採皮爾遜積差相關方法。

（二）提出統計假設

　　研究者寫出對立假設 H_1 與虛無假設 H_0。研究者認為高中成績與大學入學考試成績有密切關係，顯然此假設認定是沒有方向性。兩者存在相關，不是沒有相關。這是研究者評閱相關文獻與經驗之後，所做的合理期待。因此，假設的寫法如下：

H_0：$\mu_r = 0$

H_1：$\mu_r \neq 0$

（三）選用統計公式

因為高中成績與大學入學考試成績都是連續變項，所以運用皮爾遜積差相關係數來計算。積差相關係數可以運用原始資料依據定義來計算，如公式 9-1；積差相關也可以將兩個變項的原始分數化為 Z 分數，然後將兩兩相對應的 Z 分數相乘，公式如 9-2 所示；另外，也可以運用共變數公式計算，如公式 9-3 所示。這三種公式選一個即可。

$$r_{xy} = \frac{\Sigma XY - \frac{(\Sigma X \Sigma Y)}{N}}{N S_X S_Y} \qquad (9\text{-}1)$$

式中，X 與 Y 為兩組變項；

$\quad$ S_X 與 S_Y 各代表 X 與 Y 變項的標準差；

$\quad$ N 代表樣本數；

$\quad$ r_{xy} 代表相關係數。

$$r_{xy} = \frac{\Sigma Z_X Z_Y}{N} \qquad (9\text{-}2)$$

式中，Z_X 與 Z_Y 為 X 與 Y 兩組變項的標準分數；

$\quad$ N 代表樣本數；

$\quad$ r_{xy} 代表相關係數。

共變數計算：$r_{xy} = \dfrac{Cov(XY)}{S_X S_Y}$ $\qquad (9\text{-}3)$

式中，$Cov(XY)$ 為 X 與 Y 兩組變項的共變數；$Cov(XY) = \dfrac{\Sigma XY - \frac{\Sigma X \Sigma Y}{N}}{N-1}$

$\quad$ N 代表樣本數；

$\quad$ r_{xy} 代表相關係數。

此例，以公式 9-1 計算，如下：

$$r_{xy} = \frac{63575 - \dfrac{770 \times 815}{10}}{10 \times 11.11 \times 9.73}$$
$$= \frac{820}{1081.003}$$
$$= .759$$

記得在共變數的公式中，分母要用$N-1$，表示所計算的群體為大樣本，要推論所獲得的結果，故用$N-1$。若是小樣本，沒有要推論，則分母項用N即可。

若使用公式 9-3 進行估算，X變項與Y變項的共變數為 91.11，高中成績的標準差（s_1）為 11.11，大學入學考試成績的標準差（s_2）為 9.73，代入公式 9-3 求得r值。

$$r_{xy} = \frac{91.11}{11.11 \times 9.73} = .84$$

（四）宣稱犯錯的機率

研究者將犯第一類型錯誤的機率設定為$\alpha = .05$。

（五）裁決與解釋

由於$r = .759$，$df = N - 2 = 10 - 2 = 8$，研究者查附表 B 得知，$r(8)_{.05}$在雙尾的查表值＝.632，顯然計算值大於查表值，落入拒絕區（如圖 9-8 所示），故拒絕虛無假設，接受對立假設，這表示高中成績與大學入學考試成績的正相關存在。圖 9-7 可看出 10 名高中生的高中成績與大學入學考試成績呈現很高的正相關，然而這結果的推論仍有 5%的犯錯機率。

圖 9-8　裁決結果

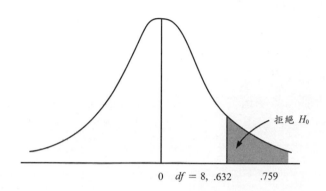

拒絕 H_0

0　　$df = 8$, .632　　　.759

三、相關係數的判定

如果變項之間具有高相關，未必就是有意義，低相關也未必不重要。相關係數高低的意義，須視樣本的大小而定。進行相關分析，樣本（N）是決定 r 是否具有統計顯著水準的重要因素之一，通常樣本愈大，相關係數縱使很小，也會達到統計顯著水準；相對的，樣本數很小，但是相關係數很大，也不一定會達到統計顯著水準。

相關係數代表兩個變數之間關係密切與否的程度，其值介於-1 與 1 之間，$r = 0$ 是零相關；$r = 1.00$、.92、.25……等都是正相關，只是關係的程度不同；$r = -1.00$、-.56、-.87……等都是負相關，只是關係的程度不同。相關係數有正負值，所以加絕對值符號來判斷。相關係數大小判定標準如下：

　　|r| 在 .80 至 1.00　　很高相關

　　|r| 在 .60 至 .79　　　高相關

　　|r| 在 .40 至 .59　　　中等相關

　　|r| 在 .20 至 .39　　　低相關

　　|r| 在 .01 至 .19　　　很低相關

相關係數在實務應用上，常運用於簡單迴歸分析的預測力大小之判斷，以及對於測驗量表或問卷的重測信度檢定。就前者來說，如以智商來預測大學入學考試之表現，假若兩者積差相關係數是 .80，將積差相關係數平方後得到 $r^2 = .64$，r^2 稱為決定係數（coefficient of determination），即迴歸分析中的決定係數 R^2，其意義是智商可解釋大學入學考試表現總變異量的 64%，這方面可參考第 14 章迴歸分析。也就是說，要瞭解自變項對依變項的預測力，需要在進行迴歸分析之前，先進行積差相關係數估計，以瞭解自變項與依變項之間的相關性。就後者來說，重測信度是指同一個測驗在不同的時間，重複測量相同的一群受試者兩次，根據兩次分數求得的相關，稱為重測信度係數。研究者可以運用積差相關係數來瞭解不同時間所測量的工具是否具有高度相關；如果有，代表重測信度高，反之則否。這方面可參考第 10 章「信度分析」。

參、其他的相關係數

相關係數不僅有積差相關而已，其類型有很多，依據變項屬性的不同，而有不同的計算公式。就如運用皮爾遜積差相關的變項應該都是等距或等比以上的屬性，如果二個變項都是等級尺度，則需運用斯皮爾曼等級相關係數（Spearman rank order correlation coefficient），例如：有兩位評審老師對 20 位學生的舞臺表演評分，其等第為甲、乙、丙、丁四等級，要瞭解這兩位老師評審 20 位學生表演的相關程度。如果一個為連續，另一個為二分類別變項，則要運用點二系列相關。其他相關係數方法如表 9-2 所示。

表中，ϕ 相關使用的變項為真正二分類，它的意思是：變項的屬性為自然形成的分類，例如：性別是社會現象自然分為男性與女性。而四分相關使用的變項為「人為」二分類，它是指研究者依社會現象及變項的需要將變項做區分，例如：學生的平均身高為 120 公分，研究者為了研究需要，將它分為兩類：一為 120 公分以下，另一為 120 公分以上的學生；再如：國小學生數學成績以 100 分為最高分，60 分是及格標準與否的門檻，研究者為了實務與研究需要，將學生

表 9-2　其他相關係數及用法

分析方法	符號	變項 A	變項 B	目的
積差相關	r	連續變項	連續變項	分析兩變項間的直線關係
等級相關	ρ	等級變項	等級變項	分析 10～30 人之間相關
肯氏 τ 係數	τ	等級變項	等級變項	分析 10 人以下之間相關
肯氏和諧係數	ω	等級變項	等級變項	分析評分者的一致性
二系列相關	$Rbis$	人為二分類別變項	連續變項	分析試題的鑑別力
四分相關	Rt	人為二分類別變項	人為二分類別變項	兩變項人為二分時使用
ϕ 相關	ϕ	真正二分（三分、四分）類別變項	真正二分（三分、四分）類別變項	分析真正分類（如 3×3、4×4……）間的相關
列聯相關	C	兩個或以上的類別	兩個或以上的類別	兩變項均分成若干類別（如 3×4、4×5……）時計算相關
相關比	η	連續變項	連續變項	分析非直線相關

的分數區分為「及格」與「不及格」兩類；如果研究者為了某些研究需要，以 80 分為標準，將學生的分數區分為高於此標準與低於此標準亦可。

肆、相關係數的錯誤觀念

相關係數的解釋應掌握下列幾項重點：(1)相關係數的意義與樣本大小有關，這可以從公式 9-1 的分母有 N，就可以看出，如果 N 愈大，相關係數會愈小；(2)相關係數的大小與樣本變異程度有關，樣本如果愈同質，相關係數愈大，反之，愈異質，相關係數就愈小；(3)相關的意義並不一定隱含有因果關係存在。這些重點在解說相關係數時應該加以掌握，同時，研究者在解讀相關係數時，常會有幾種錯誤觀念，說明如下。

第一項錯誤的觀念是，並沒有依據樣本數大小，就判斷相關程度，例如：求得 $r=.92$ 或 $r=-.89$ 等數值較大的係數，就下結論說某兩個變數之間有高相關存在；若求得諸如 $r=.28$ 或 $r=-.32$ 等數值較小的係數，就下結論說某兩個變數之間

有低相關存在，如雀斑數與智商，N 只有 3 人，此時兩個變數縱使 $r=.90$，也不能說是高度相關。因為查**附表 B**，$N=3$，$df=3-2=1$，若 $\alpha=.05$，此時 $r=.997$，代表相關係數要高於 .997 才有意義，因而本例 $r=.90$，是沒有意義的，如圖 9-9 所示。

圖 9-9 相關係數查表的裁決

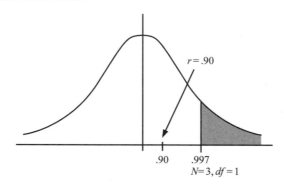

第二項錯誤的觀念是，可以用倍數來比較，例如：$r=.80$ 是 $r=.40$ 的兩倍。相關的程度除了從係數大小來判別之外，更重要的是要查表，才知道係數是否具有意義。當 $N=100$，$r=.28$ 時，該相關係數不可忽視；當 $N=3$，$r=.90$ 時，可能是湊巧碰上或機率原因造成。此時應運用自由度（df）來評估兩個變項的相關性（自由度觀念請參見第 12 章）。當 $N=21$，$r=.45$ 時，$df=21-2=19$，經查**附表 B**，$r=.433$（$\alpha=.05$）；$r=.45>.433$ 代表兩變項有正相關存在，推論正確的機率有 .95，但仍然有 .05 的可能性推論錯誤。相關係數並非比率變項及等距變項，$r=.90$ 非 $r=.45$ 的二倍；$r=.30$ 增加至 $r=.40$ **不等於** $r=.70$ 增加至 $r=.80$。雖然如此，$r=.50$ 卻與 $r=-.50$ 表示同樣密切關係，只是一正一負罷了。

第三項錯誤的觀念是，有相關存在一定有因果關係存在。相關係數讓我們瞭解兩個變數間線性相關的程度，它僅是一種關聯性而已，並沒有因果關係存在。相關係數是分析變項與變項間的關係，適合探索性研究，係初步瞭解一些變項的關係，以便做為更進一步研究的根據。就如學生的智商與數學成就的相關為 .80，

吾人不可以認定智商就會「影響」數學成就；教育投資與經濟發展有.60的顯著相關，不可以解讀為教育投資就可以提高經濟成長。

第四項錯誤的觀念是，將相關係數值認定大於1.0或小於-1.0。積差相關係數的界線為 $-1.00 \leq r \leq +1.00$，不可能高於或低於這個數值。相關係數（r_{xy}）是用來表示變項間關係程度的方向與強度。$r_{xy}=1$時，稱為X、Y具完全正向關係，此時（X, Y）的點會落在一條斜率為正的直線上。$r_{xy}=0$，稱為X、Y無直線相關。若$r_{xy}=-1$，則稱為X、Y具完全負向關係，此時（X, Y）的點會落在一條負斜率的直線上。相關係數的絕對值愈大，表示X、Y的直線（線性）相關程度愈大。

第五項錯誤的觀念是，將正負號相同的相關係數視為不同程度的相關。相關係數的正負號僅代表兩個變項相關的方向性，而不是相關程度高低，若要瞭解相關程度，宜從其係數大小來判斷，而不是正負號，例如：$r=-.80$與$r=.80$，兩者的相關程度相同，而不是$r=.80$大於$r=-.80$；又如：$r=-.90$與$r=.75$，.75並不是大於-.90，相對的，$r=-.90$的相關程度大於$r=.75$，且兩者相關程度方向不同。此外，$r=.00$也沒有高於$r=-.20$，而是$r=.00$是兩個變項沒有相關，$r=-.20$代表兩個變項為低度負相關。

第二節　操作與解說

壹、操作

茲以本書範例檔為例，進行校長的遴選功能、遴選影響及遴選指標的皮爾遜積差相關係數檢定。其操作步驟如下：

1. 在 SPSS 視窗中開啟資料。

2. 在功能列中，依序點選 分析 (A) → 相關 (C) → 雙變異數 (B)。

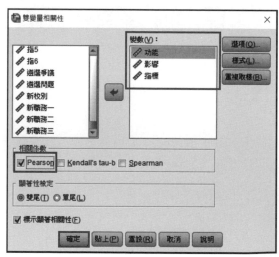

3. 進入「雙變量相關性」視窗，選擇欲分析的變項放入 變數 (V) 之下，本例為功能、影響、指標，在 相關係數 上，勾選 Pearson，接著按下 確定 即可。

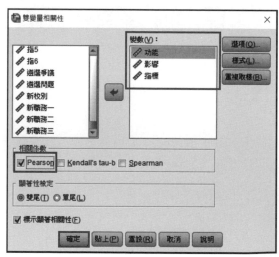

4. 以下即是資料輸出結果，對角線相對應的相關係數相同，所以只要呈現對
   角線的某一邊即可，通常以下三角形的數據呈現。

相關

		功能	影響	指標
功能	Pearson 相關	1	-.055	.440**
	顯著性（雙尾）		.271	.000
	個數	400	400	400
影響	Pearson 相關	-.055	1	.017
	顯著性（雙尾）	.271		.741
	個數	400	400	400
指標	Pearson 相關	.440**	.017	1
	顯著性（雙尾）	.000	.741	
	個數	400	400	400

**在統計顯著水準為 .01 時，相關顯著

貳、解說

　　若以校長的遴選功能、遴選影響及遴選指標的相關係數矩陣來看，如表 9-3 所
示，校長的遴選功能與遴選影響的相關係數為 -.06，並沒有達到顯著水準，而校長
的遴選功能及遴選指標的相關係數為 .44，達到 .01 的統計顯著水準，代表兩者是
正向顯著中度相關。而校長的遴選影響及遴選指標沒有達到統計顯著水準。

表 9-3　校長的遴選功能、遴選影響及遴選指標的相關係數矩陣（$N=400$）

變項	功能	影響	指標
功能	1.00		
影響	-.06	1.00	
指標	.44**	.02	1.00

$**p < .01.$

　　讀者閱讀至此宜注意一個重要訊息：表 9-3 最底下有一個符號，即**$p < .01$，它代表 $\alpha = .01$，即第 8 章假設檢定步驟中，宣稱此次統計檢定可能犯錯的機率。以此例來說，功能與指標的相關係數為 .44，但是這樣的說法在 100 次檢定中，有 99 次正確，仍有 1 次錯誤，或者有 99% 的信心水準宣稱兩者的相關性為 .44。從本章之後，所看到的推論統計，均會以一個星號（*$p < .05$）或兩個星號（**$p < .01$）來代表推論研究結果犯錯機率的大小，前者為 $\alpha = .05$，後者為 $\alpha = .01$。甚至在有些研究論文與研究報告中，***代表 $p < .001$。有上述呈現就不會在文章中說 100 次會犯 5 次錯誤、100 次會犯 1 次錯誤，或 1,000 次會犯 1 次錯誤等。此外，很多推論統計會以 t 檢定值來判斷是否有達到統計水準，如果 t 值大於 1.96 為一顆*，大於 2.54 為二顆**；若 t 值小於 -1.96 為一顆*，若小於 -2.54 則為二顆**，上述分別代表達到 .05 及 .01 的統計顯著水準。

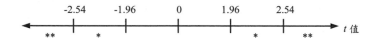

◎問題

　　研究的資料結構設計有誤，跑出皮爾遜積差相關係數就有誤，怎麼說呢？近年來，筆者參與過不少學校學位論文口試，有很多研究生運用皮爾遜積差相關做為資料分析方法。有一次的口試讓筆者印象深刻，研究生的論文題目是「國民小學學生的學習態度及教師教學效能之研究」。研究題目並沒有好壞，但是該位研究生論文最後口試時，在檢定「學生的學習態度及教師教學效能」之關聯性，蒐集了 500 位學生的學習態度，以及 200 位教師的教學效能，因此以皮爾遜積差相關進行相關係數之檢定，其結果發現：「學生的學習態度及教師教學效能」之關聯程度（r）為 .70，算是高度相關，並達到統計顯著水準（$p < .01$）。研究生看到這研究結果相當興奮，就寫在論文中，而指導教授卻沒有發現研究生在資料結構上的問題，就這樣提出論文的學位考試了。

◎討論

　　當筆者拿到這本論文讀到兩者之相關性深感訝異，因為它以不同群體的樣本（即一為學生，一為教師），將兩個群體的樣本融入在一個 SPSS 檔，其輸入資料情形如下圖所示。研究生並沒有覺得有誤，就進行統計檢定，將結果跑出後，就寫在論文中。筆者擔心對於研究生的作法有誤解，於是在論文口試當天再詢問一次，以確認筆者對研究生所操作的 SPSS 資料是否如上所述。研究生肯定回答，將不同的兩個群體之樣本輸入在同一個 SPSS 視窗，儲存為一個檔，就這樣進行分析，也寫出論文了。

　　上述所估算的相關係數有誤：一來，500 位學生感受的學習態度為一筆資料，而教師的教學效能是由 200 位教師所感受，應該是另一筆資料。可以確定的是，這兩筆資料並非在相同樣本所反應填答出來的；二來，這兩群人的樣本數不

一樣，一為 500 名，一為 200 名，從圖中來看，雖然 SPSS 可以計算出 200 筆變項之相關程度，但是在牛頭不對馬嘴的資料結構下，所估計的「學生的學習態度及教師教學效能」之相關程度當然有誤，結論的正確性就不用再提了。當下，筆者建議該研究生需重新思考資料的結構特性，再撰寫論文。

　　上述例子值得省思，尤其為因應終身學習理念，各大學大量設立研究所或研究所在職專班，研究生人數激增。學生為了儘早畢業，並沒有學好統計，統計素養相當不足，對資料分析的準確度掌握不高，就「跑出」很多「垃圾進，垃圾出」的統計數據，寫出很多沒有意義，甚至完全錯誤的「實證研究論文」。類似這例子所在多有，讀者應以此為鑑。

CHAPTER 10

信度分析

第一節　基本原理

壹、用途

本章說明估計一份問卷信度的原理。信度估計的方法很多，信度分析常以相關係數及 *Cronbach's α* 係數來估計。本章介紹 *Cronbach's α* 係數，相關係數請參見第 9 章。

研究者在進行信度分析時，宜選用適切的分析方法。研究者自編問卷，在資料蒐集之後，需要透過統計分析，在預試分析之後需要進行效度分析與信度分析，確定信度與效度之後，才可以正式施測，蒐集完資料再對於研究結果進行統計分析。研究工具的信度為問卷或量表的穩定程度，是研究很重要的依據。至於效度的分析，請參見第 15 章「因素分析」，有深入的介紹。

貳、原理

一、信度的意涵及其觀念

（一）信度的意義

在說明信度（reliability）的原理之前，應先瞭解信度的意義。信度可以從測量工具的一致性或穩定性的程度，以及測驗分數並未受測量誤差影響的程度來解

釋。就測量工具所得到的測量一致性或穩定性來說，它是指相同個人在不同的時間，運用相同工具測量，或以複本測驗工具對樣本進行測量，或者是在不同情境之下所進行的測量，而所得到的測量結果之一致性與可靠性，例如：以一份測量工具對受試者的智商進行前後兩次施測，前測與後測的時間約間隔一個月，若第一次對樣本進行測量所得到的智商分數為 135 分，第二次測量為 134 分，因為測量結果接近，其測量分數是可靠且值得信賴的。假若第一次對樣本進行測量的智商分數為 135 分，而第二次測量為 95 分，兩個測量結果差距太大，因而該測量工具可能不可靠。如果就測量誤差來說，測驗的信度是指測驗反應出的真實數量程度，或者沒有誤差的程度（郭生玉，1997，頁 44）。簡言之，信度代表測量誤差的大小，如果測量的誤差愈小，代表測量的信度就愈高。而每一種信度類型的主要測量誤差來源不一，例如：再測信度（重測信度）的主要誤差來源是時間的抽樣影響（兩次測驗相隔時間愈久，信度愈低）；內部一致性信度的折半信度，會受到內容抽樣（即是將同一份問卷的題目折半，再求相關係數，相關愈低、信度愈低）的影響，而 α 係數則受到內容抽樣及內容異質的影響。

信度具有以下幾項特性：(1)心理與教育測驗的信度比自然科學為低，自然科學常可以直接測量，但社會科學都是以間接測量為多；(2)信度並不是一種普遍特質，所以測驗分數不可能在任何情境下都是可靠或一致的；(3)信度是一種統計概念，如果採用邏輯的分析，並無法提供信度的證據，常用的方式是運用相同工具來測量一群受試者兩次，再求其兩次之間的相關性；(4)信度愈高愈好，但是沒有測驗是完全可靠，因為測驗誤差是難以避免的（郭生玉，1997，頁 45-46）。

研究者不管是在預試分析或正式施測，問卷選項的屬性或尺度與統計方法都有密切關係，例如：問卷題目的選項，如果僅為是否、對錯、支持與反對的二分類選項，其信度分析就需要以庫李 20（Kuder and Richardson Method 20）的公式進行估算，而不能使用 *Cronbach's* α 係數。正式問卷分析需要依據問卷的選項搭配，來選用不同的統計方法，研究者選用正確的統計方法，才能將蒐集到的資料做有意義及有價值的呈現。一篇好的論文會因為統計方法使用得當，使得該研究的價值提高，相對的，如果使用不對的統計方法來處理研究資料，就會讓該篇報

告形同垃圾，一點價值都沒有。因此，研究者在這方面宜慎重使用統計方法。在蒐集資料之前，應先瞭解資料屬性及尺度，接續再依據資料屬性決定統計方法，多數研究問卷蒐集到的資料不限於使用一種統計方法，可以同時採用多種方法，所以就需要瞭解研究者在問卷設計的選項類型以及研究目的。

（二）信度的原理

研究者所設計的問卷在不同時間，由相同的受試者進行填答，所獲得的結果具有一致性，若一致性高，代表問卷的信度較高。如果從測量誤差來看，良好的問卷其測量誤差較小，也就是問卷測量的分數可以反映真實的數量程度較高。在傳統的測驗理論觀點上，一項測驗的實得分數可以分為兩類，一是真實分數，一是誤差分數。如以公式來表示，如下：

$$Y = T + E \tag{10-1}$$

式中，Y 代表實際得到的分數；
T 代表真實分數；
E 代表誤差分數。

實際得到的分數是受試者從測驗中所獲得的分數，就如同一位研究者拿一把尺來測量一張桌子的寬度所得到的長度值。若研究者無法正確的測量桌子寬度，就會有測量的誤差產生。如果以一份問卷來進行施測，研究者在施測過程中可能會有誤差產生，這種誤差產生的原因包括了受試者狀況（如配合度不高及情緒困擾）、測量情境及問卷試題（如難度太難與取樣不當）等因素。

（三）影響信度的因素

研究工具的設計應掌握影響信度的因素，包括（余民寧，2011，頁314-317；郭生玉，1997，頁73-80）：(1)測驗的長度；(2)團體的變異性；(3)測驗的難度；(4)測驗的客觀性；(5)信度的估計方法。就第一項來說，測驗的題目愈多，其信

度愈高，主因是題目愈具有代表性，受猜測的因素影響減少；測驗愈長還有另一種意義是一個題目的文字太過冗長，例如：一個題目字數超過 20 個字，甚至 30 個或 40 個字以上，因文字太長會影響受試者對題意的理解，或受試者看到一個題目文字過多，無心閱讀而亂填。就第二項來說，團體愈異質，其信度愈高，主因是團體變異愈大，代表測驗的分數分布範圍愈大，若以相關係數來計算，其相關係數愈高。就第三項來說，測驗的題目愈困難或愈簡單，其信度都不會很高，若測驗題目難易度適中，受試者測驗分數的變異較大，其信度就較高。這部分可運用題目的項目分析來進行，見「改善信度的方法」一小節。就第四項來說，若題目敘述不明確、題目艱澀不易理解、題目的文字太過於冷僻等也會影響填答者意願，因而影響研究工具的信度，施測後的信度可能較低，相對的，題目明確有具體的選項或答案者，較不受評分者的影響，其信度會較高。就第五項來說，以重測信度為例，如果相隔時間較短，信度較高，相對的，相距時間較長，信度較低；而若以評分者一致性信度為例，則會受到評分者主觀的影響，因而降低測驗的信度。

二、估計信度的方法

估計信度的方法包括了重測法、複本法、評分者法、內部一致性法。說明如下。

（一）重測法

重測法是指，同一項問卷在不同時間重複對同一群受試者施測兩次，研究者依據這兩組的問卷分數求得的相關係數，就稱為信度係數。數值愈高，代表問卷的穩定度愈高。

（二）複本法

複本法是指，研究者運用兩份在題數、型式（包括問卷題目的選項尺度、難度）、填答時間或指導語的內容相類似或一致的問卷，給同一群受試者進行施

測，再依據所得到的兩份問卷結果，進行相關係數的估算所得到的係數，稱為信度係數。數值愈高，代表穩定度愈高。

（三）評分者法

評分者法是指，不同的評分者對於某一個測量進行評分，以瞭解不同評分者對於該測量的看法是否一致。如果一致性高，代表每位評分者對同一個測驗的結果有相同的看法。

（四）內部一致性法

內部一致性法包括了折半法、庫李法等。折半法是將一份問卷題目，在受試者填寫之後，把問卷題目各取一半（如奇數題一份，偶數題一份），計算兩者的相關係數，係數愈高，問卷的穩定度愈高。庫李法則不是將一份問卷區分為兩半，而是依據受試者對問卷所有題目的反應，來估算其在題目間的一致性，以瞭解問卷內容是否能夠測量到相同的特質，其基本假定是：題目是以「是與否」、「對與錯」的選項型式為主，同時並不是在測量答題速度且題目需具同質性（郭生玉，2006）。由於一份問卷題目的選項，不是僅有「是與否」、「對與錯」、「支持與反對」的兩種選項而已，它可能有非常支持、支持、不支持或非常不支持這類由 1 至 4 分計分的四等第方式，或者也有可能是五等第、六等第或更多等第之選項，此時就需要使用 *Cronbach's α* 係數。它的計算公式如下：

$$\alpha \text{ 係數} = \frac{n}{n-1} \times [1 - \frac{\Sigma S_i^2}{S_x^2}] \qquad (10\text{-}2)$$

式中，n 為題數；

$\quad S_i^2$ 為每一個題目分數的變異量；

$\quad S_x^2$ 為測驗總分的變異量。

至於信度係數要多少才算好呢？α 係數的範圍在 0 至 1.0 之間，如果 α 係數高於 .70 以上，就算是不錯的信度。Yockey（2011）指出，α 係數在 .90 以上為

良好、.80 至 .89 屬於好的等級、.70 至 .79 為尚可、.60 至 .69 為不佳、.59 以下則屬於較差的等級。這些標準僅供參考，研究者設計研究工具的信度仍需要考量題數多寡、受試者特性、題目多為反向題（少數正向題）與樣本數等部分；如果研究者所得到的信度等級在 .60 至 .69 之間，看起來似不佳，但是若有理論依據及相關理由的充分說明，這樣的信度係數仍是可以接受的。

三、簡單實例

茲以 5 位社會大眾在一項政府施政滿意度調查的數據做說明。問卷題目有五題，問題選項為五等第，即最支持、支持、尚可、不支持、非常不支持，這五個選項分別以 1 至 5 分做為登錄。5 位社會大眾的受試資料如表 10-1 所示。其信度為何呢？

$$\Sigma S_i^2 = (1.48)^2 + (1.10)^2 + (1.67)^2 + (1.64)^2 + (1.64)^2 = 11.57$$

$$\alpha\,係數 = \frac{n}{n-1} \times \left[1 - \frac{\Sigma S_i^2}{S_x^2}\right]$$

$$= \frac{5}{4} \times \left[1 - \frac{11.57}{(7.23)^2}\right]$$

$$= .97$$

表 10-1 5 位社會大眾的受試資料

受試者	題目 1	題目 2	題目 3	題目 4	題目 5	總分
A	3	4	4	5	4	20
B	3	4	3	4	4	18
C	1	2	1	1	1	6
D	4	5	5	4	5	23
E	5	4	5	5	5	24
平均數	3.20	3.80	3.60	3.80	3.80	18.20
標準差	1.48	1.10	1.67	1.64	1.64	$S_x = 7.23$

四、改善信度的方法

如果設計的工具信度不佳,如低於 .60,甚至 .50 以下,其改進的方法可從問卷設計階段及完成預試階段改善,前者是在設計問卷前對編製題目的專業準備(讀者可參考張芳全,2014),後者則是針對已回收預試問卷之後的改善,說明如下。

(一)問卷設計階段

1. 避免影響信度因素的問題產生。為了讓研究工具的信度提高,在設計問卷及施測時,務必要掌握本章提及的影響因素,避免這些因素發生,可提高信度。
2. 做好文獻評閱來掌握題目內容。從文獻探討中,瞭解相關研究的研究工具及研究發現,來修正問卷題目與向度等。
3. 瞭解學理內涵與適當轉化。研究工具多以學理做為設計編題依據,如果信度低,很可能在學理的瞭解,甚至從學理轉化為問卷題目的環節出了狀況,因此在編製問卷時應掌握學理內涵,來設計問卷題目。
4. 瞭解及掌握編製題目重要原則。問卷設計的題目敘寫包括一個題目一個概念、不用學術用語、文字不宜過長、敘述宜明確等重要原則,研究者應掌握,否則易造成研究工具的信度變低。

(二)完成預試階段

1. 依據預試信度參考指標進行刪題。研究工具的信度低,有可能是題目設計不適切,此時可參考本章在信度統計報表的「項目總體統計量」之項目刪除時的係數此項指標。然而,依據信度高低刪題,若刪了某一題之後,仍宜考量因素結構穩定性,因此宜再回頭瞭解該研究工具於因素分析後的因素結構,如果該題在因素結構(同一向度)上之因素負荷量太低,例如:低於 .40 以下,就可以考量刪題。

2. 依研究需求增加題目。一個向度的研究工具信度低之可能原因是題目太
少，例如：僅有 2 題或 3 題，即可依據該研究所持的理論及需求試著增加
題目，來提高信度。然而，增加題目後仍需要重新預試與進行因素分析、
確定因素結構，再進行信度分析。

3. 增加樣本數提高信度。研究者可能在因素分析上的樣本不足，讓因素結構
不穩定，也無法讓信度提高，因而需增加樣本，以提高信度。這個方式如
第 2 項，需要進行因素分析之後，再進行信度分析。

4. 問卷題目做項目分析。透過問卷的項目分析是提高信度的方式之一，這方
面可以透過相關係數，來瞭解各向度與向度各題之間的相關性，若相關係
數愈低，代表題目較不適切。另外，還可以用鑑別力分析來提高信度，它
以預試樣本的問卷填答之總分，區分為高、中、低組，再以獨立樣本平均
數 t 檢定來比較高、低分組在各題反應值是否有顯著差異，若沒有顯著差
異，代表該題的品質不佳，可以考量刪題。

第二節　操作與解說

壹、操作

　　茲以本書範例檔為例，校長遴選功能向度共有八題（因素分析步驟將「功
6」刪除），其選項均使用四等第方式，因此採用 *Cronbach's α* 係數。信度分析的
SPSS 步驟如下：

1. 在 SPSS 視窗中開啟資料。

2. 在功能列中，依序點選 分析 (A) → 比例 (A) → 信度分析 (R)。

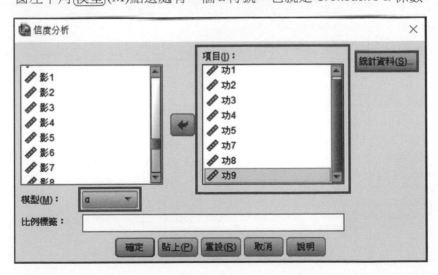

3. 接著進入「信度分析」視窗，再將所要納入分析的變項選入 項目 (I) 中，本例為：功1～功9，不包括「功6」，因為因素分析步驟已將其刪除。視窗左下角 模型 (M) 點選處有一個 α 符號，它就是 *Cronbach's* α 係數。

4. 接著按 統計資料 (S)，會出現「信度分析：統計量」視窗，選擇 項目 (I) 與 刪除項目後的比例 (A)。

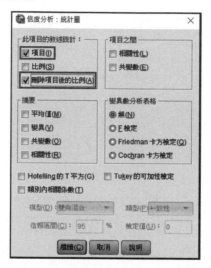

5. 最後回到第 3 步驟的視窗，按 確定 ，即可將資料結果跑出來，由報表可知由八個題目組成的校長遴選功能向度之信度值為 .90。

可靠性統計量

Cronbach's α 值	項目數
.900	8

項目統計量

	平均數	標準差	N
功 1	1.7125	.66025	400
功 2	1.8725	.66733	400
功 3	1.7975	.65770	400
功 4	2.0075	.78036	400
功 5	1.9075	.76839	400
功 7	1.6875	.68631	400
功 8	1.7225	.65694	400
功 9	1.7400	.71672	400

項目總體統計量

	項目刪除時的尺度平均數	項目刪除時的尺度變異數	修正的項目總相關	項目刪除時的 Cronbach's α
功 1	12.7350	14.767	.670	.889
功 2	12.5750	14.706	.650	.890
功 3	12.6500	14.268	.786	.879
功 4	12.4400	13.921	.700	.886
功 5	12.5400	13.958	.700	.885
功 7	12.7600	14.504	.694	.886
功 8	12.7250	14.521	.729	.883
功 9	12.7075	14.934	.570	.898

注意：上表右邊之 α 是刪除某一題之後信度變化的情形，例如：在「功1」刪除之後，整體的 α 係數可以變成 .889，即刪除「功1」之後，整體的信度為 .889。

貳、解說

根據上述步驟，除了可以瞭解總量表信度，也可以對三個研究向度（功能、影響、指標）的信度進行估算，SPSS 的估計步驟如上述。經過估計結果與整理，研究者有以下的說明：

本研究根據預試樣本在研究問卷題目的反應，在校長遴選功能的次量表之內部一致性藉由 Cronbach's α 估計 α 係數為 .90，顯示內部一致性足以支持研究結果。

在此要注意：本例僅進行功能面向的信度，然而在實務上，一份研究工具常有多面向（分量表），很可能有三個、四個或五個分量表，研究者應對所有的分量表都進行估計，接著再進行一個總量表的信度估計，再呈現於論文之中。

問題與討論

◎問題

研究者該採用哪一種信度的檢驗方法比較適切呢？

◎討論

問卷的信度檢驗方法僅有 *Cronbach's α* 係數嗎？是否還有其他的估計方式呢？估計信度的方法包括重測法、複本法、內部一致性法、評分者法，其中內部一致性法又包括折半法、庫李法等。在這麼多種方法中，要採哪一種方法較為適當呢？這需要依據測驗的題型與測驗的目的而定。如果重測法、複本法、折半法的問卷題目，在選項設計採李克特量表方式，例如：非常同意、尚同意、不太同意、非常不同意，由 1 至 4 分計分，或者也有可能為五等第、六等第或更多等第的選項，同時該測驗或問卷不在瞭解受試者的答題速度，此時可以運用 *Cronbach's α* 係數及相關係數來估算信度，但較常用的是 α 係數。然而，有一些測驗或問卷的選項為二分法，例如：「是否」、「對錯」、「贊同與反對」、「支持與不支持」，此時其檢驗方法就應以庫李法來估算信度為宜，因為它的基本假定是：題目以是否、對錯的選項型式者為主，同時不在測量答題速度，而且運用該種方法時，其題目需要同質性較高者為宜。評分者法採用不同評分者評閱測驗，來估計這些評分的一致性。有很多的測驗或問卷類型會受到評分者主觀的影響，如有開放型題目的問卷、論文式的成就測驗；它的估計方法可以從受試者的問卷或測驗中抽取一些樣本，接著由若干位（最少應有二位）評分者，對每一份問卷或測驗評分，然後依據評閱的分數，進行相關係數估算，係數愈高，代表評分者間的評分愈一致。

總之，設計問卷需經過統計分析來確認問卷信度。信度分析常見的是 *Cronbach's α* 係數，研究者應掌握這方面的電腦操作與信度原理，才能掌握問卷信度。

CHAPTER 11

卡方檢定

第一節　基本原理

壹、用途

　　研究者可能想要瞭解某項調查之中，受試者在題目的反應差異，而這些題目是屬於「類別變項」，例如：性別、政黨類別、職棒球隊、學院別（如文學院、理學院、工學院、教育學院）、地區別、班級別、學校別、學習風格、滿意度（高、中、低）等。研究者想要瞭解調查到的資料之觀察值，是否與期望的數值有顯著差異，就可以運用卡方檢定（Chi square test），符號以 χ^2 表示，它是希臘符號 χ 的平方。卡方檢定為統計學家皮爾遜（Pearson）所導出，它在解答從樣本觀察得到的資料次數和理論的資料次數是否有顯著不同。卡方檢定是以不同的「類別變項」進行交叉表（cross-table）檢定數值差異，又稱列聯表分析，在表的每一個格子中，都有次數或百分比呈現，因此卡方檢定也稱為百分比檢定。卡方檢定以兩種類別變項，來瞭解變項之間的差異性或關聯性，常將資料轉化為列聯表，如表 11-1 所示。表中可看出，區域分為北部、中部、南部三類，態度分為是、否兩類，即 2×3 列聯表。

表 11-1　列聯表

態度＼區域	北部	中部	南部
是	N_1	N_2	N_3
否	N_4	N_5	N_6

貳、卡方檢定的原理

在說明卡方檢定原理之前,先說明卡方分配的意義,在第 7 章「相對地位量數」指出,標準化 Z 分數如果在母群體中抽出無限多次的樣本,會是一個平均數為 0、標準差為 1.0 的常態分配。因為 Z 值可能有負值,若將 Z 分數平方之後,先將它命名為 χ^2,如果將這無限多次的卡方值都加起來,就會形成卡方分配,其公式如下:

$$\chi_n^2 = z_1^2 + z_2^2 + z_3^2 + \cdots\cdots + z_n^2 \tag{11-1}$$

因為所有的 Z 分數都已經平方,所以 Z 值並沒有負值的現象,同時卡方分配並不像常態分配,而是隨著卡方的自由度增加而呈現低闊峰的情形(如圖 11-1 所示)。由於卡方分配具有累加性,這是其統計特性。每一個自由度不同,就有一條相對應的卡方分配曲線。因此,當有 N 個不同自由度要相加時,其總的卡方值就等於這 N 個卡方值相加,其所形成的自由度,也就等於這 N 個自由度相加的結果。

圖 11-1　卡方分配

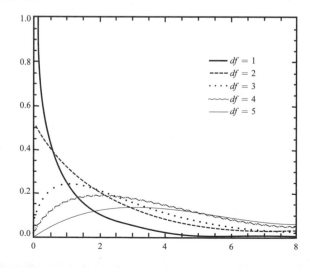

　　當自由度＞30時，卡方分配會愈趨向常態分配，因此可以用 Z 分配來進行代替檢定。間斷變項是連續變項的一種特例，在小樣本時，僅可以使用卡方分配。所以將 Z 分配公式加以轉化之後，即為卡方公式的定義＝（實際值－期望值）^{2} 除以期望值，再予以累加。而累加是指累加連續變項被分類成幾類的類別數，若仔細推敲就可以明瞭卡方的定義與 Z 公式之間的關聯性。

　　至於其分配的情形可以查**附表A**。就卡方的定義來說，它在瞭解實際的觀察次數（observed frequency）與期望次數（expected frequency）之間的差距，其公式如下：

$$\chi^2 = \Sigma \frac{(f_o - f_e)^2}{f_e} \qquad\qquad (11\text{-}2)$$

　　式中，f_0 ＝觀察次數；f_e ＝期望次數。

　　因為卡方的用途不一，所以其自由度也不一，例如：適合度檢定（goodness of fit test）的 $df = k-1$；獨立性檢定（test of independence）的 $df = (r-1) \times (c-1)$；同質性檢定（test of homogeneity）的 $df = (r-1) \times (c-1)$。其中，k 代表單因子分類（level）數；r 代表因子分類，即列數；c 代表因子分類，即行數。

　　這個公式可以看出，如果觀察次數與期望次數（理論次數）相接近，卡方值應該是很小，如果差距很大，代表實際調查資料回收的人數與依據理論所推估出來的人數相差很大。這種欲瞭解實際觀察次數與期望次數之差異，也是卡方檢定在適合度檢定的用途。以下說明卡方檢定的四種用途。

一、適合度檢定

　　研究者若要檢定同一個變項或反應，在實際的觀察次數與期望次數間是否有差異，此時要運用此檢定。此種期望次數就是社會現象中，理論上應該反映出來的次數，而研究者可能只經過一次調查所得到的資料，此時很想瞭解此次蒐集到的數值是否與理論上的數值（也就是期望次數）或是母群體的分配相符，這種檢定稱為適合度檢定。也就是說，研究者蒐集到一筆資料，該筆資料的變項或反應

須為類別變項，而研究者要掌握蒐集到的資料是否與理論分配一致的檢定，此稱為卡方的適合度檢定。

易言之，研究者實際蒐集到的次數與理論上的次數，若經過適合度檢定之後，其卡方值沒有達到統計顯著水準，此時可以說這些樣本在此變項的分配與理論次數的分配相同；相對的，若卡方值已達到統計顯著水準，則代表這些樣本在該變項的分配與理論次數的分配有明顯不同，甚至可以說，這些樣本所形成的分配是相當特殊的。研究假設的寫法為：

H_0（虛無假設）：實際觀察的次數與理論次數沒有顯著差異。

H_1（對立假設）：實際觀察的次數與理論次數有顯著差異。

簡單的說，想要瞭解某一個類別變項的一些樣本分配特性，就需要使用卡方的適合度檢定，例如：某行政官員宣稱，臺灣地區去年在東部、北部、西部及南部的出生人口數比例各為 1：4：3：2；而今年這四個區域的出生人口總數為 25 萬名，其分配如表 11-2 所示，即在實際人數中，東部、北部、西部、南部各有 3 萬、11 萬、6 萬、5 萬人。請問該行政官員的宣稱，是否仍然適用於今年的情形？其檢定步驟如下。

表 11-2　25 萬名出生人口數的地區人數之 χ^2 檢定

地區	實際人數 (f_0)	理論人數 (f_e)	(f_0-f_e)	$(f_0-f_e)^2$	$\dfrac{(f_0-f_e)^2}{f_e}$
東部	3	2.5	0.5	0.3	0.1
北部	11	10.0	1.0	1.0	0.1
西部	6	7.5	-1.5	2.3	0.3
南部	5	5.0	0.0	0.0	0.0
總計	25	25.0	0.0	3.6	0.5

（一）設定研究問題

本題的問題在瞭解今年的四個區域出生人口數比例是否與去年的一樣？

（二）提出研究假設

H_0：今年度四個區域的出生人口數比例與去年的沒有明顯差異。

H_1：今年度四個區域的出生人口數比例與去年的有明顯差異。

（三）選用統計方法

本題在瞭解今年的四個區域出生人口數比例，與去年的比例是否相符合，因此選用卡方的適合度檢定。

（四）宣稱犯錯機率

本題以 .05 的犯錯機率，做為檢定標準。

（五）裁決與解釋

因為該行政官員說，臺灣地區去年在東部、北部、西部及南部的出生人口數比例各為 1：4：3：2，如果依其比例，今年各地區的出生人口數應該各有 2.5 萬名、10 萬名、7.5 萬名、5 萬名，代入公式 11-2 之後，得到的 $\chi^2 = 0.5$。

本例有四個地區，所以 $df = 4 - 1 = 3$。計算值為 0.5，比查**附表 A** 的 $\chi^2_{.05(4-1)}=7.81$ 還要小，所以應接受虛無假設（如圖 11-2 所示），也就是說，去年各地區的出生人口數比例與今年各地區的出生人口數比例沒有顯著差異。

二、獨立性檢定

研究者若要瞭解類別變項與類別變項之間具有相關或獨立性，應以卡方的獨立性檢定來進行。在第 9 章「相關係數」提到，若研究變項屬性均為連續（即等距尺度或是等比尺度），其相關係數以皮爾遜積差相關來估計。然而，在社會科

圖 11-2 出生人口數地區分配的檢定結果

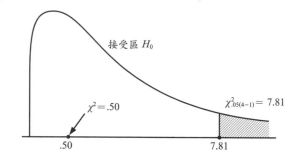

學研究中，有很多的變項屬性為不連續特性，而是一種類別尺度，此時要瞭解這些類別變項之間的關係或這些類別變項之間的獨立性，就需要卡方檢定。假如經過統計分析發現兩者相互獨立，也就代表兩個類別變項之間沒有關係存在，這就是獨立性檢定。

例如：研究者在進行一項濫用藥物與體力狀況是否關聯的調查。在藥物濫用方面，分為學生濫用藥物與沒有濫用藥物二類，體力方面則分為體力不佳與體力甚佳二類。諸如此類變項或反應是依研究者所設計（design）出來的變項，研究者要檢定兩者之間是否獨立，此時要運用獨立性檢定。其研究假設敘寫如下：

H_0：A、B 二變項之間是獨立沒有相關。

H_1：A、B 二變項之間有相關。

當二個變項是獨立的，代表兩者之間為零相關；如果兩者有相關，就需要瞭解它們的相關程度高低，即需要運用 ϕ 相關或列聯相關來計算。

再如：研究者想要瞭解社會階層與教育程度之間是否互為獨立，所蒐集到的 200 位樣本資料，如表 11-3 所示。其檢定過程如下。

<table>
<tr><td colspan="5">表 11-3　社會階層與教育程度的獨立性檢定</td></tr>
</table>

教育程度／社會階層	低	中	高	總計
大學	10（18.0）	20（24.0）	30（18.0）	60（60.0）
高中職	20（19.5）	25（26.0）	20（19.5）	65（65.0）
國中	30（22.5）	35（30.0）	10（22.5）	75（75.0）
總計	60（60.0）	80（80.0）	60（60.0）	200（200.0）

（一）設定研究問題

針對上述問題，進行統計檢定。

（二）提出研究假設

H_0：社會階層與教育程度之間是獨立沒有相關。

H_1：社會階層與教育程度之間有相關。

（三）選用統計方法

本研究的資料屬於類別變項，要用卡方的獨立性檢定，其計算過程如下：據 11-2 公式，需計算每個細格的理論次數（每一個括弧），這些期望值一開始不會在表 11-3 呈現，而僅會呈現實際數值，因此需要計算出表 11-3 括弧中所需要的數字，也就是各細格的期望值，例如：大學及低社會階層所對應的（18.0），但這些期望值是如何計算出來的呢？以低社會階層與大學的細格來說，它是以 $\frac{60\times60}{200}$，也就是用低社會階層的教育程度總數，以及大學程度的社會階層總數相乘，除以總人數，所得到的值，即表中細格的（18.0）。又如：低社會階層與高中職的期望次數為 $\frac{60\times65}{200}=19.5$；而高社會階層與國中的期望次數為 $\frac{60\times75}{200}=22.5$，其餘細格的理論次數，依此類推計算。表 11-3 中各個細格的期望值是在括弧中的數字。

接下來代入公式 11-2，$\chi^2 = \dfrac{(10-18)^2}{18} + \dfrac{(20-24)^2}{24} + \dfrac{(30-18)^2}{18} + \dfrac{(20-19.5)^2}{19.5}$
$+ \dfrac{(25-26)^2}{26} + \dfrac{(20-19.5)^2}{19.5} + \dfrac{(30-22.5)^2}{22.5} + \dfrac{(35-30)^2}{30} + \dfrac{(10-22.5)^2}{22.5} = 22.56$。

（四）宣稱犯錯機率

本研究以 .05 的機率做為容忍犯錯的程度。

（五）裁決與解釋

計算值為 $\chi^2 = 22.56$，自由度為 $(3\text{-}1)\times(3\text{-}1)=4$，查附表 A 得 $\chi^2_{.05(4)} = 9.49$，顯示計算值大於查表值，故落在拒絕區（如圖 11-3 所示），代表拒絕虛無假設，接受對立假設。換句話說，200 位受試者的社會階層與教育程度不是獨立，而是兩者互有關聯，但是這說法仍有 5%可能是錯的。

圖 11-3 檢定結果

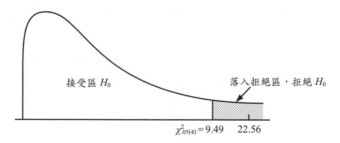

如果要瞭解社會階層與教育程度的關聯程度，可用克瑞馬統計量數（Cramer's statistic）來計算相關程度，在 SPSS 中可以點選計算。

由於本例為 3×3 的列聯表（見第 9 章表 9-2），所以應以 ϕ 相關來計算。ϕ 相關的公式如下：

$$\phi = \sqrt{\dfrac{\chi^2}{n}}$$
（11-3）

其中 n 為樣本數。

所以 $\phi = \sqrt{\dfrac{22.56}{200}} = .34$。

簡言之，社會階層與教育程度具有 .34 的低度正相關。

三、改變顯著性檢定

　　研究者在瞭解受試者對一項事件的前後反應是否具有顯著差異，也就是在事件發生時，蒐集到一筆統計資料，接著在事件過後幾個月之中，又蒐集到另一筆資料，研究者以這兩筆資料來比較前後的反應情形，即為一種改變顯著性檢定。

　　在社會科學研究中，無論測量的變項是不連續變項（如類別變項或等級變項），或是連續變項（如等距變項或比率變項），都有可能被運用在重複測量（或稱為重複量數），即相依樣本上（請參見第 12 章）。若在相依樣本檢定中，所運用的變項為不連續者，就需要運用卡方的改變顯著性檢定；相對的，所運用的是連續變項，在兩組比較差異上，就要運用相依樣本平均數 *t* 檢定（請參見第 12 章）。

　　在瞭解受試者對某一事件反應的改變時，研究者應留意對受試者一開始若以等級尺度的資料（例如：非常同意、尚同意、不太同意、非常不同意）進行施測，而在後來的施測也要用等級尺度（例如：非常同意、尚同意、不太同意、非常不同意）施測，如此在前、後對受試者的調查中，才可以瞭解受試者前後受試的態度改變情形，例如：研究者欲調查一群社會大眾對延長十二年國教的支持情形，回答的選項為：支持、不支持，並於學年初對全臺灣的國小教師調查一次，在學期末再對全臺灣的國小教師用同一個問卷題目調查一次，如此要瞭解該群（需為同一群）樣本，對延長十二年國教的前、後支持程度的改變情形，就需運用改變顯著性檢定。

　　又如：研究者想瞭解 80 位國小教師對於《十二年國民基本教育課程綱要》支持程度改變情形是否具有顯著差異，在該政策實施前，對這 80 名教師進行調查，該政策實施後一年，再對相同的 80 名教師調查一次，其資料如表 11-4 所示。

　　當列聯表為 2×2（如表 11-4 所示）時，可運用邁內馬檢定（McNemar

表 11-4 改變顯著性的檢定資料

		實施後		
		支持	不支持	總和
實施	支持	9（A）	28（B）	37
前	不支持	24（C）	19（D）	43
	總和	33	47	80

test）。它與百分比同質性、適合度檢定的計算方式略有不同，這是卡方檢定的一種特例。依據本題題意，其檢定過程如下。

（一）設定研究問題

本題在瞭解受試者的前後態度（屬於名義變項）之改變有無明顯差異。由表 11-4 可以看到，實施前的支持者有 37 名、不支持者有 43 名；實施之後，以同樣問題詢問 80 名受試者，支持者有 33 名，不支持者有 47 名。在此問題中，研究者所關心的是由支持改變為不支持，以及由不支持改變為支持，而實施前與實施後對此政策都是支持者與都是不支持者，不是關心的重點。若把表 11-4 的四個細格標示為 A（前後都支持）、B（支持改為不支持）、C（不支持改為支持）、D（前後都不支持），此時可以看出，有態度改變者共有 (B + C) 名。

（二）提出研究假設

本題的研究假設如下：

H_0：實施前支持，在實施後為不支持的百分比（B），相同於實施前不支持，而在實施後為支持的百分比（C），即 B＝C。

H_1：實施前支持，在實施後為不支持的百分比（B），不等於實施前不支持，而在實施後為支持的百分比（C），即 B≠C。

（三）選用統計方法

本題屬於二類變項的態度之前後改變情形，因此選用卡方的改變顯著性檢定。如果在 B＝C 之下，理論上有 $\dfrac{(B+C)}{2}$ 名由支持改變為不支持，也有 $\dfrac{(B+C)}{2}$ 名由不支持改變為支持。

如依卡方定義公式：

$$\chi^2 = \frac{\left[B - \dfrac{(B+C)}{2}\right]^2}{\dfrac{(B+C)}{2}} + \frac{\left[C - \dfrac{(B+C)}{2}\right]^2}{\dfrac{(B+C)}{2}}$$

$$= \frac{(B-C)^2}{(B+C)}$$

$$= \frac{(28-24)^2}{(28+24)} = \frac{16}{52} = 0.3077$$

（四）宣稱犯錯機率

本題以 .05 為犯錯機率進行檢定。

（五）裁決與解釋

本題的計算值為 0.3077，$df = (2-1) \times (2-1) = 1$，經查**附表 A** 為 3.84，計算值小於查表值，因此本題裁決：接受虛無假設，拒絕對立假設（如圖 11-4 所示）。代表 80 位受試者對於《十二年國民基本教育課程綱要》之意見反應，在實施前支持，而在實施後不支持的百分比，相同於實施前不支持，而在實施後支持的百分比，但此種說法仍有 5%可能是錯的。

圖 11-4 檢定結果

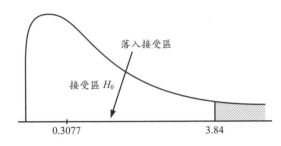

四、百分比同質性檢定

　　研究者若想瞭解不同的社會大眾，例如：低、中、高的社會階層對於一項教學方法的支持程度，此時要分析的問題為不同社會階層在政策支持度上是否有所不同，這就需要運用百分比同質性檢定。假如此一檢定在 I×J 的列聯表中，就是要檢定 I 組受試者在 J 個反應項目中的百分比是否有顯著差異。例如：研究者想瞭解家長參與孩童的陪讀情形，調查了 200 名家長，其中家長的社會階層分為低、中、高，而參與孩童陪讀區分為有參與及沒有參與兩類，其資料整理的列聯表如表 11-5 所示。表中沒有在括弧內的數字為實際調查到的資料，在括弧內的數字為事後計算出的期望值。試檢定低、中、高社會階層的家長參與學童陪讀的百分比是否不同。

表 11-5 不同社會階層參與學童陪讀的百分比同質性檢定

參與情形／社會階層	低	中	高	總計
有參與	30（36）	40（42）	50（42）	120（120）
沒有參與	30（24）	30（28）	20（28）	80（80）
總計	60（60）	70（70）	70（70）	200（200）

（一）設定研究問題

針對不同社會階層與參與學童陪讀的百分比同質性問題進行統計檢定。

（二）提出研究假設

H_0：社會階層與參與學童陪讀比率沒有顯著差異。

H_1：社會階層與參與學童陪讀比率有顯著差異。

（三）選用統計方法

本研究屬於類別變項，在瞭解不同受試者在某一類別的百分比同質性，因而選用卡方的同質性檢定。檢定過程如下：據 11-2 公式，此時需計算每個細格的理論次數，以低階層及有參與的細格來說，是以 $\frac{(60 \times 120)}{200}$，也就是在表中細格的（36），其餘細格的理論次數，依此類推計算。

接下來代入公式 11-2，$\chi^2 = \frac{(30-36)^2}{36} + \frac{(40-42)^2}{42} + \frac{(50-42)^2}{42} + \frac{(30-24)^2}{24} + \frac{(30-28)^2}{28} + \frac{(20-28)^2}{28} = 6.55$。

（四）宣稱犯錯機率

本研究以 .05 的機率做為容忍犯錯的程度。

（五）裁決與解釋

計算值為 $\chi^2 = 6.55$，$df = (3\text{-}1) \times (2\text{-}1) = 2$，查附表 A 得 $\chi^2_{.05(2)} = 5.99$，顯示計算值大於查表值，故落在拒絕區（如圖 11-5 所示），代表拒絕虛無假設，接受對立假設；換句話說，研究者所調查的 200 位低、中、高社會階層的家長，在有無參與孩童陪讀有明顯差異，但是這說法仍有 5%可能是錯的。至於差異情形可以進行事後比較。

圖 11-5　檢定結果

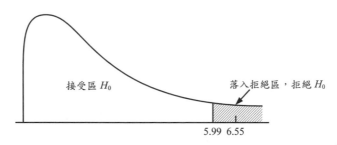

接受區 H_0　　　　落入拒絕區，拒絕 H_0

5.99 6.55

　　值得說明的是，運用卡方檢定時，母群體的分配形態並沒有任何假設。在母群體分配不作任何假定之外，卻有以下的前提條件：(1)分類相互排斥，互不包容；(2)觀察值要相互獨立；(3)每一個細格的期望次數大小應不低於 5，如果低於 5，需要運用葉慈氏校正（Yate's correction for continuity）；或若有一格或數格的期望次數小於 5 時，在配合研究目的下，可將此數格予以合併，再進行檢定。葉慈氏校正公式如下：

$$\chi^2 = \Sigma \frac{(|f_o - f_e| - 0.5)^2}{f_e}$$
（11-4）

　　在實務中，SPSS 沒有這功能，若在實際情形遇到了，研究者宜自行運用計算機或電腦來計算葉慈氏校正公式的結果。

第二節　操作與解說

壹、操作

　　茲以本書範例檔為例，來進行卡方百分比同質性檢定，檢定項目是：不同的任教校別在校長遴選法令制度之第一、二題的差異情形，其操作步驟如下：

1. 在 SPSS 視窗中開啟資料。

2. 在功能列中，依序點選 分析 (A) → 敘述統計 (E) → 交叉資料表 (C)。

3. 將所要分析的變數選入「交叉表」視窗裡的 列 (O) 與 欄 (C)，本例在 列 (O) 選擇「法1～法2」；在 欄 (C) 選擇「校別」（記得：行與列的變項可以互換，跑出來的結果一樣，研究者可以自行決定行列的組合。但是要確定的是，在同一篇研究論文中，最好所有檢定的變項，其行與列的安排應一致，才不會讓論文中的卡方檢定表格之呈現太過零亂）。

4. 按下統計量(S)，出現「交叉資料表：統計量」視窗，勾選卡方檢定(H)，
   按繼續(C)。

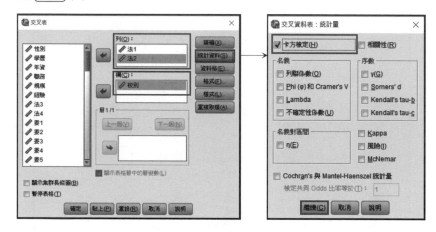

5. 接續在「交叉表」視窗中，點選資料格(E)，會有一個視窗出現，其中在
   計數(T) 之下勾選觀察值(O)、期望值(E)，再按繼續(C)，回到上一個
   視窗，按確定即可。

6. 以下是跑出的報表結果。研究者宜將跑出來的報表結果整理如表 11-6 的
   形式。易言之，應刪除結果檔中不必要的數值，以及與論文無關的統計量
   數，整理出與研究有關的重要資訊即可。

法 1 × 校別

交叉表

			校別		
			國中	國小	總計
法 1	非常瞭解	計數	6	24	30
		預期計數	8.9	21.1	30.0
	瞭解	計數	29	92	121
		預期計數	36.0	85.0	121.0
	不太瞭解	計數	65	130	195
		預期計數	58.0	137.0	195.0
	非常不瞭解	計數	19	35	54
		預期計數	16.1	37.9	54.0
總計		計數	119	281	400
		預期計數	119.0	281.0	400.0

卡方檢定

	值	df	漸近顯著性（兩端）
Pearson 卡方檢定	5.262[a]	3	.154
概似比	5.404	3	.144
線性對線性關聯	4.668	1	.031
有效觀察值的數目	400		

a. 0 單元（0.0%）預期計數小於 5。預期的計數下限為 8.92。

法 2 × 校別

交叉表

			校別		
			國中	國小	總計
法2	1.00	計數	1	0	1
		預期計數	.3	.7	1.0
	2.00	計數	56	200	256
		預期計數	76.2	179.8	256.0
	3.00	計數	59	73	132
		預期計數	39.3	92.7	132.0
	4.00	計數	3	8	11
		預期計數	3.3	7.7	11.0
總計		計數	119	281	400
		預期計數	119.0	281.0	400.0

卡方檢定

	值	df	漸近顯著性（兩端）
Pearson 卡方檢定	24.101[a]	3	.000
概似比	23.626	3	.000
線性對線性關聯	13.761	1	.000
有效觀察值的數目	400		

a. 3 格（37.5%）預期個數小於 5。預計的計數下限為 .30。

在此要說明的是：上述卡方檢定表底下有一項註解：「a. 3 格（37.5%）的預期個數少於 5」，是指在這個分析之中，有 3 個細格的預期人數小於 5，其代表要進行葉慈氏校正公式調整較為準確。

貳、解說

以不同的任教校別在校長遴選問題之法令制度進行卡方百分比同質性檢定，由表 11-6 可知，任教校別在「瞭解程度」並無顯著差異，在「滿意程度」則有顯著差異。在「滿意程度」方面，任教國中的受試者傾向不太滿意，不過任教國小的受試者則有多數認為滿意。

表 11-6 校長遴選問題之法令制度在任教校別的差異

題目	選項	國中	國小	總計	卡方值
瞭解程度	非常瞭解	6	24	30	$\chi^2_{(3)} = 5.26$
	瞭解	29	92	121	
	不太瞭解	65	130	195	
	非常不瞭解	19	35	54	
	總計	119	281	400	
滿意程度	非常滿意	1	0	1	$\chi^2_{(3)} = 24.10^{**}$
	滿意	56	200	256	
	不太滿意	59	73	132	
	非常不滿意	3	8	11	
	總計	119	281	400	

$**p < .01.$

注意：在「滿意程度」之項目中，國中及國小細格的期望次數都小於 5，所以必須要用葉慈氏校正公式校正，會較為準確，其計算方式如下〔見上一頁報表：「法 2（滿意程度）×校別交叉表」之各個期望數〕：

$$\chi^2 = \Sigma \frac{(|f_o - f_e| - 0.5)^2}{f_e} = \frac{(|1 - 0.3| - 0.5)^2}{0.3} + \frac{(|0 - 0.7| - 0.5)^2}{0.7} + \frac{(|56 - 76.2| - 0.5)^2}{76.2}$$

$$+ \frac{(|200 - 179.8| - 0.5)^2}{179.8} + \frac{(|59 - 39.3| - 0.5)^2}{39.3} + \frac{(|73 - 92.7| - 0.5)^2}{92.7}$$

$$+ \frac{(|3 - 3.3| - 0.5)^2}{3.3} + \frac{(|8 - 7.7| - 0.5)^2}{7.7} = 20.85^{**}$$

　　經過葉慈氏校正公式計算之後，$\chi^2 = 20.85$，查附表 A，$\chi^2_{.01(3)} = 11.3$，計算值大於查表值，所以拒絕虛無假設，接受對立假設，代表不同校別對校長遴選滿意度有明顯差異。

問題與操作

◎問題一

本章介紹了卡方的獨立性檢定，若研究者想要瞭解在這 400 個樣本中，不同性別與任教職務之獨立性，如何從 SPSS 操作獲得此結果呢？

◎操作

操作方式如下：在 SPSS 視窗的功能列中，依序點選 分析 (A)→ 敘述統計 (E)→ 交叉資料表 (C)後，在「交叉表」視窗裡，將性別及職務分別選入 列 (O)及 欄 (C)之中，再按 統計資料 (S)，點選之後，會出現「交叉資料表：統計量」視窗，在這視窗中勾選 卡方檢定 (H)、相關性 (R)、列聯係數 (O)，再按 繼續 (C)，回到上一個視窗，按 確定 ，就可以跑出數值。

	性別	學歷	年?		驗
1	1.00	4.00			2.00
2	1.00	3.00			2.00
3	2.00	2.00			2.00
4	1.00	2.00			2.00
5	2.00	3.00			2.00
6	1.00	3.00		4.00	2.00
7	1.00	1.00		4.00	2.00
8	2.00	4.00		4.00	2.00
9	1.00	3.00		4.00	2.00
10	1.00	3.00		4.00	2.00
11	2.00	4.00		4.00	2.00
12	2.00	4.00		4.00	2.00
13	1.00	2.00		4.00	2.00

功能列：檔案(F) 編輯(E) 檢視(V) 資料(D) 轉換(T) 分析(A) ⋯ 延伸(X) 視窗(W) 說明

分析(A)選單：敘述統計(E) ▶、貝氏統計資料(B) ▶、表格(B) ▶、比較平均數法(M) ▶、一般線性模型(G) ▶、概化線性模型(Z) ▶、混合模型(X) ▶、相關(C) ▶、迴歸(R) ▶、對數線性(O) ▶、神經網路(W) ▶、分類(F) ▶、維度縮減(D) ▶、比例(A) ▶、無母數檢定(N) ▶、預測(T) ▶

敘述統計(E)子選單：次數分配表(F)...、敘述統計(D)...、預檢資料(E)...、交叉資料表(C)...、比例(R)...、P-P 圖...、Q-Q 圖...

◎解說

　　從表 11-7、表 11-8 及表 11-9（這三個表均為原始的結果檔，論文寫作需要再刪除不必要的內容）可以看出，400 位受試者在性別及職務的卡方值（Pearson 卡方）為 59.134，達到 .01 的統計顯著水準。代表 400 位受試者在性別及職務不是獨立，而是兩個變項有關聯，而其關聯程度在「以名義量數為主」的列聯係數為 .359，也達到 .01 的統計顯著水準。可見這 400 位受試者的性別及職務有顯著關聯。若再從表 11-7 的交叉表數值來看，女性以擔任國中小學教師居多，而男性則以擔任國中小學主任或組長居多。

表 11-7　「性別×職務」交叉表

			職務				總和
			1.00	2.00	3.00	4.00	
性別	1.00	個數	74	88	22	8	192
		期望個數	108.5	68.2	11.0	4.3	192.0
	2.00	個數	152	54	1	1	208
		期望個數	117.5	73.8	12.0	4.7	208.0
總和		個數	226	142	23	9	400
		期望個數	226.0	142.0	23.0	9.0	400.0

表 11-8　卡方檢定（性別及職務）

	數值	自由度	漸近顯著性（雙尾）
Pearson 卡方	59.134[a]	3	.000
概似比	64.918	3	.000
線性對線性的關聯	55.864	1	.000
有效觀察值的個數	400		

a. 2 格（25.0%）的預期個數少於 5。最小的預期個數為 4.32。

表 11-9　性別與職務的對稱性量數

		數值	漸近標準誤[a]	近似 T 分配[b]	顯著性近似值
以名義量數為主	列聯係數	.359			.000
以間隔為主	Pearson R 相關	-.374	.040	-8.050	.000[c]
以次序量數為主	Spearman 相關	-.375	.045	-8.064	.000[e]
有效觀察值的個數		400			

a. 未假定虛無假設為真。

b. 使用假定虛無假設為真時之漸近標準誤。

c. 以一般近似值為準。

◎問題二

　　本章表 11-2 的例子，在 SPSS 中，如何操作卡方適合度檢定呢？

◎操作

1. 在 SPSS 視窗打開一個新檔，將表 11-2 的地區及實際人數之兩欄資料輸入。其中，地區在 變項視圖 的 類型 中選 字串 (R)，而實際人數則依數值大小排列，此時地區跟著數據大小排列而轉換。記得取一個檔名並存檔。

2. 輸入後的資料型態如表 11-2 的前兩欄，唯一不同的是地區與實際人數大小順序。

3. 因本例為不同理論人數，所以要使用 加權觀察值。因此，在功能列點選 資料(D)，選擇 加權觀察值(W)，點選 加權觀察值方式(W)，將實際人數選入 次數變數(F)，按 確定。

4. 接著進行卡方適合度檢定，在功能列依序點選 分析(A)、無母數檢定(N)、舊式對話框(L)、卡方檢定，點選實際人數於 檢定變數清單(T)，接著會看到底下有個 值(V)旁有個空格，輸入按照實際人數大小排列的地區理論數值，即 2.5、5.0、7.5、10.0，最後按 確定。所跑出的結果與例子說明一樣。

CHAPTER 12

平均數 *t* 檢定

第一節　基本原理

壹、用途

　　在社會現象中，若想要瞭解母群體的樣本之單一變項與某一個固定數值的差異，也就是單一變項的平均數與某一個特定數值的差異，此屬於單一樣本平均數 *t* 檢定。也有一種情形是，從一個母群體獲得兩群樣本，並要瞭解兩群樣本的調查變項的數值之間是否有顯著差異，此時要運用兩群樣本的平均數進行假設檢定。然而，研究者也常對一個母群體中抽出一組樣本進行實驗研究，對這組樣本進行某一個變項前測，接著進行實驗處理，實驗一般時間之後，再對先前測量的變項進行後測，以瞭解此變項的前後測分數的差異，此時用相依樣本平均數 *t* 檢定。

　　對於不同的兩組或同一組樣本的前後測之平均數檢定，若經過統計檢定發現，兩群樣本平均數之間沒有顯著差異（或前後測沒有顯著差異），其顯著差異程度常以機率大小表示，有些研究採 .01 的統計顯著水準，也有些研究採 .05 的統計顯著水準，做為違反機率大小標準。前者的意義是，如果有 100 次的差異情形，有 1 次可能是錯誤的；後者的意義是 100 次中有 5 次可能是錯誤的。平均數 *t* 檢定是調查兩群組的平均差異，所以如果要瞭解不同的團體（例如：女性與男性、校長與教師、高社會階層與低社會階層）對教育現象反應的差異，都可運用平均數的假設檢定，以瞭解不同標的團體對教育現象的差異。

　　嚴格來說，當所要檢定的兩個群體之樣本數各小於 30 人時，檢定方法以 *t* 分

配（請參見第 8 章）的公式才準確，本章雖然以平均數 t 檢定為名，但它應適用於各團體的樣本數為 30 人以下。當樣本超過 30 人以上，就假定它會形成常態分配，又稱為 z 分配；也就是說，若 t 分配的樣本數逐漸增加，就會接近常態分配，因 t 分配受人數增加之後形成大樣本的檢定，就與 Z 檢定的意義相近，所以很多統計書將平均數之檢定，通稱為平均數 t 檢定。

貳、單一變項平均數 t 檢定的原理與實例

　　如果研究者要進行單一變項平均數 t 檢定，通常這個檢定在瞭解所蒐集到的數據，要與某一個理論值、現況標準值或特定案例來進行比較，例如：一個國際組織調查八年級學生的學習成就發現，所有參與調查的 80 個國家的學生學習成就平均數為 620 分、標準差為 100 分，該項成就測驗最高及最低分介於 0 至 1,000分。若某一個國家的學生學習成就平均數為 610 分，標準差為 120 分，這個國家學生學習成就分數與 80 個國家平均數是否有明顯差異。此時，所要採用的檢定統計量公式如下：

$$t = \frac{\overline{X} - \mu}{\frac{s}{\sqrt{n}}}$$

（12-1）

　　式中，$\overline{X}$ 為樣本平均數；μ 為特定值或母群體的平均數；s 為標準差；n 為樣本數，例如：王老師想要瞭解 A 班 10 名學生的數學成績，即各為 90、75、85、85、70、65、85、90、95、75 分（平均分數為 81.5 分、標準差為 9.73），與全校學生的數學平均成績 77 分是否有顯著不同，其假設檢定步驟如下。

一、設定研究問題

　　本題在瞭解 A 班 10 名學生的數學平均成績與全校學生的數學平均成績是否有顯著差異。

二、提出研究假設

依據題意，研究者較能期待的是 A 班與全校成績不相同較有可能，因此雙側檢定的研究假設如下：

H_0：A 班的成績等於全校成績。

H_1：A 班的成績不等於全校成績。

三、選用統計方法

它是指 A 班與母群體平均數差異情形，故採用單一樣本平均數 *t* 檢定，代入 12-1 公式：

$$t = \frac{81.5 - 77}{\frac{9.73}{\sqrt{10}}} = 4.56$$

四、宣稱犯錯機率

本題宣稱犯錯率為 .05，也就是統計顯著水準為 .05。

五、裁決與解釋

本題查附表 E，$t_{.975,10-1} = t_{.975,9} = 2.262$，計算值 4.56 > 查表值 2.262，代表達到 .05 的統計顯著水準（如圖 12-1 所示），表示 A 班學生的數學成績與全校學生的平均成績有明顯差異，然而這樣的說法仍有 5% 的錯誤。

圖 12-1 單一樣本平均數 t 檢定裁決

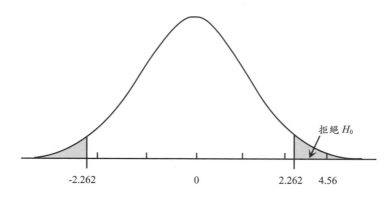

拒絕 H_0

-2.262   0   2.262 4.56

參、相依樣本平均數 t 檢定的原理與實例

一、原理

研究者若為了瞭解兩組完全相同的樣本，在一個社會現象的差異性，此時可以運用相依樣本的平均數 t 檢定。所謂相依（或稱為成對、關聯樣本、配對樣本），是指前後兩次反應數值者為同一樣本。圖 12-2 可看出 A 與 A"為相同群體的樣本，僅是在不同時間下，研究者要瞭解這一個群體在某一個變項的平均數是否有差異。

社會科學研究常要瞭解一項教學方法的實驗是否有效，所運用的實驗樣本為同卵雙生，即同一群實驗樣本接受二次的實驗。兩組的樣本屬性若相同或極為接

圖 12-2 相依樣本平均數 t 檢定示意圖

近,為瞭解實驗組受試者前後情形,此時應運用相依樣本平均數 *t* 檢定,又稱為配對樣本(在SPSS視窗中稱為「成對樣本」),以下稱相依樣本平均數 *t* 檢定。

二、實例計算

以下運用實例說明計算過程。研究者要瞭解同一班 10 名高中生在期末考數學成績是否優於期中考數學成績,其成績表現如表 12-1 所示。

表 12-1 10 名高中生的期中考與期末考的數學成績

學生	期中考數學成績(X_1)	期末考數學成績(X_2)
1	75	90
2	80	85
3	85	90
4	75	90
5	80	85
6	90	85
7	95	90
8	80	85
9	75	90
10	70	80
平均數	80.50	87.00
標準差	7.62(s_1)	3.50(s_2)

(一)設定研究問題

本研究在瞭解相同的 10 名高中生於期中考與期末考成績的差異,屬於學生的前後測檢定之問題。

(二)提出研究假設

提出對立假設 H_1 與虛無假設 H_0。研究者認為,期末考數學成績應該會高於

期中考成績，因此研究假設的寫法如下：

$H_0 : \mu_{期末} \leqq \mu_{期中}$

$H_1 : \mu_{期末} > \mu_{期中}$

（三）選用統計方法

本例分析的 10 名高中生數學成績之前後測，是對同一群樣本施測，為相依樣本，母群體的標準差未知，宜採相依樣本平均數 t 檢定，使用公式 12-2 估算。

$$t = \frac{(\overline{X}_1 - \overline{X}_2) - \mu_0}{s_{\overline{X}_1 - \overline{X}_2}} = \frac{(\overline{X}_1 - \overline{X}_2) - \mu_0}{\sqrt{\dfrac{s_{\overline{X}_1}^2 + s_{\overline{X}_2}^2 - 2rs_{\overline{X}_1}s_{\overline{X}_2}}{N}}} \tag{12-2}$$

式中，$\overline{X}_1$ 代表 10 名高中生的期中考平均數學成績；

$\overline{X}_2$ 代表 10 名高中生的期末考平均數學成績；

μ_0 代表母群體的平均數（通常為常態分配，$\mu_0 = 0$）；

$s_{\overline{X}_1}$ 代表期中考 10 名高中生數學成績的標準差；

$s_{\overline{X}_2}$ 代表期末考 10 名高中生數學成績的標準差；

r 代表期中考與期末考數學成績的相關係數。

以上例來說，兩次考試的平均數各為 80.50 與 87.00，標準差各為 7.62 與 3.50，兩次數學成績的相關係數為 .27。將它代入公式 12-2，即可以求得 $t = $ -2.75。

$$t = \frac{80.50 - 87.00}{\sqrt{\dfrac{7.62^2 + 3.50^2 - 2 \times (.27) \times 7.62 \times 3.50}{10}}} = \text{-}2.75$$

（四）宣稱犯錯機率

宣稱願冒第一類型錯誤大小，劃定拒絕區。研究者將犯第一類型錯誤的機率設定為 $\alpha = .05$。

（五）裁決與解釋

　　根據統計分析結果進行裁決，並以劃定的犯錯機率值做為裁決依據，再對結果進行解釋。本例的 $df = N-1 = 10-1 = 9$。由上可知，計算出來的 $t(9) = -2.75$，$\alpha = .05$，小於查**附表 E** 的 $t(9)_{.05 , 單尾} = -1.833$，落入拒絕區，故拒絕虛無假設（如圖 12-3 所示），接受對立假設。這表示 10 名高中生的期末考數學成績顯著高於期中考數學成績，然而這結果推論仍有 5% 的犯錯機率。

圖 12-3　裁決結果

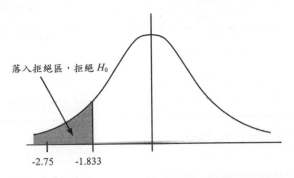

落入拒絕區，拒絕 H_0

-2.75　　-1.833

肆、獨立樣本平均數 *t* 檢定的原理與實例

一、原理

　　社會科學研究常要瞭解，兩個類別的樣本在某一個變項或對某一社會現象知覺的差異性，就需要使用獨立樣本平均數 *t* 檢定。所謂獨立樣本，是指兩群樣本為截然不同的兩群樣本，例如：男女、高收入群與低收入群、國民黨與民進黨、北部與南部地區、大學與小學、第一組與第二組、前排與後排的學生等，可以明顯區分為兩群樣本。很顯然的，這兩群樣本有一個很重要的特性，就是樣本互相獨立與互斥，若屬於男性群體者，就不會屬於女性群體；屬於高收入群，就不可

能被分為低收入群。由圖 12-4 可以看出，A 與 B 為兩群不同樣本，研究者要瞭解兩個群體在某一個變項的平均數是否有差異。

圖 **12-4** 獨立樣本平均數 *t* 檢定示意圖

又如：研究者要分析「先進國家」與「落後國家」之高等教育在學率是否有顯著差異，或者一項教學實驗對英文學習成就的影響，教學實驗設計運用的兩群樣本（甲班學生、乙班學生）不相同。因為兩組樣本來源不相同，研究者為了瞭解實驗組受試者（甲班）與控制組樣本（乙班）的表現差異，就應運用獨立樣本平均數 *t* 檢定。兩個母群體樣本相互獨立，可能得知兩個母群體在某變項使用的標準差，也可能不瞭解兩個母群體的標準差。母群體標準差已知與否，與運用的統計公式不同。

獨立樣本平均數 *t* 檢定的基本假設是，樣本必須具備常態分配以及變異數同質性（homogeneity of variance），前者可以參見第 5 章與第 7 章的說明及檢定方法，而後者主要強調，當兩個樣本群的變異情形不同，可以想見的是兩個群體的樣本分配之集中趨勢與分散情形不一樣，在兩個群體的變異不同質的前提下，直接進行平均數的差異比較，很容易產生誤差。要瞭解兩個群體的變異數是否同質，可以運用雷文氏同質性檢定（Levene test of homogeneity），它是計算兩個群體樣本的變異數比值，也就是以變異數分析（*F* 值）（請參見第 13 章）的觀念來檢定，若 *F* 值達到統計顯著水準，代表兩個群體的樣本之變異數不同質；相對的，若 *F* 值沒有達到統計顯著水準，代表兩個群體的樣本之變異數同質，可以進行後續的分析與比較。當發現研究者所分析的樣本所形成的群體不同質，就需要對資料進行調整。資料具有同質性才可以分析（在第 13 章的變異數分析也是一樣）。如果分析的資料不具同質性，宜先瞭解資料結構狀況，轉換資料之後再加

以分析。資料轉換有多種方式，例如：把所分析資料的變項取對數、開根號、取倒數等，這需要透過所獲得的資料結構來判斷應調整之方式，可參考林清山（1992）《心理與教育統計學》一書第 335 至 336 頁。當資料具有同質性才可以分析，統計結果才不會產生推論錯誤，或者運用 Tamhane's T2、Dunnett's T3、Games-Howell、Dunnett's C 等方法（SPSS 視窗中有這些選項），再進行檢定與比較。

二、實例計算

研究者若要瞭解甲乙兩班各 10 名學生的體重是否有顯著不同，兩班學生的體重如表 12-2 所示。

表 12-2　甲乙兩班各 10 名學生的體重

學生	甲班學生體重（X_1）	乙班學生體重（X_2）
1	35	45
2	40	45
3	45	40
4	50	45
5	25	30
6	30	35
7	30	25
8	35	40
9	25	30
10	40	45
平均數	35.50	38.00
標準差	8.32（s_1）	7.53（s_2）

（一）設定研究問題

本研究在瞭解不同班級之 10 名學生體重的差異性，所以它屬於獨立樣本平均數的檢定問題。

（二）提出研究假設

寫出對立假設 H_1 與虛無假設 H_0。研究者認為，甲乙兩班學生的體重有無不同，此假設認定是沒有方向性，故假設如下：

$H_0 : \mu_甲 = \mu_乙$

$H_1 : \mu_甲 \neq \mu_乙$

（三）選用統計方法

研究者分析甲乙兩班學生體重，甲乙兩班各自獨立，兩個班的母群體標準差（σ）均未知，需採獨立樣本平均數 t 檢定，因此使用公式 12-3 進行估算。

$$t = \frac{(\overline{X}_1 - \overline{X}_2) - \mu_0}{s_{\overline{X}_1 - \overline{X}_2}} = \frac{(\overline{X}_1 - \overline{X}_2) - \mu_0}{s_w \sqrt{\left(\frac{1}{n_1} + \frac{1}{n_2}\right)}} \qquad （12\text{-}3）$$

式中，$\overline{X}_1$ 代表甲班 10 名學生平均體重；

$\overline{X}_2$ 代表乙班 10 名學生平均體重；

μ_0 代表母群體的平均數；

n_1 代表甲班的學生數；

n_2 代表乙班的學生數；

s_w 代表兩班學生體重合併的標準差。

$$s_w^2 = \frac{s_1^2(n_1 - 1) + s_2^2(n_2 - 1)}{n_1 + n_2 - 2}$$

以上例來說，兩班的平均數各為 35.50 與 38.00，標準差各為 8.32 與 7.53，兩班整併後的變異數為 62.96，標準差為 7.93。將它代入公式即可以求得 t 值。

$$t = \frac{35.50 - 38.00}{7.93 \times \sqrt{\frac{1}{10} + \frac{1}{10}}} = \text{-}0.705$$

（四）宣稱犯錯機率

研究者宣稱願冒第一類型錯誤大小，劃定拒絕區。研究者將犯第一類型錯誤的機率設定為 $\alpha = .05$，且 $df = n_1 + n_2 - 2 = 10 + 10 - 2 = 18$。

（五）裁決與解釋

研究者根據統計分析結果進行裁決，以 .05 的犯錯機率做為判斷接受對立假設或虛無假設的依據，再對結果進行解釋。從上述得知，計算出來的 $t(18) = -.705$，大於查**附表 E** 的 $t(18)_{.05, \text{雙尾}} = -2.101$，落入接受區（如圖 12-5 所示），故接受虛無假設，拒絕對立假設，這表示甲乙班學生的體重沒有顯著不同，然而這結果推論仍有 5% 的犯錯機率。

圖 12-5 裁決結果

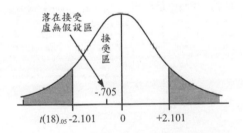

第二節　操作與解說

壹、操作一

研究者想瞭解一所高中 400 名學生的英文與國文平均成績（假設各以本書範例檔中的法 1 及法 2 為代替），與全國高中生的英文與國文平均成績（假設都是 2.5 分）的差異。SPSS 的操作步驟如下：

1. 在功能列中，依序點選 分析 (A)→ 比較平均數法 (M)→ 單一樣本 T 檢定 (S)。

2. 在出現的「單樣本 T 檢定」視窗中，將法 1 及法 2 選入 檢定變數 (T) 中，在 檢定值 (V) 輸入所要檢定的數值 2.5（本題為 2.5），再按 確定 。跑出來的結果如下。

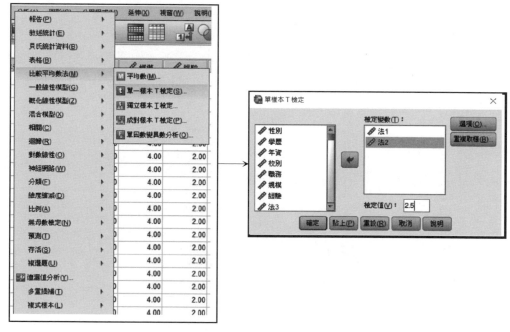

單一樣本統計量

	個數	平均數	標準差	平均數的標準誤
法 1	400	2.6825	.79893	.03995
法 2	400	2.3825	.54492	.02725

單一樣本檢定

	檢定值 = 2.5					
	t	自由度	顯著性（雙尾）	平均差異	差異的 95%信賴區間	
					下限	上限
法 1	4.569	399	.000	.18250	.1040	.2610
法 2	-4.313	399	.000	-.11750	-.1711	-.0639

貳、解說

經過單一樣本平均數 *t* 檢定可看出，這所高中樣本英文與國文的平均成績各為 2.68 分與 2.38 分，英文科的 *t* = 4.57，*p* = .000（*p* < .01），而國文科的 *t* = -4.31，*p* = .000（*p* < .01）。代表這所高中的英文平均成績明顯高於全國的英文平均成績，而這所高中的國文平均成績則明顯低於全國的國文平均成績。

參、操作二

茲以本書範例檔為例，檢定不同校別在校長遴選爭議的差異。功能、影響、指標、遴選爭議，讀者必須進行資料轉換，即影響=（影 1 ＋影 2 ＋影 3 ＋影 4 ＋影 5 ＋影 6 ＋影 7 ＋影 8）／8；指標=（指 1 ＋指 2 ＋指 3 ＋指 4 ＋指 5 ＋指 6）／6；在 SPSS 視窗中，功能已有數據了。而遴選爭議=（功能＋影響＋指標）／3。獨立樣本平均數 *t* 檢定的操作步驟如下：

1. 在 SPSS 視窗中開啟資料。
2. 在功能列中，依序點選 分析 (A)→ 比較平均數法 (M)→ 獨立樣本 T 檢定 (T)。

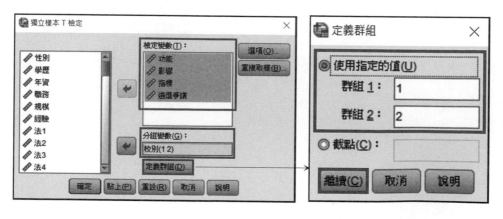

3. 接著，在「獨立樣本 T 檢定」視窗中，選擇欲分析的變項放入 檢定變數 (T) 中，本例為：功能、影響、指標、遴選爭議。

4. 在 分組變數 (G)中選擇欲比較的變項，點選 定義群組 (D)，開啟「定義群組」視窗，接續在 使用指定的值 (U)輸入設定數字，例如：組別 1 是國中、組別 2 是國小，分別設定為 1 和 2。設定完成後按 繼續 (C)，回到上一個視窗，再按 確定。

獨立樣本檢定

	變異數相等的 Levene 檢定		平均數相等的 *t* 檢定						
	F 檢定	顯著性	t	自由度	顯著性（雙尾）	平均差異	標準誤差異	差異的95%信賴區間	
								下限	上限
功能　假設變異數相等	.546	.460	2.004	398	.046	.11775	.05875	.00226	.23324
不假設變異數相等			1.987	218.013	.048	.11775	.05926	.00095	.23455
影響　假設變異數相等	1.246	.265	.251	398	.802	.01588	.06316	-.10828	.14005
不假設變異數相等			.262	244.559	.793	.01588	.06061	-.10349	.13526
指標　假設變異數相等	1.824	.178	3.128	398	.002	.13748	.04395	.05107	.22389
不假設變異數相等			2.931	193.788	.004	.13748	.04691	.04496	.23000
遴選　假設變異數相等	.004	.951	2.555	398	.011	.09037	.03537	.02083	.15991
爭議　不假設變異數相等			2.590	229.227	.010	.09037	.03490	.02161	.15913

組別統計量

	校別	個數	平均數	標準差	平均數的標準誤
功能	1.00	119	1.8887	.54530	.04999
	2.00	281	1.7709	.53364	.03183
影響	1.00	119	2.4265	.53639	.04917
	2.00	281	2.4106	.59392	.03543
指標	1.00	119	1.5728	.44765	.04104
	2.00	281	1.4353	.38093	.02272
遴選爭議	1.00	119	1.9627	.31586	.02895
	2.00	281	1.8723	.32657	.01948

把原始報表整理如下

向度	校別	人數	平均數	標準差	平均差異	*t* 值
遴選功能	國中	119	1.89	.55	.12*	2.00
	國小	281	1.77	.53		
遴選影響	國中	119	2.43	.54	.02	.25
	國小	281	2.41	.59		
遴選指標	國中	119	1.57	.45	.14**	3.13
	國小	281	1.44	.38		
整體遴選	國中	119	1.96	.32	.09*	2.56
爭議	國小	281	1.87	.33		

*p < .05. **p < .01.

肆、解說

　　若以不同任教校別在遴選功能、遴選影響、遴選指標進行獨立樣本平均數 t 檢定，如表 12-3 可知，在變異數相等（同質性）的雷文氏（Levene）檢定發現，遴選功能、遴選影響、遴選指標以及整體遴選爭議在 F 值上均沒有達到統計顯著水準，代表在這四個變項的各國中及國小樣本所形成的群體為同質，因此可以進行國中與國小樣本比較。表中也可看出，不同任教校別在遴選影響之 t 值沒有顯著差異，在整體遴選爭議、遴選功能與遴選指標之 t 值有達到統計顯著水準，代表在遴選功能、遴選指標與整體遴選爭議，任教國小的平均數比任教國中的平均數低，顯示任教國小的受試者在校長遴選功能、遴選指標、整體遴選爭議方面，比任教國中的受試者同意度高。

表 12-3　校長遴選爭議在任教校別的差異　　　　　　　　　（$N=400$）

向度	變異數相等的 Levene 檢定		校別	人數	平均數	標準差	平均數差異	t 值
	F	顯著性						
遴選功能	.55	.46	國中	119	1.89	.55	.12*	2.00
			國小	281	1.77	.53		
遴選影響	1.25	.27	國中	119	2.43	.54	.02	.25
			國小	281	2.41	.59		
遴選指標	1.80	.18	國中	119	1.57	.45	.14**	3.13
			國小	281	1.44	.38		
整體遴選爭議	.00	.95	國中	119	1.96	.32	.09*	2.56
			國小	281	1.87	.33		

*$p < .05$. **$p < .01$.

◎問題

　　研究者若要瞭解同一組樣本在兩次不同測驗的表現差異，應如何進行操作呢？茲採本書範例的 400 位受試者資料，假設他們是國中三年級學生，以「學歷」代表他們在第一次期中考的數學成績，而以「年資」代表第二次期中考的數學成績，研究者要瞭解在這兩次考試中，學生的數學成績是否有顯著差異？

◎操作

　　據上述題意，要檢定 400 位學生前測與後測的數學成績表現是否有明顯差異，操作方式如下：在 SPSS 視窗的功能列中，依序點選 分析(A)→比較平均數法(M)→成對樣本 T 檢定(P)，會出現「配對樣本 T 檢定」視窗；接下來將「學歷」（代表第一次期中考成績）及「年資」（代表第二次期中考成績）選入，再將此一成對的變項選入右邊的空格欄，即 配對變數(V)之中，最後再按 確定，就可以跑出數值。

		性別	學歷	年		分析(A)		組	經驗
						敘述統計(E) ▶			
						貝氏統計資料(B) ▶			
1:功7						表格(B) ▶			
	1	1.00	4.00			比較平均數法(M) ▶	M 平均數(M)...		
	2	1.00	3.00			一般線性模型(G) ▶	單一樣本 T 檢定(S)...		
	3	2.00	2.00			概化線性模型(Z) ▶	獨立樣本 T 檢定...		
	4	1.00	2.00			混合模型(X) ▶	成對樣本 T 檢定(P)...		
	5	2.00	3.00			相關(C) ▶	單因數變異數分析(O)...		
	6	1.00	3.00			迴歸(R) ▶		4.00	2.00
	7	1.00	1.00			對數線性(O) ▶		4.00	2.00
	8	2.00	4.00			神經網路(W) ▶		4.00	2.00
	9	1.00	3.00			分類(F) ▶		4.00	2.00
	10	1.00	3.00			維度縮減(D) ▶		4.00	2.00
	11	2.00	4.00			比例(A) ▶		4.00	2.00
	12	2.00	4.00			無母數檢定(N) ▶		4.00	2.00
	13	1.00	2.00			預測(T) ▶		4.00	2.00

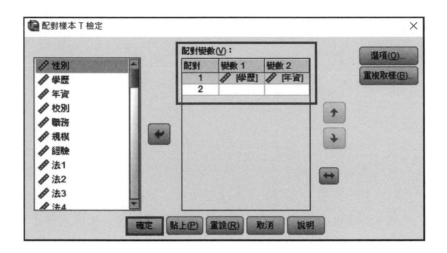

成對樣本統計量

		平均數	個數	標準差	平均數的標準誤
成對 1	學歷	2.3050	400	1.04389	.05219
	年資	3.3500	400	2.09726	.10486

成對樣本相關

		個數	相關	顯著性
成對 1	學歷和年資	400	.416	.000

成對樣本檢定

		成對變數差異					T	自由度	顯著性（雙尾）
		平均數	標準差	平均數的標準誤	差異的95%信賴區間				
					下限	上限			
成對 1	學歷-年資	-1.04500	1.91498	.09575	-1.23324	-.85676	-10.914	399	.000

◎解說

　　由表 12-4 可以看出，400 位學生的第二次期中考成績與第一次期中考成績差異的*t*值為 -10.91，達到 .01 的統計顯著水準，代表 400 位學生的數學成績明顯不同。其中，第二次期中考平均成績為 3.35 分，第一次為 2.31 分，第二次考試比第一次考試明顯高出 1.04 分。這兩次期中考的相關程度為 .416，也達到 .01 的統計顯著水準，代表 400 位學生在這兩次期中考表現有顯著相關。

表 12-4　400 位學生數學成績的前後測檢定　　　　　　　　（$N = 400$）

項目	平均數	標準差	平均數差異	*t* 值
學歷（第一次成績）	2.31	1.04	-1.05**	-10.91
年資（第二次成績）	3.35	2.10		

**$p < .01$.

CHAPTER **13**

變異數分析

第一節　基本原理

壹、用途

　　在社會科學研究中,可能會針對兩組以上的樣本平均數差異進行檢定,其檢定方法為變異數分析。如圖 13-1 所示,圖中有 A、B、C 三個群體,研究者要比較這三個群體的身高是否有顯著不同,此時如果使用獨立樣本平均數 t 檢定兩組的平均數檢定方法,則需要兩兩相互比較三次,也就是 AB(即甲線)、BC(即乙線)、AC(即丙線)的群體比較,但這樣的比較方式並不經濟。然而,若使用單因子變異數分析(one-way analysis of variance, ANOVA)或稱為 F 檢定,即可以透過一次計算來比較三者之間在平均數上的差異。

圖 13-1　變異數分析示意圖

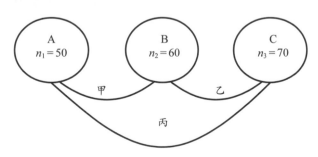

　　以兩組進行平均數 t 檢定時，它的公式在分子為兩組平均數之差異，或前後測平均數之差異。為什麼三組以上的平均數檢定就稱為變異數分析呢？明明也是不同組別的平均數差異檢定，為什麼要稱為變異數分析呢？若仔細閱讀本章之後就會發現，它實際在檢定平均數的統計顯著水準，關心哪些變異數有差異，而此變異數係由該組每一個樣本數值與該組平均數的差之平方所獲得，因而在計算全體樣本所要比較平均數的變異情形，並著重在整體變異數等於組內及組間變異數。若僅有一個自變項，其因子在三個以上（含三個）水準或類別，所進行的就是單因子變異數分析。如果同時考慮兩個自變項（各有多個水準）對於一個依變項檢定，就是二因子變異數分析。

　　運用變異數分析來進行三組（含）以上的平均數差異檢定，主要優點在於可減少第一類型錯誤機率。以圖 13-1 來說，若運用獨立樣本平均數 t 檢定，需要進行三次才可以完成兩兩比較；假若每一次檢定都設定拒絕虛無假設的犯錯機率為 5%，那麼三次比較之後，第一類型錯誤的機率就會比 5% 還要高。當然，以獨立樣本平均數 t 檢定來兩兩完成比較，也沒有考量到樣本檢定的整體概念；相對的，F 檢定是將各組的數值進行整體檢定，當 F 檢定達到統計顯著水準之後，再進行各組平均數的差異比較，如此可避免多次比較所造成錯誤機會的增加。

　　當研究者要瞭解不同班別（例如：甲班、乙班、丙班等）對於某一個變項平均數（例如：小朋友每天的零用錢多少、身高、體重、學業成就等）的平均數差異，即稱為單因子變異數分析。如果研究者分析的教育現象為多類別的變數，也就是有多個自變項，欲檢定其樣本平均數的差異，即為多因子變異數分析。變異數分析與平均數 t 檢定一樣有重複量數（相依樣本）、獨立樣本，它們在樣本特性下的統計公式及計算方法也有不同。

貳、原理

一、基本假定

變異數分析的基本假設，包括了資料的常態性、獨立性、變異數同質性、隨機性、可加性。常態性是指，變異數分析需處理超過三個以上的平均數，需假設樣本是抽取自常態化母群體，當樣本數愈大，常態化的假設愈不易違反；獨立性是指，被抽取的樣本是相互獨立。此外，多個樣本平均數的比較必須建立在樣本的其他參數保持恆定基礎上，如果樣本變異數不同質，將造成推論偏誤，此也就是樣本變異數同質性假設，在上一章平均數 t 檢定時，SPSS 報表列出 Levene's 檢定，它在瞭解變異數同質性，其檢定包括同質（equal variances assumed）及不同質（equal variances not assumed）的 t 值及 p 值。在單因子變異數分析亦需要先檢定此項，在 SPSS 變異數分析的視窗中，選項 (O)有一個變異同質性檢定（homogeneity of variance test），勾選後會跑出報表（Test of Homogeneity of Variances）。如果有達到統計顯著水準，代表兩群樣本是不同質；反之，如果沒有達到統計顯著水準，代表同質。如果不同質，這時候要再跑一次單因子變異數分析，但在 選項 勾選 Brown-Forsythe 或 Welch 統計量來檢定平均數（robust tests of equality of means），因為這兩者都呈現 F 分配，不需要有變異數同質性假設。如果經過檢定之後，變異數同質性沒有達到統計顯著水準，代表是同質，再進行事後比較，事後比較的方法很多，如薛費法、杜凱法等。若是不同質，在事後比較的各組人數少於 50，選用 Dunnett's T3；各組人數大於 50，改用 Games-Howell 會比 Dunnett's T3 法準確。隨機性是指，樣本抽取的機率均相同，不會有樣本被抽中的機會不一的可能。而可加性是指，在變異數分析中，樣本的總變異數等於組間的變異數加上組內的變異數。

二、檢定步驟

在進行 F 值檢定時，研究者依據研究問題、提出研究假設、決定統計方法、界定統計顯著水準大小，以及依組間與組內的自由度計算出 F 值，也就是要進行查表，讀者可以查閱**附表 F**。當變異數分析 F 檢定達到 .05 或 .01 的統計顯著水準（依研究者設定的標準），表示至少有兩組或兩組以上的平均數有差異存在，但究竟哪些組別之間有差異，就需要進行事後比較。事後比較的方法有很多，包括杜凱氏 HSD 法（Turkey Honestly Significant Difference Method）、紐曼—柯爾法（Newman-Keuls Method）、薛費法，其中前兩種方法使用的前提是各組人數均相同，後者是各組人數不相同時。

在進行事後比較時，若所使用的事後比較方法為薛費法，常會產生 F 值檢定顯著，但是以薛費法比較卻是兩個類別之間無法達到顯著差異。此時，研究者不宜過度緊張，這可能是薛費法對於事後比較的使用前提是各組人數不等，有些組別的人數太多，而有些組別的人數太少所致，研究者可以嘗試使用其他的事後比較法。然而，若不同組別的樣本數差異太大，例如：A 組人數為 400 名，B 組為 100 名，而 C 組為 3 名，各組樣本數差異大，變項的集中趨勢及分散程度亦大，此時就應考量 C 組的樣本宜併組或不予納入分析，或可改善上述情形。

如以大樣本來說明單因子變異數分析，如表 13-1 所示。

表 13-1　變異數分析的平均數

樣本	變項				全體
	水準 1	水準 2	……	水準 j	
受試 1	X_{11}	X_{12}	……	X_{1j}	
受試 2	X_{21}	X_{22}	……	X_{2j}	
⋮	⋮	⋮	……	⋮	
受試 i	X_{i1}	X_{i2}	……	X_{ij}	
樣本數	i	i	i	i	ij
X 的平均數	$X_{.1}$	$X_{.2}$	……	$X_{.j}$	X_G

用數學符號的公式表示如下：

$$X_{ij} = \mu + \beta_j + \varepsilon_{ij} \qquad\qquad (13\text{-}1)$$
$$= 總平均 + 主要效果 + 誤差$$

主要效果是指實驗處理對依變項改變的效應。

$$X_{ij} = \overline{X} + (\overline{X}_{\cdot j} - \overline{X}) + (X_{ij} - \overline{X}_{\cdot j})$$
$$(X_{ij} - \overline{X}) = (\overline{X}_{\cdot j} - \overline{X}) + (X_{ij} - \overline{X}_{\cdot j})$$
$$\sum_{j=1}^{k} \sum_{i=1}^{n} (X_{ij} - \overline{X})^2 = \sum_{j=1}^{k} \sum_{i=1}^{n} [(\overline{X}_{\cdot j} - \overline{X}) + (X_{ij} - \overline{X}_{\cdot j})]^2$$
$$SS_t = SS_b + SS_w$$

三、實例計算

以下的例子說明單因子變異數分析的原理及計算步驟。研究者欲瞭解 30 位學生（分為三組，每組 10 人）分別接受傳統教學法、啟發式教學法及戶外教學法之後，他們的國語文成績是否有所不同。各組學生接受三種教學法後的成績如表 13-2 所示。以下以該表說明 ANOVA 的檢定過程。

（一）設定研究問題

本題在瞭解三種教學法的學生成績是否有明顯的不同？

（二）提出研究假設

研究者提出對立假設 H_1 與虛無假設 H_0。因三種教學法無法得知會有無不同，顯然在假設認定上是沒有方向性的。同時有三組以上，每一組都需要有對立假設，需要寫三次以上的對立假設，在兩兩組別之間的研究假設並不好敘寫，因此假設的寫法如下：

表 13-2　各 10 名學生在三種教學法的國語文成績

樣本	變項			全體
	傳統教學法	啟發式教學法	戶外教學法	
1	6	8	7	
2	7	9	8	
3	5	7	6	
4	3	5	4	
5	4	7	5	
6	5	7	6	
7	6	8	7	
8	8	8	8	
9	2	6	5	
10	5	6	5	
樣本數	10	10	10	30
X 的平均數	5.10	7.10	6.10	6.10
X 的標準差	1.79	1.20	1.37	1.65

$H_0：\mu_1=\mu_2=\mu_3$

$H_1：\mu_1\neq\mu_2\neq\mu_3$　　　（其中有二組明顯不同即可）

（三）選用統計方法

本題在分析三種教學法的差異性。由於母群體標準差（σ）均未知，且是一種獨立樣本單因子變異數分析，其估算過程如下：

1. 計算SS_t。t 代表全部的變異量。ANOVA 的總變異數等於組間變異數加上組內變異數。ANOVA 具有線性及可加性，其表示方式如下：

$$SS_t = SS_b + SS_w$$

其中，$SS_t = \Sigma\Sigma(X_{ij} - X_G)^2$，式中的 X_{ij} 代表各樣本數值；X_G 代表全部樣本的平均數。所以，$SS_t = (6-6.1)^2 + (7-6.1)^2 + (5-6.1)^2 + \cdots\cdots + (5-6.1)^2 + (5-6.1)^2 = 78.7$。

2. 計算 SS_b。b 代表組間（between groups）變異量。$SS_b = \Sigma n_j(X_{\cdot j} - X_G)^2$，其中 n_j 代表各組的人數；$X_{\cdot j}$ 為各組的平均數；X_G 為全部樣本的平均數。所以，$SS_b = 10\times(5.1 - 6.1)^2 + 10\times(7.1 - 6.1)^2 + 10\times(6.1 - 6.1)^2 = 20.0$。

3. 再計算 SS_w。w 代表組內（within groups）變異量。$SS_w = \Sigma\Sigma(X_{ij} - X_{\cdot j})^2$，其中 X_{ij} 代表各樣本數值；$X_{\cdot j}$ 為各組的平均數。所以，$SS_w = (6 - 5.1)^2 + (7 - 5.1)^2 + (5 - 5.1)^2 \cdots\cdots + (8 - 6.1)^2 + (5 - 6.1)^2 + (5 - 6.1)^2 = 58.7$。

4. 求組間及組內自由度。$df_t = df_b + df_w$，也就是組間自由度為 $j - 1$，j 為組數，而組內自由度為 $j\times(n-1)$，n 代表各組的人數；$N-1$ 則為總自由度，其中 N 代表總樣本數。以本例來說，總自由度為 29，組間自由度為 2，組內自由度為 27。

5. 計算 MS_b 和 MS_w 數值。

$$MS_b = \frac{SS_b}{df_b} = \frac{n\Sigma(\bar{X}_{\cdot j} - \bar{X})^2}{k - 1}$$

$$MS_w = \frac{SS_w}{df_w} = \frac{\Sigma\Sigma(X_{ij} - \bar{X}_{\cdot j})^2}{k(n-1)}$$

以本例來說，$MS_b = \dfrac{20}{2} = 10$；$MS_w = \dfrac{58.7}{27} = 2.174$。

6. 計算 F 值。

$$F = \frac{MS_b}{MS_w} = \frac{\dfrac{SS_b}{df_b}}{\dfrac{SS_w}{df_w}} = \frac{10}{2.174} = 4.60$$

（四）宣稱犯錯機率

宣稱願冒第一類型錯誤大小，並劃定拒絕區。研究者將犯第一類型錯誤的機率設定為 $\alpha = .05$。

（五）裁決與解釋

從上述得知，$F = \dfrac{10}{2.174} = 4.60$，經過查表 $F_{.05(2,27)，單尾} = 3.35$，計算值大於查附**表 F** 的 F 值，落入拒絕區，故拒絕虛無假設，接受對立假設，如圖 13-2 所示。這表示三種教學法之間顯著不同，至於是傳統與啟發式教學法、啟發式與戶外教學法，或是傳統與戶外教學法之間的差異，就要進行事後比較。然而，這結果的推論仍有 5% 的犯錯機率。

為了讓上述計算出來的數值容易閱讀，將所得到的分析結果整理為單因子變異數分析摘要，如表 13-3 所示。

圖 13-2 F 檢定裁決結果

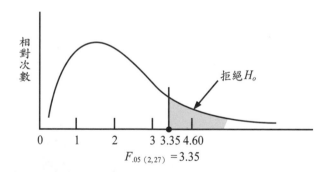

表 13-3 單因子變異數分析摘要

變異來源	SS	df	MS	F 值
組間	20.0	2	10.0	4.60*
組內（誤差）	58.7	27	2.174	
總和	78.7	29		

$*p < .05.$

（六）進行事後比較

在本例中，不同的教學法有顯著差異，然而究竟哪些方法之間的國語文成績有明顯差異，則需要進行事後比較。在本章的原理已指出，事後比較方法很多，其中杜凱氏 HSD 法（HSD 法）與紐曼—柯爾法（N-K 法）用於差距考驗（studentized range test），其運用時機必須是要比較的每組人數都相等；而薛費法則運用在所比較的各組人數不同。本例的各組人數相同，因此選用 HSD 法進行比較，其檢定的公式如下：

$$q_t = \frac{b_m - b_n}{\sqrt{\dfrac{MS_w}{n}}} \tag{13-2}$$

式中，b_m 與 b_n 分別代表所要比較的兩組平均數；MS_w 則是組內均方和；n 為樣本數。上述計算出來的數值之比較標準為 $q_{1-\alpha\,(k,N-k)}$，其中 k 為組數，$N-k$ 為組內誤差的自由度（dfs_w），以本例來說，若宣稱犯錯機率為 .05，則 $q_{.95\,(3,27)}$。依據上述原理，事後比較計算如下：

1. 啟發式法與傳統法的比較：

$$q_1 = \frac{7.1 - 5.1}{\sqrt{\dfrac{2.174}{10}}} = 4.29*$$

2. 戶外法與傳統法的比較：

$$q_2 = \frac{6.1 - 5.1}{\sqrt{\dfrac{2.174}{10}}} = 2.15$$

3. 啟發式法與戶外法的比較：

$$q_3 = \frac{7.1 - 6.1}{\sqrt{\dfrac{2.174}{10}}} = 2.15$$

　　上述為計算值，若查附表G（ q 分配表），組間及組內自由度各為 3 與 27，而 q 表的組內自由度僅有 24 與 30，沒有 27，但自由度 24 與 30 加起來再除以 2 等於 27，查表值也是兩者相加除以 2 的數值。 $q_{.95\,(3,27)}=3.51$ ，可以看出，啟發式法與傳統法比較的 q_1 計算值大於查表值，代表啟發式法的國語文成就明顯高於傳統教學法，然而戶外法與傳統法（ q_2 ），以及啟發式法與戶外法（ q_3 ）則是小於查表值，代表它們在國語文成就上並沒有明顯不同。不過，這樣的比較結果，在 100 次中仍有 5 次的犯錯機率。

　　總之，在變異數分析中， F 值的分母項代表誤差項，而分子項代表實驗處理效果項，如果誤差項愈小，而實驗處理效果項愈大， F 值可能就會達到顯著。此外， F 檢定有兩個特殊情形：若 $F=0$ ，代表各組平均數完全相等，此時總變異數全為實驗誤差所造成；若 $F=1$ ，組間變異數等於組內變異數，必須接受虛無假設，即 $H_0:\mu_1=\mu_2=\mu_3$ ，代表這三組平均數之間，沒有達到統計顯著差異。

第二節　操作與解說

壹、操作

　　茲以本書範例檔為例，以不同職務在校長遴選影響進行變異數分析，SPSS 的操作步驟如下：

1. 在 SPSS 視窗中開啟資料。
2. 在功能列中，依序點選 分析 (A) → 比較平均數法 (M) → 單因數變異數分析 (O)。

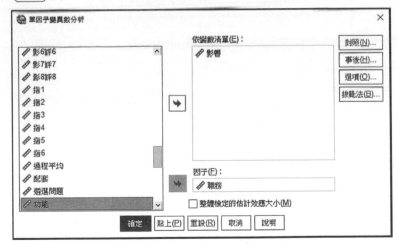

3. 接著，在「單因子變異數分析」視窗中，點選欲分析的 依變數清單 (E)
和 因子 (F)，本題的依變數為影響；因子為職務。

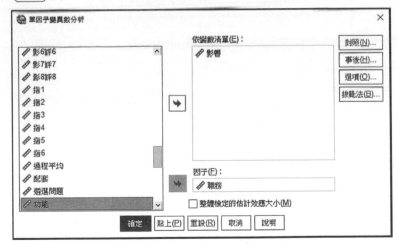

4. 點選 對照 (N) 之後,會出現「單因子變異數分析:對照」視窗,勾選 多項式 (P),接著按 繼續 (C)。

單因子變異數分析:對照	✕

☑ 多項式(P)   度(D): 線性 ▼

對照 1/1

上一個(V)   下一個(N)

係數(O): [   ]

新增(A)
變更(C)
移除(M)

係數總計: 0.000

繼續(C)   取消   說明

5. 返回「單因子變異數分析」視窗,點選 事後 (H),會出現「單因子變異數分析:事後多重比較」視窗,勾選 Scheffe 法 ,接著按 繼續 (C)。

單因子變異數分析:事後多重比較	✕

假設相等的變異

☐ LSD   ☐ S-N-K   ☐ Waller-Duncan 檢定
☐ Bonferroni   ☐ Tukey   類型 I/類型 II 錯誤比例: [100]
☐ Sidak 檢定   ☐ Tukey's-b   ☐ Dunnett
☑ Scheffe 法   ☐ Duncan   控制種類(Y): 最後一個
☐ R-E-G-W F   ☐ Hochberg's GT2   檢定
☐ R-E-G-W Q   ☐ Gabriel 檢定   ◉ 雙邊(2) ○ < 控制(O) ○ > 控制(N)

未假設相等的變異

☐ Tamhane's T2   ☐ Dunnett's T3   ☑ Games-Howell 檢定   ☐ Dunnett's C

虛無假設檢定

◉ 使用與選項中的設定相同的顯著性水準 [alpha]
○ 為事後檢定指定顯著性水準 [alpha]
    水準(V): [0.05]

繼續(C)   取消   說明

6. 返回「單因子變異數分析」視窗，點選 選項(O)，會出現「單因子變異數
數分析：選項」視窗，勾選 敘述統計 (D)、變異數同質性檢定 (H)、
Brown-Forsythe，接著按 繼續(C)。注意，也有選 Scheffe，但因為本例並
沒有變異數同質性，所以事後比較法改用 Brown-Forsythe。

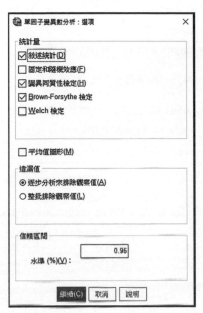

7. 以下即是跑出來的結果。

單因子

敘述統計

影響

	N	平均值	標準差	標準誤	平均值的 95% 信賴區間 下界	上界	最小值	最大值
國中小教師	226	2.3888	0.55417	0.03686	2.3162	2.4615	1.00	4.00
國中小主任 或組長	142	2.4921	0.56908	0.04776	2.3977	2.5865	1.00	4.00
現任校長	23	2.5054	0.71358	0.14879	2.1969	2.8140	1.13	3.75
退休校長	9	1.6389	0.14583	0.04861	1.5268	1.7510	1.38	1.88
總計	400	2.4153	0.57679	0.02884	2.3586	2.4720	1.00	4.00

變異數的同質性測試

		Levene 統計量	df1	df2	顯著性
影響	根據平均數	3.611	3	396	0.013
	根據中位數	3.272	3	396	0.021
	根據中位數,且含調整 的自由度	3.272	3	381.039	0.021
	根據修整的平均數	3.582	3	396	0.014

變異數分析

影響

			平方和	df	均方	F	顯著性
群組之間	（合併）		6.608	3	2.203	6.915	0.000
	線性項	未加權	4.587	1	4.587	14.402	0.000
		加權	0.176	1	0.176	0.551	0.458
		偏差	6.432	2	3.216	10.097	0.000
組內			126.133	396	0.319		
總計			132.741	399			

平均值等式穩健檢定

影響

	統計資料[a]	df1	df2	顯著性
Brown-Forsythe	7.837	3	65.153	0.000

a. 漸近分佈 F 值。

事後檢定

多重比較

依變數：

	(I) 職務	(J) 職務	平均值差異 (I-J)	標準誤	顯著性	95% 信賴區間	
						下界	上界
Scheffe 法	國中小教師	國中小主任或組長	-0.10325	0.06044	0.405	-0.2729	0.0664
		現任校長	-0.11661	0.12352	0.828	-0.4634	0.2302
		退休校長	.74994*	0.19183	0.002	0.2114	1.2885
	國中小主任或組長	國中小教師	0.10325	0.06044	0.405	-0.0664	0.2729
		現任校長	-0.01336	0.12685	1.000	-0.3695	0.3428
		退休校長	.85319*	0.19399	0.000	0.3085	1.3978
	現任校長	國中小教師	0.11661	0.12352	0.828	-0.2302	0.4634
		國中小主任或組長	0.01336	0.12685	1.000	-0.3428	0.3695
		退休校長	.86655*	0.22190	0.002	0.2436	1.4895
	退休校長	國中小教師	-.74994*	0.19183	0.002	-1.2885	-0.2114
		國中小主任或組長	-.85319*	0.19399	0.000	-1.3978	-0.3085
		現任校長	-.86655*	0.22190	0.002	-1.4895	-0.2436
Games-Howell 檢定	國中小教師	國中小主任或組長	-0.10325	0.06033	0.320	-0.2591	0.0526
		現任校長	-0.11661	0.15329	0.871	-0.5385	0.3053
		退休校長	.74994*	0.06101	0.000	0.5789	0.9210
	國中小主任或組長	國中小教師	0.10325	0.06033	0.320	-0.0526	0.2591
		現任校長	-0.01336	0.15627	1.000	-0.4413	0.4146
		退休校長	.85319*	0.06814	0.000	0.6677	1.0387
	現任校長	國中小教師	0.11661	0.15329	0.871	-0.3053	0.5385
		國中小主任或組長	0.01336	0.15627	1.000	-0.4146	0.4413
		退休校長	.86655*	0.15653	0.000	0.4373	1.2958
	退休校長	國中小教師	-.74994*	0.06101	0.000	-0.9210	-0.5789
		國中小主任或組長	-.85319*	0.06814	0.000	-1.0387	-0.6677
		現任校長	-.86655*	0.15653	0.000	-1.2958	-0.4373

*. 平均值差異在 0.05 層級顯著。

貳、解說

在進行不同職務於校長遴選影響進行單因子變異數分析之後，發現 Levence 統計量，根據平均數為 3.611，達到 $p < .05$，代表這四組人員在遴選影響之數值是不同質。因此，在事後比較不宜使用同質的方法（如 Scheffe 法），而是應該使用不同質的方法檢定，例如：以 Brown-Forsythe 法，而在事後比較法亦應用不同質的方法檢定，例如：以 Games-Howell 檢定法來比較。本題經過 Brown-Forsythe 法檢定，其數值為 7.837，達到 $p < .01$，茲將結果整理如表 13-4 所示。從表中可看出，不同職務在校長遴選影響之 F 值達到 $p < .01$，但因為各組不同質，所以用 Brown-Forsythe 法檢定，其數值為 7.837，達到 $p < .01$，經過 Games-Howell 法事後比較發現，退休校長在遴選影響比起國中小教師、主任或組長、現任校長有較同意的看法。

表 13-4　校長遴選影響在職務上的差異

| 職務 | 人數 | 平均數 | 標準差 | 變異數分析摘要 | | | | | 事後比較 |
				變異來源	SS	df	MS	F值	
1	226	2.39	.55	組間	6.61	3	2.20	6.92**	1 > 4**
2	142	2.49	.57	組內	126.13	396	.32		2 > 4**
3	23	2.51	.71	總和	132.74	399			3 > 4**
4	9	1.64	.15						
總和	400	2.42	.58						

註：職務代號：1 教師；2 主任或組長；3 現任校長；4 退休校長。
**$p < .01$.

◎問題

　　本章介紹的變異數分析一再強調是直線式模型，其變異量具有可加性。變異量可加性是指，變異數分析假定為直線性的情況，即總變異量＝組間變異量＋組內變異量，若是二次式或三次式則不具有可加性。在 SPSS 軟體中，如何運用「一般線性模式」來分析三組以上的平均數差異呢？茲以上述例子為例，若要瞭解「不同職務」在校長「遴選功能」的差異，應該如何操作呢？

◎操作

　　據上述題意，其操作方式如下：在 SPSS 視窗的功能列中，依序點選分析(A)→ 一般線性模型 (G)→ 單變異數 (U)，會出現「單變量」視窗，再將「功能」選入 應變數 (D)，「職務」選入 固定因子 (F)中，再選取 事後 (H)，會出現「單變量：觀察到的平均值的事後多重比較」視窗，將職務選入此項目的事後檢定(P)，再勾選 Scheffe，按 繼續 (C)，回到原視窗，再選取 EM 平均值 (O)，會出現「單變量：估計邊際平均值」視窗，將左邊的職務及（OVERALL）選入顯示此項目的平均值(M)，按 繼續 (C)後，返回上一個視窗，接著勾選 選項 (O)，在出現的「單變量：選項」視窗中選取 效應大小的估計值 (E)以及 同質性檢定 (H)，按 繼續 (C)後，返回上一個視窗，最後按 確定，就可以跑出數值。

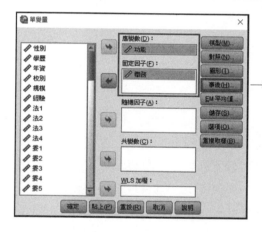

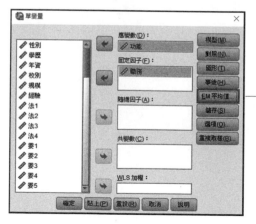

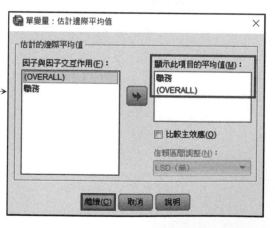

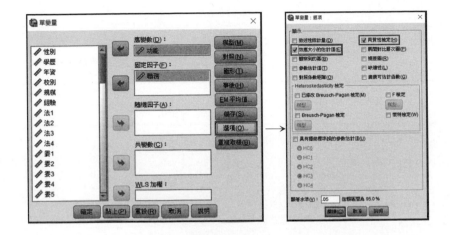

◎解說

　　經過檢定後，原始報表如表 13-5（顯示各組人數）、表 13-6（顯示各組沒有同質性，因為受試者間效應項的檢定達到統計顯著水準）、表 13-7、表 13-8（總平均數），以及表 13-9（各組平均數）所示。以表 13-7 的「受試者間效應項的檢定」來看，不同職務在「依變數：功能」的 F 值為 .651，並沒有達到 .05 的統計顯著水準，因此並沒有進行事後比較（讀者可以參考表 13-4 的「遴選功能」的 F 值，兩者一樣）。在表 13-7 最右邊「淨相關 Eta 平方」（Partial Eta Squared, η^2），在說明兩個變項相關程度的效果量。η^2 愈大，代表自變項對依變項就愈重要。若 .01 ≤ η^2 < .058 為小效應量，.058 ≤ η^2 < .138 為中效應量，.138 ≤ η^2 為大效應量，本例為小效應量。此效應量的評估，在二因子變異數分析還會出現，如以上一節的單因子變異數分析操作方式則無法獲得此數值，需要在一般線性模式跑才有此資訊。

表 13-5　受試者間因子

		個數
職務	1.00	226
	2.00	142
	3.00	23
	4.00	9

表 13-6　誤差變異量的 Levene 檢定等式 [a]

依變數：功能

F 檢定	分子自由度	分母自由度	顯著性
4.538	3	396	.004

註：檢定各組別中依變數誤差變異量的虛無假設是相等的。

a. 設計：Intercept ＋職務。

表 13-7　受試者間效應項的檢定

依變數：功能

來源	型 III 平方和	自由度	平均 平方和	F 檢定	顯著性	淨相關 Eta 平方
校正後的模式	.569[a]	3	.190	.651	.583	.005
截距	330.954	1	330.954	1135.550	.000	.741
職務	.569	3	.190	.651	.583	.005
誤差	115.414	396	.291			
總和	1420.547	400				
校正後的總數	115.983	399				

a. R 平方＝.005（調過後的 R 平方＝-.003）。

表 13-8　估計的邊際平均數： 1.總平均數

依變數：功能

平均數	標準誤	95% 信賴區間	
		下限	上限
1.853	.055	1.745	1.961

表 13-9 估計的邊際平均數： 2.職務（各組平均數）

依變數：功能

職務	平均數	標準誤	95% 信賴區間	
			下限	上限
1.00	1.810	.036	1.740	1.881
2.00	1.790	.045	1.701	1.879
3.00	1.772	.113	1.550	1.993
4.00	2.042	.180	1.688	2.395

CHAPTER 14

迴歸分析

第一節　基本原理

壹、用途

　　積差相關係數在分析社會現象之中，變項與變項之間的相關性。然而，社會科學研究常要瞭解究竟哪些因素可以預測學生的學業成就？哪些因素可以預測國家的教育經費投資？哪些因素可以有效預測學生能否進入大學？哪些因素對依變項具有預測力？研究者要掌握社會現象的未來表現、預測未來，多元迴歸分析可以提供這項功能。社會科學研究主要目的有描述、解釋、預測及控制，對於社會現象預測的研究，可以透過迴歸分析來達成。簡言之，迴歸分析提供研究者對於某一個現象的預測。若以圖 14-1 來表示，研究者所要納入的 A、B、C 變項，又稱為自變項或預測變項，而 D 代表依變項或解釋變項，研究者要瞭解 A、B、C 三個自變項，哪一項對於變項 D 最具有預測力，或是 A、B、C 三個自變項對於變項 D 的總預測力有多少。

　　迴歸分析大致可區分為：(1)線性迴歸（linear regression），它是自變項與依變項形成直線關係的分析；(2)非線性迴歸（nonlinear regression），它是自變項與依變項形成非直線關係者的分析，如二次曲線、三次曲線者；(3)邏輯式迴歸分析（logistic regression analysis）：它的依變項為名義變項或等級變項，而自變項可以為連續變項與類別變項，與本節的迴歸分析之依變項為連續變項不同。本章僅說明線性迴歸分析，讀者如有興趣瞭解非線性迴歸分析，可參考相關書籍。

圖 14-1 迴歸分析示意圖

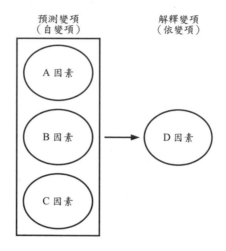

預測變項
（自變項）

解釋變項
（依變項）

A 因素

B 因素

C 因素

D 因素

貳、原理

一、簡單迴歸分析

　　迴歸分析探討多個變項的線性關係，以找出自變項及依變項之間的關係。迴歸分析有簡單迴歸分析與多元迴歸分析之區分，前者是一個自變項與一個依變項所構成的線性模式，屬於單變項統計分析，例如：根據高中成績（連續變項）來預測大學入學考試成績（連續變項），高中成績（X）是用來預測的變項，叫做預測變項；大學入學考試成績（Y）是被預測的變項，叫做效標變項。像這樣以 X 來預測 Y，就叫做簡單迴歸分析。而後者是一個依變項，而有多個自變項所形成的線性關係，例如：學生的家庭社經地位、課後補習時間、同儕關係、師生互動時間等四個自變項，對學習成就（依變項）影響所形成的線性關係。簡單迴歸分析以直線方式表示如下：

$$\widehat{Y} = a + bX \tag{14-1}$$

式中，$\widehat{Y}$ 為依變項（又稱為解釋變項）；

  a 為截距；

  b 為斜率：X 每變動一單位，Y 伴隨的變動量；

  X 為自變項（又稱為預測變項）。

  直線迴歸就是要讓 $\Sigma(Y-\widehat{Y})^2$ 最小，因為兩變項間的函數關係假定為直線。研究者在二度空間中，設法找出一直線，使各點至此線之平行於 Y 軸的距離平方和要最小，稱為最小平方法（method of least square）。這其中要計算出 a、b 值。因為 $\Sigma(Y-bX-a)^2$ 要最小，經過微分之後，獲得 a、b 值的公式如下：

$$b_{y.x} = \frac{\Sigma XY - (\dfrac{\Sigma X \Sigma Y}{N})}{\Sigma X^2 - \dfrac{(\Sigma X)^2}{N}} \tag{14-2}$$

$$a_{y.x} = \overline{Y} - b_{y.x}\overline{X} \tag{14-3}$$

  式中，N 代表樣本數。以下運用第 9 章表 9-1 之例子，來說明簡單迴歸分析的計算步驟。研究者要瞭解 10 名高中生的高中成績是否能預測大學入學考試成績，高中成績及大學入學考試成績如表 14-1 所示。如果將資料代入公式 14-2，如下，得到 $b_{y.x}=.739$，而 $a_{y.x}=24.617$。因此，迴歸方程式為：$\widehat{Y}=24.617+.739X$。

$$b_{y.x} = \frac{63575 - \dfrac{770 \times 815}{10}}{60400 - \dfrac{(770)^2}{10}} \doteq 0.739$$

$$a_{y.x} = 81.5 - 0.739 \times 77 = 24.617$$

表 14-1 10 名高中生的高中成績與大學入學考試成績

學生	高中成績 (X)	大學入學考試成績 (Y)	預測值 ($\hat{Y}$)	原始值－平均值 $(Y-\bar{Y})=(SS_t)$	預測值－平均值 $(\hat{Y}-\bar{Y})=(SS_{reg})$	原始值－預測值 $(Y-\hat{Y})=(SS_{res})$
A	85	90	87.40991	8.5	5.90991	2.59009
B	60	75	68.94144	-6.5	-12.55860	6.05856
C	75	85	80.02252	3.5	-1.47748	4.97748
D	80	85	83.71622	3.5	2.21622	1.28378
E	65	70	72.63514	-11.5	-8.86486	-2.63514
F	70	65	76.32883	-16.5	-5.17117	-11.32880
G	80	85	83.71622	3.5	2.21622	1.28378
H	95	90	94.79730	8.5	13.29730	-4.79730
I	90	95	91.10360	13.5	9.60360	3.89640
J	70	75	76.32883	-6.5	-5.17117	-1.32883
和（Σ）	770	815	815	0	1E-05	-1E-05
平方和	60400	67275	67028.25	852.5	605.77	246.74
平均數	77.00 ($\bar{X}$)	81.50 ($\bar{Y}$)				
標準差	11.11 (s_1)	9.73 (s_2)				

註：表中-1E-05 代表小數點取五位。

上述是斜率與截距的計算過程，其實研究者一開始如果沒有找到每位學生的高中成績，與預測他們的大學入學考試成績的最小平方法所得到的值（$\hat{Y}$），此時研究者會以大學入學考試成績的平均數，即表 14-1 中的平均數 81.50（$\bar{Y}$）做為猜測學生的成績。為什麼呢？因為用平均數來推測大學入學考試成績，所造成的誤差比較小，在集中量數提到，平均數是一組數值的集中情形，用此一集中的數值來推測，比起僅用一位學生的分數來猜測大學入學考試成績的誤差還要小。實際上，每位學生大學入學考試原始成績（Y）就會有猜測的誤差（$Y-\bar{Y}$），如圖 14-2 所示，一個人有一個猜測誤差，而 10 個人就有 10 個猜測誤差，N 個人就有 N 個猜測誤差。這些猜測誤差也運用離均差平方和的概念將它們加總起來，也就是 $\Sigma(Y-\bar{Y})^2$，稱為總離均差平方和或是總變異量，以 SS_t 代表。然而，原始分數，也就是每位學生大學入學考試成績（Y），與以最小平方法得到的預測值（$\hat{Y}$），兩者之間的差距（$Y-\hat{Y}$），稱之為殘差或預測誤差。如同總變異量一樣，如果一個人有一誤差，10 個人就有 10 個誤差，N 個人就有 N 個誤差。若將 N 個預測誤

差的平方和相加起來，以 $\Sigma(Y-\widehat{Y})^2$ 表示，它就是殘差的平方和，這是研究者無法解釋的變異量，以 SS_{res} 代表；如果再把預測值($\widehat{Y}$)與平均數($\overline{Y}$)相減，每個人會有一個差距，把這些人差距的平方加起來，即 $\Sigma(\widehat{Y}-\overline{Y})^2$，代表迴歸離差平方和，也稱為自變項，可以解釋依變項的變異量，以 SS_{reg} 來代表。

以下再將幾個名詞確認一次：總變異(SS_t)＝總離均差平方和，被解釋變異(SS_{reg})＝迴歸離均差平方和，非被解釋變異(SS_{res})＝殘差平方和。因此，簡單迴歸分析為直線的關係，其表示方式如下：

$$SS_t \quad = \quad SS_{reg} \quad + \quad SS_{res}$$
總變異　＝　被解釋變異　＋　非被解釋變異（誤差）

$$\Sigma(Y-\overline{Y})^2 \quad = \quad \Sigma(\widehat{Y}-\overline{Y})^2 \quad + \quad \Sigma(Y-\widehat{Y})^2$$
總離均差平方和＝迴歸離均差平方和＋殘差平方和

以上例來說，852.5 = 605.77 + 246.74

迴歸分析要掌握的重點之一是決定係數大小，它是用來表示在效標變項(Y)的總變異中，由預測變項(X)解釋部分所占的百分比，以 R^2 來表示，若運用公式表示如下：

$$R^2 = 1 - \frac{SS_{res}}{SS_t} = \frac{SS_{reg}}{SS_t}$$（14-4）

以上例來說，$R^2 = \frac{605.77}{852.5} = .711$。而疏離係數係在變項 X、預測變項 Y 的迴歸分析中，用以表示點與迴歸直線疏離的程度，以 $\sqrt{1-\gamma^2}$ 表示。簡言之，研究者期望迴歸離均差平方和愈大愈好，或可以解釋的變異愈大愈好，這樣預測才正確；相對的，殘差平方和愈小愈好，這表示估計標準誤愈小愈好。

為讓讀者更瞭解直線迴歸分析，以下將上例的 10 名學生資料，以座標軸方式呈現，如圖 14-2 所示。圖中的 45 度角的斜線即為最適迴歸線，也就是：$\widehat{Y}=24.617+.739X$。圖中每一個點代表一位學生的成績相對位置，而與 X 軸平行的線為 10 名學生的平均數線（也就是位在 81.5 分的位置）。

圖 14-2　10 名學生的最適迴歸直線

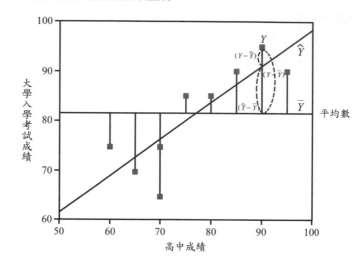

二、多元迴歸分析

（一）模式建立

　　多元迴歸分析是一個依變項與多個自變項所構成的線性模式。迴歸分析的自變項設定有其理論依據，不可依研究者個人喜好就將變項納入模式。如果要將自變項納入，需符合幾個條件：(1)依據理論基礎。自變項與依變項的關係應該合理，同時在研究者所建構的研究架構中，找出符合該議題的理論基礎，此時才可以納入模式，成為分析變項。就如人力資本理論認為，國家經濟成長除了受到國家擁有的土地大小、勞動力多寡、技術創新及資本存量影響之外，更有教育投資的因素，因此在迴歸模式設立時，需要將土地、資本、勞動力、技術創新與教育投資納入；(2)具實證經驗。現有的實證經驗是提供研究者在選用自變項的重要依據，研究者可以將現有研究已達顯著因素納入模式，這可減少嘗試錯誤或不知道要如何選用自變項的困擾；(3)依邏輯推理。研究者在閱讀相關文獻之後，選擇出

可能影響的變項；(4)參考專家意見。可以找尋專家提供的建議，透過專業背景與過去對該議題的掌握，選擇出重要變項。多元迴歸分析模式如下：

$$y = b_0 + b_1X_1 + b_2X_2 + b_3X_3 + b_4X_4 + \cdots\cdots + b_nX_n + e \qquad (14\text{-}5)$$

模式中的 e 為誤差項，必須符合三個條件：一是資料應呈現常態分配，如果為偏態或是不符合常態性，所檢定出來的結果亦很難推論；二是 e 具有變異數為同質性特性；三是各個 e 的數值之間應相互獨立，也就是誤差之間不能有關聯性存在。

迴歸方程式有兩種：一為標準化迴歸方程式；另一為未標準化迴歸方程式。兩者最大的差別在於標準化迴歸方程式受到納入變項標準化的影響，因此在迴歸方程式中缺乏截距項。此方程式沒有常數項，而各自變項的加權值 β（Beta），也稱為標準化迴歸係數（standardized regression coefficient）。

標準化的多元迴歸方程式如下：

$$y = \beta_1X_1 + \beta_2X_2 + \cdots\cdots + \beta_nX_n \qquad (14\text{-}6)$$

其中，$\beta_1\cdots\cdots\beta_n$ 為標準化迴歸係數。受到標準化的影響，各個 β 值介於 -1.0 與 1.0 之間，它可以相互比較其數值大小，如果數值愈大，代表對於該變項的權重愈大。表 14-2 β 一欄的四個數字中，各變項數值為 .47、.31、.16、.20，在標準化前提下，第一個數值最大，所代表的意義是它在這四個變項之中的預測力最大，而第三個數值最小，代表在四個變項中的預測力最小，同時在表中看出並沒有常數（截距）項，這是標準化迴歸方程式的重要特點之一。而未標準化迴歸方程式包括截距項及未標準化迴歸係數，方程式中的各加權值沒有標準化，所以相互比較數值大小不具意義。在 SPSS 軟體中，如果運用迴歸分析，結果檔都會呈現兩種迴歸方程式。

（二）迴歸分析步驟

迴歸分析的基本步驟如下：

首先，提出假設性的迴歸方程式。研究者需要對所要建構的模型先透過文獻大量的評閱，找出合理的自變項與依變項。所挑選出來的自變項或依變項須具有說服力，何者為依變項？何者為自變項？為何它們被定位為自變項或依變項？研究者應有合理的論證，切記不可以隨隨便便就認定自變項與依變項。

其次，評估資料符合基本假定。研究者將所蒐集到的資料，可能是透過調查、實驗研究，也可能是經由次級資料庫的資料，將資料篩選，投入 SPSS 之後，接著要瞭解資料是否符合迴歸分析的基本假定：(1)自變項與依變項為線性關係（linear relationship）：當 X 與 Y 的關係被納入研究之後，自變項與依變項要具有線性關係；(2)常態性（normality）：所有觀察值 Y 是常態分配，經由迴歸方程式所估計出的誤差項 e，即 X 預測的數值與實際 Y 值之間的差距，亦應呈現常態分配；實務上可以採用 Shapiro-Wilk 常態性檢定與殘差值的常態機率圖來檢定（請參見第 8 章）；(3)誤差獨立性（independence）：不同自變項 X 之間要獨立，而各自變項所產生的誤差之間應相互獨立，沒有自我相關（autocorrelation）的情形；在 SPSS 中有 Durbin-Watson（DW）值的功能來判斷；迴歸分析的自變項若為時間數列性質，對同一組樣本不同時間觀察（如第一季、第二季、第三季等），這種變項在不同時間點，容易有自我相關，需要以 DW 係數檢核，如果自變項不是時間數列，就可以不用 DW 係數評估；(4)誤差等分散性（homoscedasticity）：自變項 X 的誤差項，不僅要呈隨機化的常態分配，而其變異量應相等。如圖 14-3(a)，在不同 X 軸的水準之樣本分布點具有相同的變異量，相對的，圖 14-3(b)在 X 軸較小的水準，其樣本分布點的標準誤最小，而最右邊之樣本分布點的標準誤最大，代表這些水準下所散布的樣本點之數值並沒有相同的變異量。實務上可從標準化殘差和預測值的散布圖來判斷，若兩者大致沿著 0 線上下不規則散布（見本章操作後結果的圖），就符合誤差等分散性。在 SPSS 的迴歸分析中，可以從*ZPRED（標準化預測值）與*SRESID Studentized（Studentized 殘差值）的散布圖，做上述情形的判斷。

圖 14-3　迴歸分析的等分散性示意圖

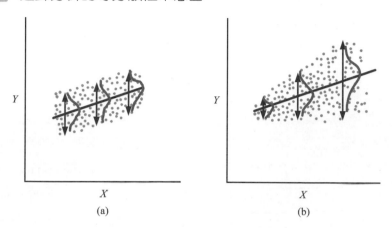

第三，針對整體的迴歸方程式及個別的迴歸係數進行檢定。前者從 F 值進行
檢定，後者對各個 β、e，甚至每一個自變項對依變項的估計進行檢定及預測力分
析。整體的迴歸方程模式檢定若達到統計顯著水準，代表所建立的迴歸方程模式
適配，反之，若沒有達到統計顯著水準，即代表模式不適配，就不需要個別檢定
自變項的估計參數，因整體檢定的 F 值沒有達到統計顯著水準，個別自變項之估
計參數檢定就沒有意義了。實務上，整體的 F 值檢定達到統計顯著水準，個別自
變項才可能達到統計顯著水準。然而，實際上常有的情形是：F 值達到統計顯著
水準，並不代表所有自變項都會達到統計顯著水準，例如：有四個自變項在迴歸
方程式中，可能僅有一個達到統計顯著水準，也可能二個、三個，甚至四個自變
項都達到統計顯著水準；但不太可能 F 值達到統計顯著水準，而自變項卻沒有達
到統計顯著水準。

第四，進行整體的迴歸模式校正。當然還要瞭解自變項多元共線性（multi-
collinearity）的問題，這部分請見後面說明。尤其是對於資料分析之極端值（out-
lier value）及影響值（influential value）應予以處理，許多資料會有一些特別大
的數值或特別小的數值，此時透過資料的散布圖來瞭解資料是否具有極端值在其
中，如果有，就需要考慮刪除，再進行迴歸分析。Hair 等（1998）指出，在迴歸

分析中常看到的影響值有幾種情形，如圖 14-4 所示。圖中的實線是有影響值的斜率，虛線為沒有影響值的斜率。圖 14-4(a)僅有兩個影響值在最右上方，其他的在左下方，沒有影響斜率，但卻影響整體的截距；圖 14-4(b)兩個極端值沒有影響到斜率，也就是實線與虛線同一條，兩者重疊，如果把這兩個極端值刪除之後，再進行迴歸分析，會有相同斜率；圖 14-4(c)的兩個影響值在右下方，如果刪除兩個影響值，兩條迴歸直線會呈現極端不同；圖 14-4(d)則是影響值與其他樣本呈現勻稱分配，但是兩條直線斜率一樣，有影響值的截距項較高；圖 14-4(e)的兩個影響值聚在一起，卻偏離多數樣本分布，使得兩條迴歸方程式的斜率不同；圖 14-4(f)則是兩個影響值分隔兩地，也偏離多數樣本分布，兩條迴歸方程式的斜率也不同。

圖 14-4　不同影響值的斜率表現

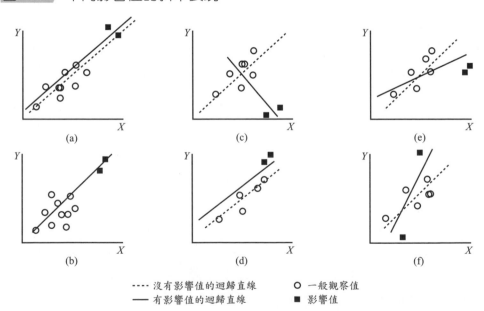

註：引自 Hair 等（1998, p. 56）。

　　其實影響值與極端值很難以區別，但兩者都會影響迴歸直線的斜率。在SPSS實務操作上，極端值可用標準化殘差值來檢核，若其絕對值在3以上，就代表有極端值；而影響值可用 Mahalanobis 距離值、Cook's 距離值、槓桿值（leverage value）來檢核。其中，Mahalanobis 距離值愈大，代表有極端值可能；Cook's 距離值若大於 $\frac{4}{N}$（N 為該次的樣本數），則可能有影響值；而槓桿值如果超過 $2 \times \frac{(k+1)}{N}$ 的值，代表有影響值（k 為自變項數，N 為樣本數）（Pedhazur, 1997）。

　　最後，對於各個變項間的意義進行解釋。自變項對依變項的解釋，可以透過迴歸模式中的模式平方和對總平方和之比值（稱為決定係數），以它的高低做為解釋依變項的程度。決定係數介於 0 與 1.0 之間，如果它的值愈高，代表自變項對依變項的解釋量愈多，也就是可以預測依變項的程度愈高。

　　研究者為了提高 R^2，以突顯出迴歸方程式的可信度，會想要不斷投入自變項，來增加模式的解釋力。但是一味增加自變項，並不一定能提高R^2，有可能會因為該自變項對依變項的影響力不大，或者是自變項之間有多元共線性，而無法增加自變項對依變項的解釋力。若不斷增加自變項，會增加自由度以及估計複雜性，只要多一個自變項，就多一個自由度。若過多的自變項要預測一個依變項，就會失去迴歸方程式的簡潔性。為了讓迴歸方程式不要有太多的自變項，以免過多自變項會增加自由度，於是可運用 R^2 公式（公式 14-4）納入自由度來對自變項數量加以控制，因而能得到調整後的決定係數（adjusted coefficient of determination），又稱為 Adjusted-R^2，簡稱 Adj-R^2，其公式如 14-7 所示。

$$\text{Adj-}R^2 = 1 - \left[\frac{\frac{SS_{res}}{df_{res}}}{\frac{SS_t}{df_t}} \right] \tag{14-7}$$

　　由公式可看出，分子與分母都納入自由度來計算，其中分子自由度為（$n-p-1$），n 為樣本數，p 為自變項數，而分母自由度為（$n-1$）。從此公式觀之，若增加自變項，分子自由度勢必減少，在分母自由度沒有增加下，調整後的決定係數就會愈小。

（三）實例說明

　　研究者為瞭解 2003 年一個國家的國民預期壽命（X_1）、國民所得（X_2）、教育在學率（X_3）、成人識字率（X_4）對於人力發展指數（Y）的預測力（影響力），從 UNDP（2004）找到這筆資料，經過多元迴歸分析結果如表 14-2 所示。表中可以看出，F 值達到統計顯著水準，代表迴歸方程式適配，而國民預期壽命、成人識字率、教育在學率、國民所得對人力發展指數都達到 .01 的統計顯著水準，且這些變項都與依變項有正向關係。在政策意涵上，各國國民預期壽命、成人識字率、教育在學率、國民所得，都與國家的人力發展指數有正向關係，這代表國家的現代化愈高，人力發展指數也愈高，其中以預期壽命（β＝.47）對人力發展指數影響力最高，而以教育在學率（β＝.16）影響力最低。VIF 值都小於 10，整體解釋力為 98%〔在此提醒：t 值若大於 1.96，代表該參數達到 .05 的統計顯著水準，就用一個星號（*）來表示；若 t 值大於 2.56，代表已達到 .01 的統計顯著水準，則用兩個星號（**）來表示〕。

表 14-2 自變項對人力發展指數的迴歸分析摘要

變項	b	Std. Error	β	t	VIF
常數	-0.09**	.01		-8.18	
壽命	.01**	.00	.47**	28.90	2.43
識字	.00**	.00	.31**	17.94	2.83
教育	.00**	.00	.16**	7.86	3.70
所得	.00**	.00	.20**	14.00	1.91
Adj-R^2	.98				
F 值	$F_{(4,173)}$	＝ 2290**			

註：b 係數欄中有三個數值為 .00，達到 .01 的統計顯著水準，是因這三個變項的 b 係數都在小數點第四位之後才有數值，但它們有達到統計顯著水準，只是在小數點第二位無法看到更小的數值，因此仍將顯著符號標上，避免誤解，在此說明。

**p < .01.

三、虛擬變項的迴歸分析

　　上述的迴歸分析是自變項與依變項都是連續變項的情況，若分析的自變項中有幾個是類別變項、幾個為連續變項，而依變項仍為連續變項，此時應該如何進行呢？社會科學的研究變項不僅包含等距變項與比率變項，還包括了類別變項與等級變項。若迴歸分析的自變項包括類別變項及連續變項，要進行迴歸分析時，就需要先將類別變項轉換為虛擬變項，並以虛擬編碼（dummy code）方式進行。實務操作上，若實際的類別變項為兩類，在虛擬編碼完之後會僅剩一類，另一類則成為參照組（referenced group）或稱為對照組；如果有三類，虛擬編碼之後會變成兩類；如果有四類，則虛擬編碼後為三類，依此類推。若原始變項為 N 個，新變項個數為類別的 N−1。而參照組的選用並沒有特定原則，通常是以研究需求而定，實務上較常的作法是以該類別兩極端選項之組別做為參照。

　　例如：研究者要瞭解學生成績、家庭經濟狀況、性別（1 代表女性，2 代表男性）與社會階層（區分為高、中、低，分別以 1、2、3 代表）之關聯性。在轉換資料時，在性別方面，以女性為參照組，所以 0 代表女性，1 代表男性；在社會階層方面，以低社會階層為參照組，所以中、高階層都以 1 代表；經過虛擬變項之後，如表 14-3 所示。接續將所要分析的自變項（虛擬後的變項）投入模式，再將依變項投入模式，以估計各變項是否對依變項有所影響。其分析過程與迴歸分析相同，但是在結果解釋上，要掌握每一變項的參照組是哪一類，才可以進行解說比較。以本例來說，女性為 0，男性為 1，數學成績愈高愈好，就代表若男性（性別）估計出來的 β 為正值且達統計顯著水準，即男性的成績明顯高於女性；反之，β 為負值，且達到統計顯著水準，代表女性成績明顯高於男性。若是中社會階層及高社會階層所跑出來的 β 為正值且達統計顯著水準，即代表中社會階層與高社會階層學生的成績明顯高於低社會階層。關於虛擬變項的迴歸分析之論文可以參考張芳全（2011）的論文。

表 14-3　虛擬變項的結果

	原始資料				虛擬後的變項		
學生	成績	經濟	性別	社會階層	男性	高社會階層	中社會階層
1	85	20000	1	1	0	1	0
2	84	50000	2	2	1	0	1
3	81	45000	1	1	0	1	0
4	90	80000	2	3	1	0	0
5	70	30000	1	2	0	0	1
6	65	28000	1	1	0	1	0
7	75	34000	2	3	1	0	0
8	60	29000	2	1	1	1	0
9	88	72000	2	2	1	0	1
10	92	95000	1	1	0	1	0

參、注意事項

一、注意基本假定

　　迴歸分析應該要瞭解其基本假定，包括以下幾項：第一，自變項的變異數必須具同一性或等分散性，即不管預測變項 X 的分數高低，與該預測變項相對應的 Y 得分之分散情形都假定為相同，即估計標準誤都相等；也就是說，不管預測變項的分數高低，效標變項的估計標準誤都一樣大，就稱為等分散性；而估計標準誤是指，利用迴歸公式所得到的預測分數與實際 Y 值間所產生的估計標準誤。第二，自變項之間需要具有獨立性，變項之間不可以有相關。以 Durbin-Watson（DW）值判斷是否自我相關，要查 Durbin-Watson 表（見 https://reurl.cc/bYL2M），依計算的 DW 值與從查 Durbin-Watson 表的值來裁決。DW 表有上限（U）與下限（L），並依據投入自變項個數以及統計顯著水準（α）來決定查表

值，最後再依以下三種情形判斷資料是否獨立：(1)DW < DL, α時，表示資料不獨立；(2)DW > DU, α時，表示資料獨立；(3)DL, α < DW < DU, α時，表示無法定論，需要更多資料。簡言之，DW 值在 2 上下，就代表自我相關並不嚴重。第三，所納入分析的資料是否具有直線關係，如果是曲線，則不宜使用直線迴歸分析。第四，資料具有常態分配的特性。

二、避免多元共線性產生

迴歸分析的過程除了注意基本假定，如資料常態性的檢定之外，還要掌握樣本間自我相關檢定與自變項之間的多元共線性檢定。多元共線性問題嚴重時，會影響最小平方值（least-square value）計算的精確性，因而無法正確的預測依變項。多元共線性檢定的簡單判定方式，是自變項之間有 .80 以上的高度相關，就某種程度來說就有多元共線性問題。嚴謹的方式是用指標來判斷，如 $VIF = \dfrac{1}{1 - R_j^2}$，如果 VIF 在 10 以下，表示變項間的重疊性不高；如果大於 10 以上，自變項就可能有重疊的問題（Afifi, 1990）。或可運用容忍值（tolerance, Tol）的方式，它是 VIF 的倒數，即 $Tol = \dfrac{1}{VIF}$，其取值在 0～1 之間，Tol 愈接近 1，代表自變項之間的共線性愈弱。當多元共線性產生時，可以刪除具重疊性的變項，或運用主成分分析法，將數個自變項進行縮減，比原來的自變項數目少，再將這些主成分（因素）投入迴歸分析。這部分請參見第 15 章「因素分析」。

三、注意殘差值及偏離值

迴歸分析應進行變項的殘差值檢定，從殘差值可瞭解幾項重要訊息：(1)迴歸模型線性假設是否屬於直線性質，如果不是，則需要依原始資料特性進行調整，迴歸方程式就可能要調整為二次式、三次式、倒數式或對數形式；(2)變異數的齊一性，如果不具齊一性，表示資料不是常態性，不同組別之變異數不同，就無法以自變項對依變項進行預測；(3)掌握是否具獨立性假設；(4)檢定資料的常態性假設；(5)瞭解極端值在該筆資料的分配情形，如果一筆資料的某一變項的數值高

於該筆資料分配的三個標準差,就是一個極端值。如果發現此極端值,可以將極端值刪除之後,再進行一次迴歸分析,便可以獲得更好的預測力。在進行殘差分析時,常運用圖形來判斷,包括對應時間數列圖、對應預測值圖、對應自變項的圖、常態機率圖。

四、選定自變項投入模式的方法

在多元迴歸分析中,自變項對依變項的選擇也應該注意,它包括逐步法（step method）及強迫進入法（enter method）,在 SPSS 軟體中,又稱為「輸入」。第一種方法也包括順向選擇法及反向選擇法。逐步法主要是對於納入迴歸模式的自變項沒有很嚴謹的分析,或者過去對這方面的研究很少,因而僅想探索式的分析而已;這種自變項的投入方式,在迴歸模型的理論建構還不穩定,因此讓自變項以逐步方式來測試對依變項的預測程度。順向選擇法則是一個一個的自變項進入迴歸模式之中,它在第一個步驟的變項選取上,是以自變項與依變項的相關係數最大者（不管是正相關或負相關）優先進入為原則;接著是選取與依變項之中,淨相關最大的自變項,進入方程式之中。後續進入的變項也是依此方式陸續進入模式之中,直到最後沒有顯著的自變項進入為止。而反向選擇法則是先將所有的自變項都納入模式之中,接著再將自變項與依變項相關最小者移除於模式之外,直到在模式中納入的自變項都達到顯著為止。值得說明的是:強迫進入法讓歸納的自變項強迫納入迴歸分析的模式中,因為過去研究已掌握了這些變項對於依變項的重要因素,已有學理依據,因此將這些自變項全部投入模式之中,透過模式的檢定來掌握全部變項對於依變項的預測力,所以採強迫進入法的迴歸方程式較有驗證模式的性質。

第二節　操作與解說

壹、操作

　　茲以本書範例檔為例，以校長的遴選功能、遴選影響及遴選指標對校長遴選問題進行多元迴歸分析檢定，其 SPSS 的操作步驟如下：

1. 在 SPSS 視窗中開啟資料。
2. 在功能列中，依序點選 分析 (A) → 迴歸 (R) → 線性 (L)。

3. 接著，在「線性迴歸」視窗中，從變項欄選擇自依變項，本例在 應變數 (D) 選擇遴選問題；在 自變數 (I) 選擇功能、影響、指標，並在 方法 (M) 中選擇「輸入」。

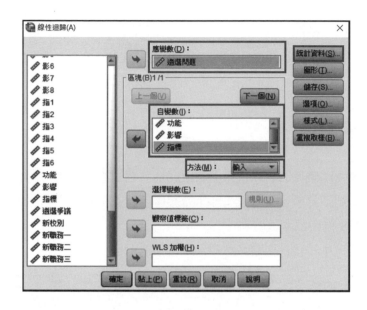

4. 選擇 統計資料 (S)，在「線性迴歸：統計量」視窗中，勾選 估計值 (E)、
模型配適度 (M)、R 平方變更量 (S)、敘述統計 (D)、共線性診斷 (L)、逐
觀察值診斷 (C)。再按 繼續 (C)，返回上一個視窗。

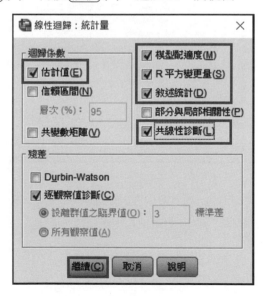

5. 接著點選⌊圖形⌋(T)，出現「線性迴歸：圖形」視窗，其中左邊欄有 DEPEN-DNT（代表依變數）、*ZPRED（標準化預測值）、*ZRESID（標準化殘差值）、*DRESID（刪除後標準化殘差值）、*ADJPRED（調整後的預測值）、*SRESID（Studentized 殘差值）、*SDRESID。在右邊⌊Y⌋之下，將左邊的*ZPRED 選入，以及在⌊X⌋之下，將左邊的*SDRESID 選入。接著勾選⌊直方圖⌋(H)、⌊常態機率圖⌋(R)、⌊產生所有局部圖⌋(P)，再按⌊繼續⌋(C)，回到上一個視窗。其中，勾選⌊產生所有局部圖⌋(P)會把所有自變項的分布情形都跑出來。

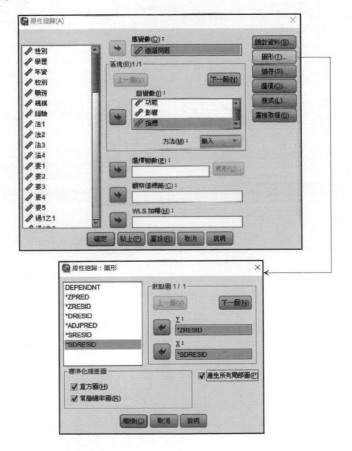

6. 點選 儲存 (S)，會出現「線性迴歸：儲存」視窗，選取 Mahalanobis (H)、
Cook's (K)、槓桿值 (G)，再按 繼續 (C)。

7. 跑出來的統計結果如下。

模式摘要[b]

| 模式 | R | R 平方 | 調過後的R 平方 | 估計的標準誤 | 變更統計量 | | | | | Durbin-Watson 檢定 |
					平方改變量	F 改變	df1	df2	顯著性F 改變	
1	.568[a]	.323	.318	.30405	.323	63.016	3	396	.000	1.838

a. 預測變數：（常數），指標，影響，功能。

b. 依變數：遴選問題。

依觀察值順序診斷[a]

觀察值號碼	標準殘差	遴選問題	預測值	殘差
172	-4.352	1.00	2.3234	-1.32335

a. 依變數：遴選問題。

殘差統計量[a]

	最小值	最大值	平均數	標準離差	個數
預測值	1.2055	2.3751	1.6153	.20929	400
標準預測值	-1.958	3.631	.000	1.000	400
預測值的標準誤	.016	.082	.029	.009	400
調整預測值	1.2065	2.4190	1.6158	.21042	400
殘差	-1.32335	.86724	.00000	.30291	400
標準殘差	-4.352	2.852	.000	.996	400
Studentized 殘差	-4.507	2.861	-.001	1.003	400
去除後殘差	-1.41901	.87781	-.00052	.30725	400
Studentized 去除殘差	-4.621	2.888	-.001	1.007	400
Mahalanobis 距離	.040	28.005	2.993	2.814	400
Cook's 距離	.000	.367	.004	.019	400
槓桿值	.000	.070	.008	.007	400

a. 依變數：遴選問題。

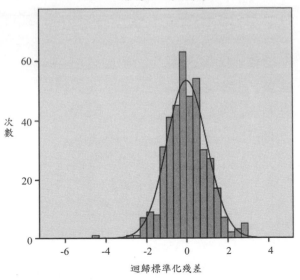

直方圖
依變數：遴選問題

平均數＝1.46E－17
標準差＝0.996
N＝400

迴歸標準化殘差的常態 P-P 圖

依變數：遴選問題

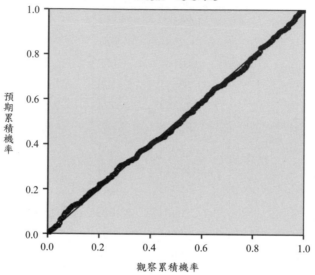

散布圖

依變數：遴選問題

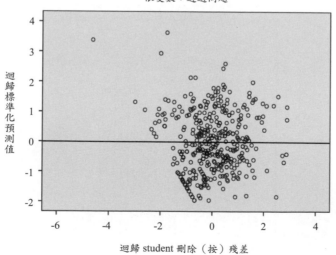

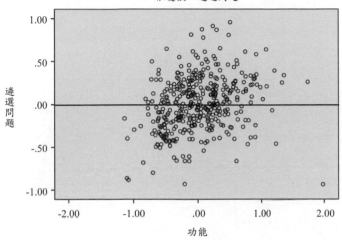

淨殘差圖
依變數：遴選問題

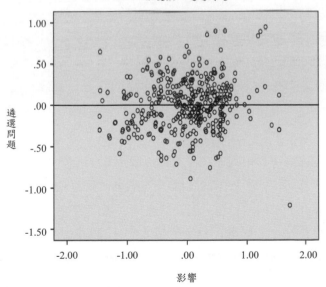

淨殘差圖
依變數：遴選問題

淨殘差圖
依變數：遴選問題

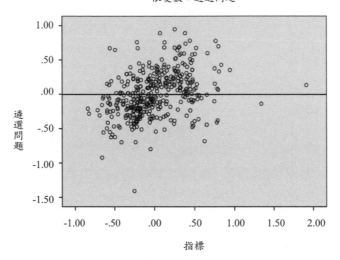

貳、解說

　　以校長的遴選功能、影響及指標對於校長遴選問題，本例的資料是否符合迴歸分析基本假設之檢查？此時，需要先做資料評估，如果符合迴歸分析的基本假定才可以分析。在常態性方面，遴選問題的殘差值 P-P 圖分布近似於一條 45 度直線，其殘差的直方圖呈常態性，所以此資料符合常態性。在自變項或誤差的獨立性方面，Durbin-Watson 值 = 1.838，大於查 DW 表的上限值 1.704，代表所投入的三個自變項沒有自我相關，殘差值也各自獨立。在變異數同質性方面，遴選問題、功能、影響與指標所跑出的四個淨殘差圖，看起來每一張圖的每個殘差值大致都沿著 0 線上下不規則散布，因此符合變異數同質性。而依觀察值順序診斷表可看出第 172 個樣本的標準化殘差值為-4.352，是一個極端值，可以考量刪除樣本，再進行迴歸分析。而在標準化殘差值的敘述性統計量中，最小殘差值 = -4.352，最大殘差值 = 2.852 代表有極端值，而槓桿值最大值為 .070，比起 $\dfrac{4}{400}$ =.01 還大，代表有影響值，可以考慮刪除此樣本。在直線性方面，透過自變項

與依變項散布圖（請參見第 3 章）發現，兩者呈現直線關係。基於上述，本研究可以進行本問題的多元迴歸分析之模式檢定。

在多元迴歸分析之後，將報表整理如表 14-4，從表中可看出校長的遴選功能、影響及指標對於校長遴選問題，在整體檢定中，$F_{(3,396)} = 63.016$，達到 .01 的統計顯著水準，代表研究者所建構的迴歸方程模式適配。其中，三個自變項都有正向顯著影響，僅有校長遴選影響達到 .05 的統計顯著水準之外，另外兩項都達到 .01 的統計顯著水準，以校長遴選指標的預測力最大，因為標準化 β 為 .373。同時，三個變項的 VIF 值均小於 10，代表自變項之間沒有嚴重的多元共線性問題。整體的解釋力為 31.8%。

表 14-4　自變項對校長遴選問題的迴歸分析摘要

變項	b	Std. Error	β	t	VIF
常數	.608**	.092		6.628	
功能	.195**	.032	.286**	6.203	1.246
影響	.065*	.026	.101*	2.438	1.005
指標	.338**	.042	.373**	8.093	1.242
Adj-R^2	.318				
F 值	$F_{(3,396)}$	= 63.016**			

*$p < .05$. **$p < .01$.

參、操作的補充

如果迴歸分析的模式在自變項與依變項之關係已有理論依據，以及多數研究已證實，此時在選用自變項投入方法，宜採取強迫進入法（或稱輸入法）；反之，如果迴歸方程式的模型還沒有嚴謹的學理依據，或僅有少數研究分析，此時最好運用逐步迴歸分析法。就上述例子來說，採用逐步迴歸分析法跑出的結果會如何呢？讀者可在上述「線性迴歸」視窗，在 方法 (M) 中選取 逐步迴歸分析法 ，其跑出的結果如下。

模式摘要

模式	R	R平方	調過後的 R平方	估計的 標準誤	變更統計量				
					R平方 改變量	F改變	df1	df2	顯著性 F改變
1	.500[a]	.250	.249	.31916	.250	132.985	1	398	.000
2	.559[b]	.313	.310	.30594	.063	36.131	1	397	.000
3	.568[c]	.323	.318	.30405	.010	5.943	1	396	.015

a. 預測變數：（常數），指標。

b. 預測變數：（常數），指標，功能。

c. 預測變數：（常數），指標，功能，影響。

Anova[a]

模式		平方和	df	平均平方和	F	顯著性
1	迴歸	13.546	1	13.546	132.985	.000[b]
	殘差	40.541	398	.102		
	總數	54.087	399			
2	迴歸	16.928	2	8.464	90.427	.000[c]
	殘差	37.159	397	.094		
	總數	54.087	399			
3	迴歸	17.477	3	5.826	63.016	.000[d]
	殘差	36.610	396	.092		
	總數	54.087	399			

a. 依變數：遴選問題。

b. 預測變數：（常數），指標。

c. 預測變數：（常數），指標，功能。

d. 預測變數：（常數），指標，功能，影響。

係數[a]

模式		未標準化係數		標準化係數	*t*	顯著性	共線性統計量	
		b 之估計值	標準誤	Beta 分配			允差	*VIF*
1	（常數）	.946	.060		15.707	.000		
	指標	.454	.039	.500	11.532	.000	1.000	1.000
2	（常數）	.766	.065		11.789	.000		
	指標	.343	.042	.378	8.162	.000	.807	1.240
	功能	.190	.032	.278	6.011	.000	.807	1.240
3	（常數）	.608	.092		6.628	.000		
	指標	.338	.042	.373	8.093	.000	.805	1.242
	功能	.195	.032	.286	6.203	.000	.803	1.246
	影響	.065	.026	.101	2.438	.015	.995	1.005

a. 依變數：遴選問題。

排除的變數[a]

模式		Beta 進	*t*	顯著性	偏相關	共線性統計量		
						允差	VIF	最小允差
1	功能	.278[b]	6.011	.000	.289	.807	1.240	.807
	影響	.083[b]	1.923	.055	.096	1.000	1.000	1.000
2	影響	.101[c]	2.438	.015	.122	.995	1.005	.803

a. 依變數：遴選問題。

b. 模式中的預測變數：（常數），指標。

c. 模式中的預測變數：（常數），指標，功能。

共線性診斷[a]

模式	維度	特徵值	條件指標	變異數比例			
				（常數）	指標	功能	影響
1	1	1.964	1.000	.02	.02		
	2	.036	7.411	.98	.98		
2	1	2.920	1.000	.01	.01	.01	
	2	.044	8.114	.16	.26	.99	
	3	.036	9.041	.83	.73	.01	
3	1	3.860	1.000	.00	.00	.00	.00
	2	.079	7.006	.02	.08	.28	.34
	3	.042	9.635	.00	.82	.60	.02
	4	.020	14.025	.98	.10	.11	.63

a. 依變數：遴選問題。

肆、解說的補充

經過多元迴歸分析的逐步迴歸法，結果如表 14-5 所示。表中可看出模式 1、2、3 的 F 值都達到統計顯著水準（$p < .01$），代表這三個模式的迴歸方程式都適配。其中，第一個模式最先進入迴歸方程式的為指標，解釋力為 .249；第二個模式除了指標之外，又加入功能，解釋力為 .310，VIF 沒有超過 10；第三個模式除了指標及功能之外，又加入影響，解釋力為 .318，VIF 也都沒有超過 10，代表這三個自變項的多元共線性不高。上述可以看出，校長遴選問題的整體解釋力為 .318，其中指標、功能及影響各貢獻了 .250、.063、.010。

表 14-5　自變項對校長遴選問題的逐步迴歸分析摘要　　　（ *n* = 400 ）

模式	變項	*b*	Std. Error	*β*	*t*	VIF
1	常數	.946**	.060		15.707	
	指標	.454**	.039	.500**	11.532	1.000
2	常數	.766**	.065		11.789	
	指標	.343**	.042	.378**	8.162	1.240
	功能	.190**	.032	.278	6.011	1.240
3	常數	.608**	.092		6.628	
	指標	.338**	.042	.373**	8.093	1.242
	功能	.195**	.032	.286**	6.203	1.246
	影響	.065**	.026	.101**	2.438	1.005
1	Adj-R^2	.249				
	F 值	132.99**				
2	Adj-R^2	.310				
	F 值	90.43**				
3	Adj-R^2	.318				
	F 值	63.02**				

**$p < .01$.

問題與操作

◎問題一

　　本章說明了虛擬變項的迴歸分析，其在 SPSS 軟體中應如何操作呢？

◎操作

　　茲以本書範例檔為例，來進行不同校別與職務對於校長遴選影響（範例檔案題目為影 1 至影 8，共計八題的加總平均）的迴歸分析。因校別與職務都是類別變項，因此需要重新編碼。校別與職務的虛擬編碼之 SPSS 操作方式如下。

（一）虛擬編碼的轉換過程

　　虛擬編碼的轉換過程如下：

原始代碼

校別	職務
1.00	2.00
1.00	2.00
1.00	1.00
1.00	1.00
1.00	1.00
1.00	1.00
1.00	1.00
1.00	2.00
1.00	2.00
1.00	2.00
1.00	1.00

轉換完成代碼（虛擬變項）

新校別	新職務一	新職務二	新職務三
1.00	.00	1.00	.00
1.00	.00	1.00	.00
1.00	1.00	.00	.00
1.00	1.00	.00	.00
1.00	1.00	.00	.00
1.00	1.00	.00	.00
1.00	1.00	.00	.00
1.00	.00	1.00	.00
1.00	.00	1.00	.00
1.00	.00	1.00	.00
1.00	1.00	.00	.00
1.00	1.00	.00	.00

1. 變項轉換代碼為 1 者，是比較的類別。左圖為原始代碼，右圖為轉換完成
   的虛擬變項。若有 N 類，新變項個數為 N−1，例如：校別有 2 類，則新
   變項有 1 個（新校別）；職務有 4 類，則新變項有 3 個（新職務一、二和
   三）。

   (1)「校別」原本變項：代碼 1 為國中，2 為國小。轉換變項「新校別」：
      代碼 1 為國中，0 為國小（參照組）。

   (2)「職務」原本變項：代碼 1 為教師，2 為主任或組長，3 為現任校長，
      4 為退休校長（參照組）。轉換變項「新職務一」：代碼 1 為教師，
      其他組為 0。「新職務二」：代碼 1 為主任或組長，其他組為 0。「新
      職務三」：代碼 1 為現任校長，其他組為 0。

2. 虛擬變項操作方式如下：

   (1)在功能列中，依序點選 轉換 (T)→ 重新編碼成不同變數 (R)。

(2)在出現的「重新編碼成不同變數」視窗中，點選欲虛擬的變項，並且輸入新的變項名稱，例如：校別為「新校別」。接著按 變更(H)，出現「校別→新校別」，則完成步驟。

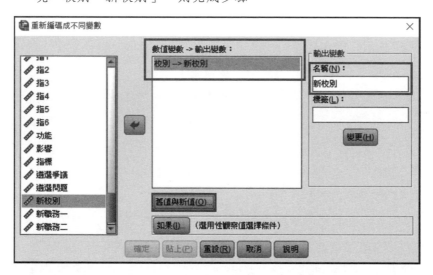

3. 設定舊值與新值，根據以下示範，只要把 2 轉換成 0 即可，然後 1 維持為 1。出現 2→0 以及 1→1（如右圖），即完成此步驟。接著按 繼續(C)，回到上個步驟再按 完成，則完成虛擬變項的轉換。檢查是否成功則回到 資料視圖。

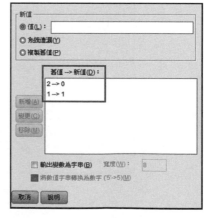

（二）虛擬編碼的迴歸分析之操作

　　虛擬編碼的迴歸分析之操作步驟與迴歸分析類似，只是自變項為虛擬變項，在本例之中以國中（以國小為參照組）以及新職務一、二和三，其好處是不用像平均數 t 檢定和變異數分析一樣要比較多次，它可以直接分析多個類別變項的資料。其操作方式如下：

1. 在功能列中，依序點選 分析 (A)→ 迴歸 (R)→ 線性 (L)。

2. 在出現的「線性迴歸」視窗中，應變數(D)選入「影響」；自變數(I)選入新校別、新職務一、新職務二、新職務三。接著，在統計量進行設定，其方法如同迴歸分析。

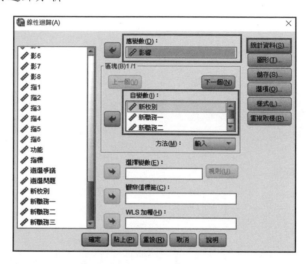

3. 在出現的「線性迴歸：統計量」視窗中，勾選如下圖，然後按繼續(C)，回到上一個視窗，再按確定即可。

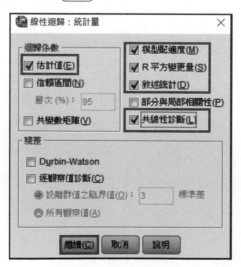

　　虛擬編碼的迴歸分析跑出的結果檔如下（研究者要將這些原始報表重新整理為更具可讀性的表格）。

模式摘要

模式	R	R 平方	調過後的 R 平方	估計的標準誤	變更統計量				
					平方改變量	F 改變	分子自由度	分母自由度	顯著性 F 改變
1	.224[a]	.050	.041	.56498	.050	.5.214	4	395	.000

a. 預測變數：（常數），新職務三，新校別，新職務二，新職務一。

變異數分析[b]

模式		平方和	自由度	平均平方和	F 檢定	顯著性
1	迴歸	6.657	4	1.664	5.214	.000[a]
	殘差	126.083	395	.319		
	總和	132.741	399			

a. 預測變數：（常數），新職務三，新校別，新職務二，新職務一。
b. 依變數：遴選影響。

係數[a]

模式		未標準化係數		標準化係數	t	顯著性	共線性統計量	
		b 之估計值	標準誤	Beta 分配			允差	VIF
1	（常數）	1.631	.189		8.608	.000		
	新校別	.024	.062	.019	.3940	.694	.995	1.005
	新職務一	.750	.192	.646	3.908	.000	.088	11.359
	新職務二	.854	.194	.710	4.398	.000	.092	10.824
	新職務三	.870	.222	.352	3.915	.000	.298	3.358

a. 依變數：遴選影響。

◎解說

　　經過迴歸分析之後，結果如表 14-6 所示。由表中可知，F 值為 5.214，達到 .01 的統計顯著水準，代表投入的自變項對依變項的迴歸方程式適配。至於變項解釋方面，教師（新職務一）、主任或組長（新職務二）以及現任校長（新職務三），在遴選影響上，退休校長比起現任校長、教師、主任或組長還要低。至於任職於國中與國小的受試者在遴選影響沒有顯著差異。校別與職務迴歸分析的解釋力為 4.1%，整體來說，以職務對於校長遴選影響有顯著差異，至於校別則沒有明顯不同。

表 14-6　不同職務對於校長遴選影響的迴歸分析

變項	b	Std. Error	β	t
常數	1.63**	.19		8.61
國小為參照組				
國中	.02	.06	.02	0.39
退休校長為參照組				
新職務一（教師）	.75**	.19	.65**	3.91
新職務二（主任或組長）	.85**	.19	.71**	4.40
新職務三（現任校長）	.87**	.22	.35**	3.92
Adj-R^2	.04			
F值	$F_{(4,395)}$	= 5.214**		

註：虛擬變項投入迴歸分析之後，很容易有多元共線性，所以不呈現 VIF。
**$p < .01$.

◎問題二

　　上述例子僅是重新編碼之後的人口變項對於依變項的預測分析。在實務上，常有人口變項與許多自變項為連續變項對於依變項的預測。茲就校別、職務（需要重新編碼，已如上述），加上指 4、指 5、指 6 對於遴選影響進行迴歸分析。

◎操作

　　上述操作與多元迴歸分析一樣，要把變項（即校別與職務）先重新編碼，接著在「線性迴歸」的視窗中，把上述的自變項，包括指4、指5、指6投入自變項中，而依變項為遴選影響，其餘操作方式與上節一樣。所跑出的結果如下。

模式摘要

模式	R	R平方	調過後的R平方	估計的標準誤	變更統計量				
					平方改變量	F改變	分子自由度	分母自由度	顯著性F改變
1	.275[a]	.075	.059	.55952	.075	4.573	7	392	.000

a.預測變數：（常數），指6，新職務三，新校別，新職務二，指4，指5，新職務一。

Anova[a]

模式		平方和	df	平均平方和	F	顯著性
1	迴歸	10.021	7	1.432	4.573	.000[b]
	殘差	122.720	392	.313		
	總數	132.741	399			

a.依變數：遴選影響。

b.預測變數：（常數），指6，新職務三，新校別，新職務二，指4，指5，新職務一。

係數^a

模式	未標準化係數		標準化係數	t	顯著性	共線性統計量	
	b 之估計值	標準誤	Beta 分配			允差	VIF
1　（常數）	1.660	.212		7.834	.000		
新校別	.007	.062	.006	.120	.904	.971	1.029
職務一	.644	.193	.554	3.327	.001	.085	11.755
職務二	.756	.196	.628	3.859	.000	.089	11.219
職務三	.793	.222	.321	3.578	.000	.294	3.404
指 4	-.032	.062	-.029	-.525	.600	.761	1.313
指 5	-.087	.056	-.090	-1.568	.118	.721	1.388
指 6	.191	.059	.186	3.238	.001	.715	1.398

a. 依變數：遴選影響。

◎解說

　　經過多元迴歸分析之後，結果如表 14-7 所示。表中可看出，F 值為 4.573，達到 .01 的統計顯著水準，代表自變項對依變項的迴歸方程式適配。其中，教師、主任或組長、現任校長與退休校長在校長遴選影響達到 .01 的統計顯著水準，這三類人員的 β 都是正值，代表這三類人員的遴選影響比退休校長還要高。同時指 6 也達到 .01 的統計顯著水準，代表受試者認為指 6（校長人格特質）可以正向預測校長遴選影響。而國中與國小在校長遴選影響沒有明顯差異，指 4 及指 5 無法預測遴選影響。整體預測力（R^2）為 .059。

表 14-7   自變項對校長遴選影響的迴歸分析摘要　　　　　　　（ $N = 400$ ）

變項	b	Std. Error	β	t
常數	1.660**	.212		7.834
國中（國小為參照組）	.007	.062	.006	.120
教師（退休校長為參照組）	.644**	.193	.554**	3.327
主任或組長（退休校長為參照組）	.756**	.196	.628**	3.859
現任校長（退休校長為參照組）	.793**	.222	.321**	3.578
指 4	-.032	.062	-.029	-.525
指 5	-.087	.056	-.090	-1.568
指 6	.191**	.059	.186**	3.238
Adj-R^2	.059			
F 值	4.573**			

**$p < .01$.

CHAPTER 15

因素分析

第一節 基本原理

壹、用途

　　社會科學在評估問卷效度常見的方法是以因素分析來達成。研究者設計題目之後，期待將複雜的變項進行簡化，例如：運用一份研究問卷來瞭解某一研究構念的構念效度，若研究構念（construct）愈多，問卷的題數會愈多。研究者無法掌握這些題目是否可以有效的解釋研究構念，此時可運用因素分析對這份問卷的不適切題目進行刪減，掌握問卷的構念效度。研究者自行設計一份研究問卷，宜思考所設計的問卷是否可以測量到研究構念？問卷是否有效度？這份問卷的效度如何評估呢？簡言之，因素分析的用途包括：(1)簡化資料，找出變項間之關係的基本結構，透過資料簡化找出基本向度，取代原來變項；(2)掌握研究工具的建構效度；(3)透過因素分析找出主要成分，解決多元迴歸分析在自變項產生的多元共線性問題。

　　圖 15-1 所示的大圓圈中的每個點代表一個變項，因此它有很多變項，研究者擬對這些變項整理出相近的變項，編為一群組，圖中看出有 A 因素、B 因素、C 因素，以及無法抽取出來的因素。

圖 15-1 因素分析示意圖

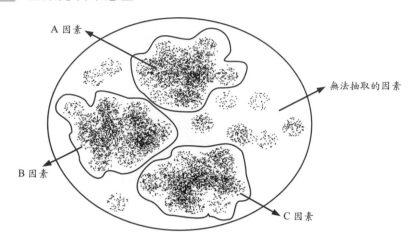

貳、原理

一、基本原理

因素分析是數學中一種精簡變項的作法，它能夠將為數眾多的變項，濃縮成為較少的幾個精簡變項，即抽出共同因素。簡言之，它從 M 個觀察變項萃取出 N 個重要因素（M ≥ N），這些重要因素就是共同因素。因素分析是假定個體在變項之得分由三個部分組成，即共同因素（common factor）、特殊因素（unique factor）（又稱為唯一因素或獨特因素），以及誤差因素。簡言之，因素分析的基本假定是任何一組變項所形成的觀察值，一部分由「共同因素」所組成，另一部分由「特殊因素」與「誤差因素」所組成。也就是：

所有數值＝共同因素＋特殊因素＋誤差因素

上述的式子，如果用變異數的觀點來說明，可以表示如下：

總變異數＝共同變異數＋特殊變異數＋誤差變異數

上述的共同變異數是指，在總變異數當中，與其他變項有關的部分，它是所有變項都有的共同特性；特殊變異數是指，在總變異數當中，與其他變項沒有關係的部分，也就是說，變項與變項之間不具有共同特性的部分；而誤差變異數是指，研究者在進行問卷調查過程中，由於樣本取樣、問卷品質、施測情境，以及其他可能形成誤差的條件，所形成的誤差。

二、步驟

（一）準備完整資料

在實務操作過程中，此一步驟需要注意的二個重點如下。

一是掌握取樣適切性量數（Kaiser-Meyer-Olkin measure of sampling adequacy, KMO）：如果所投入的變項之間相關係數太低，如低於 .30，或變項有高度相關，則會有多元共線性問題，都不適合進行因素分析。此時可以運用 KMO 來評估，它的數值介於 0 至 1 之間，數值愈靠近 1，表示愈適合做因素分析，數值愈靠近 0，表示愈不適合做因素分析。Kaiser（1974）指出，KMO 大於 .90 代表極佳、.80 至 .89 代表良好、.70 至 .79 代表中度、.60 至 .69 代表平庸、.50 至 .59 代表不良。

二是巴氏球形檢定（Bartlett's test of sphericity）：Bartlett（1951）針對變項之間的相關矩陣做球形檢定，此檢定符應 χ^2 分配，若變項之間的相關係數愈高，χ^2 值會愈大，代表愈適合做因素分析，然而 χ^2 分配對樣本大小相當敏銳，在實務分析上較少使用球形檢定。

在準備資料時還應注意使用的變項都要是連續變項，不可以運用類別變項與等級變項；同時為了考量因素分析萃取因素結構的穩定性，樣本大小最好在 100 至 200 之間；Comrey 與 Lee（1992）指出，樣本最好大於 300 以上較佳。此外，在原始資料中，如果納入分析的變項有缺失值，最好先排除；如有反向計分題，最好先轉換與所有要分析的變項之計分方向一致。

（二）選用因素分析的模式

選用因素分析的模式，主要用意在透過不同的模式來萃取不同變項的共同性（communalities）。共同性代表所抽取的因素之中，每一題在不同因素的因素負荷量之平方和。因素負荷量（factor lording）代表因素與題目之間的相關程度，如果因素負荷量愈大（其數值介於±1之間），代表該題目對因素的貢獻也愈大，反之，則愈小。同時，正負向代表題目與因素之間的方向關係，而其數值大小則代表貢獻的程度。

選用因素分析的模式有兩種取向：一是如果已經定義因素（defined factors），有學理依據，可以運用主成分分析（principal components analysis）萃取共同性，實務操作以相關矩陣對角線的初始值均為1，讓所有觀察變項的變異量都納入分析，使原來的變項轉化為另一種線性關係，萃取共同性，並濃縮變項，讓這些變項達到簡約性。二是如果從所蒐集的資料，透過邏輯演繹來獲得推演因素（inferred factors），可以採用抽取因素的方法，包括主軸因素法（principal axis factoring procedure）、最小平方法（method of least square）、最大概似法（maximum likelihood procedure）、alpha 因素法（alpha factoring procedure）（傅粹馨，2002；MacCallum, 1999）。在實務操作上，主軸因素法將相關矩陣對角線的初始值以共同性的估計值取代，接著抽取指定之因素數目，並計算共同性，疊代上述步驟，直到共同性估計值改變不大才停止。最大概似法是估計因素負荷量的母群體參數，希望從分析過程所獲得的再製相關矩陣，與原來的實際相關矩陣之差異達到最小。至於採用哪一種模式，研究者需要依據研究目的來判斷。

（三）因素轉軸

因素轉軸是指當共同因素抽取之後，所得到的資料結構，並不一定直交，即因素與因素之間並非呈現有意義的現象。在因素分析中若使用此種方法，稱為直接斜交法（oblique）。因此應該對於未轉軸的因素，進行因素轉軸（rotation），使得先前未轉軸的因素，可以兩兩因素呈現直交情形。很重要的是，在因素分析

過程中，需要決定共同因素的數目，它主要在篩選問卷中重要的特徵，其決定方式可運用特徵值（eigenvalue）大於 1、陡坡（scree）圖：依據特徵值大小排列的圖形、理論決定——編製研究工具所參考的理論依據、總解釋變異百分比——萃取的因素可以解釋變異數累積到 50% 以上。因素分析中投入的每一個變項都代表有一種特徵，只是要把相同的特徵萃取出來。如果投入的變項有 20 個，也就是有 20 個題目，這 20 個題目所形成的特徵值共有 20.0，只是在因素分析的過程中，會將相同特性的因素加以聚集，因而把許多題目相同的特徵彙整在一起，就會有些因素的特徵值較大，有些因素的特徵值較小。特徵值是指每一個共同因素（共同特徵），或稱為潛在因素對於總共同性的貢獻程度，如果它的值愈大，代表對於共同因素的貢獻愈大。在因素個數決定上，較常採用的方式以 Kaiser 法將特徵值大於 1 者保留，其餘因素均刪除，或者運用陡坡圖來呈現，當然依據學理，以特徵值大於 1.0 以上，且總解釋變異高於 50% 來篩選重要的因素。

如果因素分析以方程式來表示，如下：

$$Z_j = a_{j1}F_1 + a_{j2}F_2 + a_{j3}F_3 + \cdots\cdots + a_{jm}F_m + d_jU_j , \; j=1\cdots\cdots n, m<n$$
$$\underbrace{\qquad\qquad\qquad\qquad\qquad}_{共同性} \underbrace{\qquad}_{獨特性}$$

式中，Z_j 為第 j 個變項的標準化分數；a_{jm} 為因素負荷量，代表第 m 個共同因素對 j 個變項變異量之貢獻；F_m 為共同因素；m 為所有變項共同因素的數目；U_j 為變項 Z_j 的唯一（unique）或獨特因素；d_j 為獨特因素的加權係數。

因素轉軸包含直接斜交法與正交轉軸，前者如 promax 斜交法，後者如直交最大變異法（varimax）、直交四分變異法（quartimax），以及直交均等變異法（equimax）。實務上較常運用的為直交最大變異法。轉軸的意義在於將原來的參照軸，依順時針或逆時針方向旋轉某一角度，旋轉到另一新位置之後，各變項向量在新軸上的投影之變異數量儘量變為最大（林清山，1991）。如圖 15-2 所示，經過因素分析之後，所萃取的因素偏離了實線的 XY 軸（或 F_1 及 F_2 軸，兩軸為 90 度交叉），然而經過順時針的轉動一個角度（θ）之後，虛線的兩軸就接近於所萃取的因素。

圖 15-2 因素分析轉軸示意圖

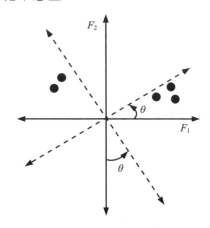

　　為了清楚說明共同性、特徵值及抽取因素的解釋量，就以下例說明。如有五個題目（$Z = 1 \sim 5$），抽取兩個因素（F_1 及 F_2），因素負荷量為 a_{11} 至 a_{52}，獨特性為 $U_{1 \sim 5}$。以方程式表示如下：

$$Z_1 = a_{11}F_1 + a_{12}F_2 + U_1$$
$$Z_2 = a_{21}F_1 + a_{22}F_2 + U_2$$
$$Z_3 = a_{31}F_1 + a_{32}F_2 + U_3$$
$$Z_4 = a_{41}F_1 + a_{42}F_2 + U_4$$
$$Z_5 = a_{51}F_1 + a_{52}F_2 + U_5$$

　　經過因素分析之後的共同性、特徵值及抽取因素的解釋量，如表 15-1 所示。由表中可以看出，特徵值是同一因素的各個變項之因素負荷量的平方之總和；共同性則是同一個變項在不同因素的因素負荷量平方之總和；解釋量是將特徵值除以變項的個數；而每一個題目的獨特因素則是 1 減去共同性。

表 15-1　因素分析的特徵值、共同性與解釋量的示意

變項	F_1（共同因素一）	F_2（共同因素二）	共同性(h^2)	獨特因素(d^2)
X_1	a_{11}	a_{12}	$a_{11}^2 + a_{12}^2$	$1 - h_1^2$
X_2	a_{21}	a_{22}	$a_{21}^2 + a_{22}^2$	$1 - h_2^2$
X_3	a_{31}	a_{32}	$a_{31}^2 + a_{32}^2$	$1 - h_3^2$
X_4	a_{41}	a_{42}	$a_{41}^2 + a_{42}^2$	$1 - h_4^2$
X_5	a_{51}	a_{52}	$a_{51}^2 + a_{52}^2$	$1 - h_5^2$
特徵值	$a_{11}^2 + a_{21}^2 + a_{31}^2 + a_{41}^2 + a_{51}^2$	$a_{12}^2 + a_{22}^2 + a_{32}^2 + a_{42}^2 + a_{52}^2$		
解釋量	$\dfrac{(a_{11}^2 + a_{21}^2 + a_{31}^2 + a_{41}^2 + a_{51}^2)}{5}$	$\dfrac{(a_{12}^2 + a_{22}^2 + a_{32}^2 + a_{42}^2 + a_{52}^2)}{5}$		

（四）因素命名

　　為了要讓共同因素具有意義，宜先找出具有較大的因素負荷量，並瞭解這些因素負荷量的共同特性，給予因素命名，研究者再決定要賦予該因素何種意義。

參、注意事項

一、常見的錯誤

　　在實務上，因素分析常見到的錯誤有以下幾項。

　　第一，將一個研究構念中的數個研究向度分開來進行因素分析，單獨跑每個向度的因素分析。如果一份研究有「學校效能」與「組織文化」二個研究構念，每個研究構念又各有四個向度（如學校效能有 A、B、C、D 四個向度；組織文化為甲、乙、丙、丁四個向度），研究者很容易對八個研究向度分別進行因素分析，但這是不對的。研究者宜對於學校效能的 A、B、C、D 四個向度一起進行一次因素分析，以瞭解這個研究構念是否真的有四個向度在其中，而不是分別對 A、對 B、對 C、對 D 進行因素分析，來瞭解學校效能的四個向度之建構效度，

因為個別的向度加總之後，不一定等於完整的研究構念。

第二，在決定因素標準或因素個數時，是以預先設定要取多少的因素，而非以特徵值大於 1.0 以上做為取決。若特徵值設定小於 1.0，會造成很多題目沒有達到特徵值標準，代表所獲得的因素無法完全的代表該問卷內涵。此外，在SPSS的操作宜避免勾選，強迫選取幾個因素的設定，若研究者在 SPSS 的因素分析中的 因子個數 （number of factor）欄位勾選，很容易有上述的問題產生。

第三，還有一種很容易犯的錯誤是，問卷題目並沒有以原先設定的向度歸類，而是以因素負荷量大小依次排列，打亂了原先因素結構的題目內容，除非是探索性因素分析，例如：研究者一開始設計的題目是在一個研究構念下有三個向度，每個向度有五個題目。在 SPSS 的因素分析操作視窗中，選取依據 因素負荷量排序 （sorted by size）欄位，所跑出來的因素負荷量將會依因素負荷量的大小排列，而不是以研究者原先設定的問卷題目做為排列，就不會有研究向度之間的題目會亂跑的情形。因為萃取因素方法選擇的不同，各向度所跑出來的題目也會不同，若以打亂向度之因素負荷量的大小排列，將其列於研究報告中，並依此為因素命名，會與研究者的預期不同，就失去研究者一開始對研究構念的歸納及設定不同面向的用意了。

二、注意事項

在進行因素分析時，宜掌握以下一些注意事項。

首先，問卷或測驗題目的反向題，在因素分析之前，最好先將反向題的計分方式調整為正向，讓所有問卷題目的計分方向具一致性。研究者最好少設計反向題，如果真是研究需要，在問卷回收之後，也應將這些反向題的計分全部轉換為正向，再進行因素分析；不宜有些題目是正向計分，有些是反向計分。

第二，若在因素分析之後，發現在正交轉軸之後的因素負荷量有呈現負數值，此時研究者應檢討是否未將反向題目的計分轉換為正向計分。如果是這樣，宜依上述方式來轉換，並重新跑一次因素分析，即可改善因素負荷量有負向的問題。

　　第三，如果問卷題目都是負向計分，所跑出來的因素負荷量為負值，其解釋宜先看因素負荷量大小，若該數值愈大，代表該題項愈具有影響力，接著再看因素負荷量的正負號，正負號僅在瞭解其問卷題目與因素之間的正負向關係而已，而不是在比較它們的大小。

　　第四，因素分析的轉軸方法有正交轉軸法及斜交轉軸法，前者是假定因素與因素之間毫無關係存在，所以兩個因素在雙向度間是呈現 90 度的直交情形；後者是假定因素與因素之間具有關係存在。通常，正交轉軸之後，在解釋問卷所形成的因素較明確，因兩兩因素之間已呈現獨立的狀態，解釋上較容易；直接斜交轉軸之後，所形成的因素之間有某種程度的關係，在解釋上較不易掌握。

　　因素分析在進行刪除題目時是以轉軸後的因素負荷量矩陣中，最右邊且超出預期的因素著手，因為最大因素負荷量的題目刪除之後，因素個數可能會由最外圍者逐漸的縮減。但是在刪題之前，都應再檢視該題是否在該向度中或在該研究中具有重要特質，如果該題很重要，可以考量對同一個因素，即在最右邊的轉軸因素負荷量矩陣中，找出次要的因素負荷量題目進行刪題。在此種刪題過程中，所依據的是因素分析的結果，但仍需顧及研究的內涵及價值性。筆者的經驗是：很多研究在因素分析的刪題之後，所形成的最後題目，並非研究者所期待，就會有矛盾結果產生，這時就要仔細去思考，究竟是樣本數不足？變項數太多？題目設計不當？題目反向題太多？題目敘述太長？問卷題數太多？等。

第二節　操作與解說

壹、操作

　　茲以本書範例檔為例，對校長遴選爭議進行因素分析，研究架構如第 4 章圖 4-1 所示。因為遴選爭議包括遴選功能、遴選影響及遴選指標，為了讓變項更精簡，將它們簡稱：第一個向度為「功 1」至「功 9」，第二個向度為「影 1」至

「影 8」，第三個向度為「指 1」至「指 6」。因素分析操作步驟如下：

1. 在 SPSS 視窗中開啟資料。

2. 在功能列中，依序點選 分析 (A) → 維度縮減 (D) → 因數 (F)。

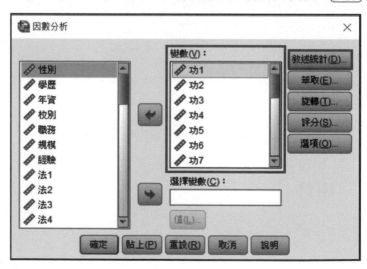

3. 接著會出現「因數分析」視窗，將所要納入分析的變項放入 變數 (V)中。

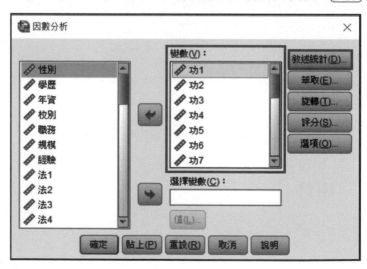

4. 點選 敘述統計 (D)後，出現「因子分析：敘述統計」視窗，選擇 初始解
   (I) 以及 KMO 與 Bartlett 的球形檢定 。按 繼續 (C)，返回上一個視窗。

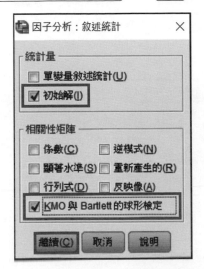

5. 點選 萃取 (E)後，出現「因子分析：擷取」視窗，在 方法 (M)中，選取
   「主成分」，並點選 相關性矩陣 (R)，再按 繼續 (C)，返回上一個視窗。

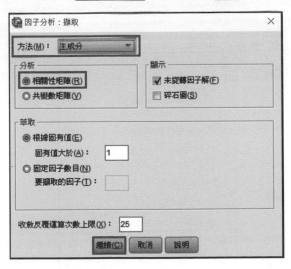

6. 點選 旋轉 (T) 後，出現「因子分析：旋轉」視窗，選取 最大變異 (V) 以及 旋轉解 (R)，再按 繼續 (C)，返回上一個視窗。

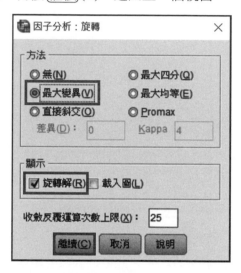

7. 點選 選項 (O) 後，出現「因子分析：選項」視窗，選取 絕對值低於 (A)，並將其數值設定為 .30。再按 繼續 (C)，返回上一個視窗，再按 確定 ，就可以將結果跑出來。

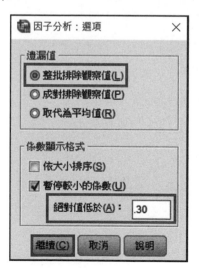

　　為何絕對值捨棄之下限，要將其數值設定為 .30 呢？主要用意是在統計報表跑出結果之後，各因素的因素負荷量數值低於 .30 以下者不會呈現出來。如此可以在刪題過程中，讓因素負荷量的報表更為清晰，也就是說，研究者可以看到較大的因素負荷量，瞭解要刪除哪些題目。如表 15-4 就是因素負荷量 .30 以下者不呈現，報表較容易判讀。若因素結構確定之後，再將絕對值捨棄之下限設定的 .30 改為 .00，其他設定條件不變，重新跑一次因素分析，就可以把先前設定絕對值捨棄之下限設定為 .30 沒有呈現出來的因素負荷量都跑出來了，如表 15-9 所示。

貳、刪題順序與原則

　　因素分析的刪題，並不是一次因素分析就能完成，而是需要考量到研究構念的完整性，以及各向度的題數平衡，因此常要進行很多次的因素分析。在刪題過程中，研究者看報表結果時，宜從轉軸過後的因素矩陣，即表 15-6 所示的內容，來判斷要刪題的順序。假若研究者在題目中有一個研究構念，此構念包括二個向度，並由 12 個題目組成，按理說，因素分析跑出來的結果該有 2 個特徵值超過所設定的值，通常以 1.0 為標準，也就是主要向度應有二個，但因素分析跑出的結果往往不一定是二個，有可能三個、四個、五個、六個或十個（因為每一個題目代表一個因素）。此時就要刪題，刪除題目順序如下。

一、刪題順序

（一）跑出的因素個數超出預期個數的刪題

　　研究者建構三個因素，但是統計跑出來有四個，這時就要刪除不適當題目，使這些題目能形成研究者建構的三個相同因素，宜先從報表的最右邊因素來刪除題目，以表 15-6 來說，就應從 Component 4 的這欄開始進行。

（二）從最外的因素之最大因素負荷量刪題

　　表 15-6 的最右邊因素中（即 Component 4），從該因素中找出因素負荷量最

高（.689）來刪除，因為它偏離上述三個因素所應包含的題目，與預期向度的數目不同。如果有很多偏離的題目僅有單一題，形成一個因素，此時應將它刪除，沒有一個題目形成一個因素的。

在第一次刪除後，也就是在 SPSS 視窗中，將投入因素分析的變項之中，因素負荷量最高的題目（它偏離了預期的向度，且單一題形成一個因素），於右欄進行點選，往左欄送出，此時 SPSS 程式都不變，再跑一次，而不是在資料欄中「刪除」該題。

（三）每次刪題逐次瞭解因素個數縮減情形

SPSS 所跑出來已轉軸的因素負荷量，有可能會從四個因素減少一至二個。如果是減少一個，代表有三個主要因素，與本研究需要的三個向度相同。研究者面臨到因素結構並非如此單純，此時就需要如上述過程，從報表中轉軸後的因素負荷量裡，在最右邊找出最大的因素負荷量（研究者要注意：一定要該題偏離了預期向度，且一個題目或二個題目就形成一個因素者，可以考慮刪題），予以刪除，再跑一次因素分析，如此迭帶的跑，可以在最後獲得研究者所要的因素結構。

（四）每次刪題亦應瞭解抽取因素總解釋量

在因素結構確定之後，即研究者所預期的因素結構及因素個數，與資料分析後所得到的結果一致。此時，還可以試著將因素的總解釋量增加。雖然各因素的題目均在各預期的因素之中，但若有些因素中的題目仍太多，尤其有些題目在刪除之後，不會影響該因素的解釋，這時候可以將該因素中題目之因素負荷量最低者（如低於 .40）予以刪除（因素內刪除向心力不高，即因素負荷量低的題目），重新跑一次因素分析，其結果不僅保有原來的因素結構，而且因素的解說總變異量會增加。

二、刪題原則

以筆者的經驗，在因素分析刪題過程時，其順序宜掌握以下原則。

（一）刪除偏離因素軸的題目

已轉軸後的因素矩陣中，如果依據理論設定的向度，少於因素分析所跑出來的向度，例如：研究者在歸納之後為四個向度，然而第一次因素分析卻是跑出五個向度、六個向度，甚至七個以上的向度。此時的刪題則從最右邊的因素負荷量著手，其中以最大的因素負荷量為優先考量。如果依據理論所設定的向度，與第一次因素分析跑出來的向度相同，但是有些題目是偏離原來之向度，也就是說，某些題目應該在 A 向度，卻是跑在 B 向度或 C 向度。此時，若研究者所設定的題目較多時，可以先將跑離的題目刪除。雖然因素負荷量較低的題目跑離原有向度，因為因素負荷量低，刪題後解釋力減少仍有限。若要增加總解釋量，也可以考量刪除。

（二）刪題要顧及題目的意義

題目的刪減宜考量題目的意義及內涵。如果不同向度（因素）題目，該題很重要，但卻在因素矩陣中的最右欄，研究者不妨先考量刪除因素負荷量居次的題目，這種刪題主要是考量該題的意義與貢獻度比較不高。若是同一向度（因素）的題目裡，某一題的因素負荷量低於 .40 以下，代表貢獻於該因素的解釋力不高，也可以刪除。

（三）顧及各因素之題數平衡

刪題時應考量每個向度題數平衡，不可以同一向度刪除太多的題數，若一個向度刪除太多題目，會造成該向度的題數不足，以及與其他向度相比，有不平衡的現象。記得：每一個向度刪完一題之後，都應觀察刪除該題之後的總變異解釋量是否變少。假若減少太多的解釋量，就不宜刪除該題；相對的，如果刪除該題之後，有增加解釋量，代表該題值得刪除。

（四）總解釋量應不低於 50%

在刪除過程中，研究者一定要隨時掌握刪題後的總變異解釋量，如果刪除後的因素總變異解釋量偏低，通常低於 50%時，就應注意是否要刪除其他題目。在刪題過程中，以每次刪一題為原則。在刪除一題之後，再跑一次因素分析，看其因素負荷量、各向度的解釋量及總變異解釋量的變化。如果總變異解釋量在刪題之後仍有增加，代表刪題有助於問卷的精簡化，這就符合因素分析讓問卷化繁為簡的功能。

（五）每次刪一題並記錄過程

因素分析的刪題過程往往不是一次、二次因素分析就完成，有可能三次、四次或更多次，研究者宜耐心操作。在每一次因素分析之後，就觀察一下分析結果，以做為是否要再次進行因素分析的參考。

因素分析往往不是進行一次就完成，為求嚴謹及明確性，避免遺忘，在研究過程中，尤其是研究工具形成時，最好運用一個表將因素分析的過程一一的記錄與說明，如表 15-2 的範例。

表 15-2 因素分析刪題的過程

刪題順序	向度數	刪的題目	刪題理由	總體解釋量
1	5	10	偏離 A 因素	55%
2	4	6	最外圍，又因素負荷量最大	58%
.	.	.	.	.
.	.	.	.	.
n				

（六）解釋量無法到達 50%宜反思

當研究者已刪除應該刪除的題目，且符合上述刪除題目的程序之後，應檢視刪除完題目之後，其總變異解釋量大小。如果整體構面在刪除不適當的題目之

後，總變異解釋量在 50% 以下，代表所保留的題目無法有效解釋所期待的因素，就應檢討為何在所有題目之下，其解釋量仍如此低。研究者應找出原因，適時修正，例如：若受試者樣本數不足，就應補發問卷讓受試者填答，接著再納入原有問卷，重新跑因素分析；或者再檢視問卷內容，是否一個題目有多個概念或有語意不清的題目在問卷中，甚至問卷是否應重新編製都應考量。

（七）無法符應於理論的檢討

研究者在理論歸納之後的向度多於因素分析跑出的向度時，例如：歸納為四個向度，然而第一次因素分析卻僅跑出兩個或三個向度。此時，研究者宜思考幾個問題：第一，是否樣本數太少？如果是如此，再增加樣本，往往研究者增加樣本之後，跑出來的因素分析就可以符合預期；第二，研究者可能歸納的向度不合宜，也就是文獻探討沒有符合學理、邏輯、事實、經驗的嚴謹歸納，因而有些向度原本應該歸納在另一向度，但研究者卻讓它們各成一個向度，此時就需要重新整併向度。尤其在增加樣本數之後，因素分析跑出來的向度仍無法增加，與預期的相同，很可能就是需要整併相近的向度，而整併必須要考量被整併向度之間的邏輯性及合理性。如果向度的意義相近，即可以將它們整併，研究者需要到文獻探討中重新調整文獻，讓文獻的歸納與論述，能與因素分析獲得的結果一致。

最後，如果研究者還是無法操作，一定要找具有統計素養，尤其熟練因素分析的專業人士諮詢。

參、因素分析的報表結果

一、第一次因素分析所得到的結果

以下提供第一次因素分析所得到的結果，如表 15-3 至表 15-6 所示，這是由上述的因素分析所跑出來的原始結果檔。表 15-5 看到跑出來的有四個因素，與預期的三個因素不同，因此要進一步刪除題目。

表 15-3 KMO and Bartlett's Test

Kaiser-Meyer-Olkin Measure of Sampling Adequacy.		.886
Bartlett's Test of Sphericity	Approx. Chi-Square	4609.282
	df	253
	Sig.	.000

表 15-4 共同性（communalities）

題目	起始值	萃取量
功 1	1.000	.573
功 2	1.000	.637
功 3	1.000	.767
功 4	1.000	.681
功 5	1.000	.656
功 6	1.000	.663
功 7	1.000	.669
功 8	1.000	.682
功 9	1.000	.594
影 1	1.000	.470
影 2	1.000	.514
影 3	1.000	.545
影 4	1.000	.725
影 5	1.000	.701
影 6	1.000	.691
影 7	1.000	.510
影 8	1.000	.509
指 1	1.000	.571
指 2	1.000	.613
指 3	1.000	.593
指 4	1.000	.654
指 5	1.000	.548
指 6	1.000	.504

Extraction Method: Principal Component Analysis.

表 15-5 解說總變異量（total variance explained）

Compo-nent	Initial Eigenvalues			Extraction Sums of Squared Loadings			Rotation Sums of Squared Loadings		
	Total	% of Variance	Cumu-lative %	Total	% of Variance	Cumu-lative %	Total	% of Variance	Cumu-lative %
1	6.251	27.176	27.176	6.251	27.176	27.176	4.545	19.760	19.760
2	4.542	19.747	46.923	4.542	19.747	46.923	4.319	18.778	38.538
3	2.176	9.463	56.386	2.176	9.463	56.386	3.180	13.824	52.363
4	1.101	4.788	61.175	1.101	4.788	61.175	2.027	8.812	61.175
5	.850	3.694	64.868						
6	.801	3.482	68.350						
7	.704	3.059	71.409						
8	.673	2.924	74.334						
9	.608	2.645	76.978						
10	.581	2.525	79.504						
11	.541	2.351	81.855						
12	.522	2.269	84.123						
13	.495	2.153	86.276						
14	.438	1.903	88.179						
15	.412	1.793	89.972						
16	.396	1.722	91.694						
17	.371	1.614	93.307						
18	.317	1.380	94.687						
19	.307	1.336	96.024						
20	.256	1.115	97.138						
21	.244	1.063	98.201						
22	.219	.954	99.155						
23	.194	.845	100.000						

Extraction Method: Principal Component Analysis.

表 15-6 轉軸後的成分矩陣（rotated component matrix）[a]

| 題目 | Component | | | |
	1	2	3	4
功 1		.668		.320
功 2		.772		
功 3		.854		
功 4		.815		
功 5		.783		
功 6		.409		.689
功 7		.574		.546
功 8		.609		.511
功 9		.415		.609
影 1	.658			
影 2	.705			
影 3	.728			
影 4	.846			
影 5	.818			
影 6	.825			
影 7	.698			
影 8	.679			
指 1			.680	
指 2			.667	.403
指 3			.686	
指 4			.774	
指 5			.678	
指 6			.669	

Extraction Method: Principal Component Analysis.

Rotation Method: Varimax with Kaiser Normalization.

a. Rotation converged in 6 iterations.

二、第二次因素分析所得到的結果

刪除「功6」後，以下是第二次因素分析得到的結果，表 15-7 至表 15-11 是跑出來的原始結果檔。這些原始檔內容，宜再進一步的整理為精簡與可讀性高的內容。

表 15-7 KMO and Bartlett's Test

Kaiser-Meyer-Olkin Measure of Sampling Adequacy.		.878
Bartlett's Test of Sphericity	Approx. Chi-Square	4361.974
	df	231
	Sig.	.000

表 15-8 共同性（communalities）

題目	起始值	萃取量
功 1	1.000	.569
功 2	1.000	.563
功 3	1.000	.734
功 4	1.000	.639
功 5	1.000	.629
功 7	1.000	.595
功 8	1.000	.636
功 9	1.000	.459
影 1	1.000	.460
影 2	1.000	.508
影 3	1.000	.539
影 4	1.000	.723
影 5	1.000	.683
影 6	1.000	.681
影 7	1.000	.496
影 8	1.000	.501
指 1	1.000	.562
指 2	1.000	.555
指 3	1.000	.406
指 4	1.000	.648
指 5	1.000	.459
指 6	1.000	.500

Extraction Method: Principal Component Analysis.

表 15-9 解說總變異量（total variance explained）

Compo-nent	Initial Eigenvalues			Extraction Sums of Squared Loadings			Rotation Sums of Squared Loadings		
	Total	% of Variance	Cumu-lative %	Total	% of Variance	Cumu-lative %	Total	% of Variance	Cumu-lative %
1	5.851	26.596	26.596	5.851	26.596	26.596	4.753	21.607	21.607
2	4.536	20.617	47.213	4.536	20.617	47.213	4.545	20.661	42.268
3	2.157	9.806	57.019	2.157	9.806	57.019	3.245	14.751	57.019
4	.985	4.476	61.495						
5	.850	3.862	65.357						
6	.792	3.600	68.957						
7	.700	3.180	72.137						
8	.657	2.988	75.126						
9	.608	2.764	77.889						
10	.579	2.633	80.522						
11	.536	2.439	82.961						
12	.516	2.343	85.304						
13	.469	2.131	87.435						
14	.436	1.981	89.416						
15	.398	1.808	91.224						
16	.380	1.728	92.952						
17	.327	1.484	94.436						
18	.307	1.398	95.834						
19	.256	1.166	96.999						
20	.244	1.111	98.110						
21	.221	1.004	99.114						
22	.195	.886	100.000						

Extraction Method: Principal Component Analysis.

表 15-10 未轉軸因素矩陣（component matrix）[a]

題目	Component		
	1	2	3
功 1	.705	3.258E-03	-.267
功 2	.698	-2.839E-02	-.274
功 3	.768	6.145E-02	-.376
功 4	.698	8.446E-02	-.380
功 5	.716	.130	-.314
功 7	.748	7.980E-03	-.188
功 8	.774	5.870E-02	-.181
功 9	.638	.198	-.115
影 1	-.156	.623	-.218
影 2	-6.842E-02	.692	-.157
影 3	-.138	.721	2.399E-02
影 4	-.108	.843	5.327E-03
影 5	-.173	.807	3.145E-02
影 6	-.164	.806	-6.994E-02
影 7	-5.116E-02	.690	-.131
影 8	-.159	.678	.127
指 1	.579	.125	.459
指 2	.550	8.257E-02	.496
指 3	.430	9.469E-02	.461
指 4	.505	.138	.612
指 5	.525	6.997E-02	.422
指 6	.462	.273	.461

Extraction Method: Principal Component Analysis.

a. 3 components extracted.

表 15-11 轉軸後的成分矩陣（rotated component matrix）[a]

	Component		
題目	1	2	3
功 1	.735	-7.806E-02	.150
功 2	.730	-.108	.136
功 3	.850	-2.028E-02	.101
功 4	.796	1.312E-02	6.499E-02
功 5	.780	4.929E-02	.136
功 7	.728	-8.707E-02	.239
功 8	.751	-4.170E-02	.267
功 9	.611	.109	.271
影 1	3.592E-02	.657	-.166
影 2	8.114E-02	.706	-5.792E-02
影 3	-7.319E-02	.728	6.058E-02
影 4	-2.800E-02	.846	8.045E-02
影 5	-9.939E-02	.818	6.225E-02
影 6	-3.694E-02	.824	-1.788E-02
影 7	8.144E-02	.699	-2.756E-02
影 8	-.150	.680	.129
指 1	.244	-5.539E-03	.709
指 2	.197	-4.625E-02	.717
指 3	.116	-1.308E-02	.626
指 4	.100	4.276E-03	.799
指 5	.215	-4.819E-02	.640
指 6	.157	.157	.671

Extraction Method: Principal Component Analysis.

Rotation Method: Varimax with Kaiser Normalization.

a. Rotation converged in 5 iterations.

肆、解説

一、統計報表的整理

　　研究者宜將上述的報表結果檔進行整理，以對資料加以解釋。研究者需從表 15-7 中，將 Kaiser-Meyer-Olkin 值抄寫於論文中，表 15-7 可看出它的值為 .878（高於 .70 及達顯著為宜），代表資料符合取樣適切性。表 15-9 的 22 個成分（component）中，特徵值大於 1 的因素有 3 個，第一個因素的題目與校長遴選功能有關，因此命名為「功能因素」，它有 8 題，轉軸後的特徵值為 4.753，解釋變異量為 21.607%。第二個因素的題目與校長遴選影響有關，因此命名為「影響因素」，它有 8 題，轉軸後的特徵值為 4.545，解釋變異量為 20.661%。第三個因素的題目與校長遴選指標有關，因此命名為「指標因素」，它有 6 題，轉軸後的特徵值為 3.245，解釋變異量為 14.751%。三個因素的總解釋變異量有 57.019%，茲將問卷的因素分析摘要如表 15-12 所示。

　　要注意的是，研究者在抄寫 SPSS 電腦報表時，常會有以下的錯誤。

　　第一，因素分析跑出來的報表在轉軸後的矩陣中，第一個特徵值與第一個因素，並非摘要表中的第一個排序因素，而是其他排序的因素與特徵值，研究者抄寫時要小心注意，宜注意每一個特徵值對應其解釋變異量。當然在整理過程中，應該將表 15-8 的共同性（communalities）抄寫於摘要表中。

　　第二，表 15-10「未轉軸因素矩陣」不用理會。因為它還未將因素轉軸為 90 度，因此需要看表 15-11「轉軸後的成分矩陣」，在表格中看到有一些數字之後有 E-02，例如：6.058E-02，代表該項數字要取小數點二位，即 .06058。

　　第三，研究者可以驗證一下每題的共同性與準確性，例如：題目「影 8」為 $(-.15)^2 + (.680)^2 + (.129)^2 = .501$，可以做為驗證的參考。

最後，在特徵值抄寫上，通常會以轉軸後的因素負荷量矩陣做為依據。所以在特徵值的抄寫上，如表 15-9 應抄寫「轉軸後的特徵值」（Rotation Sums of Squared Loadings），不應抄寫「未轉軸的特徵值」，同理，在變異數解釋量也需要抄寫轉軸後的數值。其實，研究者可以驗證變異數解釋量的正確性，例如：此例有 22 個變項，一開始每個變項的特徵值都是 1.0，因此 22 個變項的特徵值為 22.0，而第一個成分（因素）在轉軸後的特徵值為 4.753，所以它的解釋變異量是：4.753 除以 22.0，等於 .216045，正符合表 15-9 的內容，讀者可以試著驗證其他的特徵值。

二、校長遴選爭議的解說

在校長遴選爭議方面，由表 15-9 可知，因素分析直交轉軸有三個特徵值大於 1 之因素，解釋的總變異量為 57.019%，其中第一個因素有 8 題，特徵值為 4.753，解釋變異量為 21.607%，從題目的特性可知是針對校長遴選可發揮的功能，所以將此因素命名為「遴選功能」；第二個因素有 8 題，特徵值為 4.545，解釋變異量為 20.661%，從題目的特性可知是針對遴選過後所導致的影響，所以將此因素命名為「遴選影響」；第三個因素有 6 題，特徵值為 3.245，解釋變異量為 14.751%，從題目的特性可知是針對哪些指標適合作為遴選校長的標準，所以將此因素命名為「遴選指標」。注意：在表 15-12 的數字整理上，因素一、二及三的因素負荷量整理自表 15-11；共同性整理自表 15-8；特徵值與總變異解釋量整理自表 15-9。

表 15-12 校長遴選爭議因素分析直交轉軸摘要

因素	題目	因素一負荷量	因素二負荷量	因素三負荷量	共同性	特徵值	總變異解釋量%
	14.金門縣國民中小學實施校長遴選，可發揮下列之功能？					4.75	21.61
遴選功能	(1)校務運作較為民主	.74	-.08	.15	.57		
	(2)增加家長參與校務的意願	.73	-.11	.14	.56		
	(3)增加教師參與校務的意願	.85	-.02	.10	.73		
	(4)增加教師專業能力	.80	.01	.06	.64		
	(5)增加教師自主	.78	.05	.14	.63		
	(7)較能遴選到適任的校長	.73	-.09	.24	.60		
	(8)可以提升學校效能	.75	-.04	.27	.64		
	(9)可以淘汰不適任校長	.61	.11	.27	.46		
	15.金門縣國民中小學實施校長遴選後，是否會產生下列情形？					4.55	20.66
遴選影響	(1)造成校長領導效能減退	.04	.66	-.17	.46		
	(2)家長會擴權干預校務	.08	.71	-.06	.51		
	(3)校長會過度重視公共關係	-.07	.73	.06	.54		
	(4)選風惡質化影響到教育形象	-.03	.85	.08	.72		
	(5)校長為求勝選與連任而急功近利，失去教育理想	-.10	.82	.06	.68		
	(6)使具有校長資格者，汲汲鑽營而無暇專心校務	-.04	.82	-.02	.68		
	(7)校長年資和經歷將不受重視，校園倫理式微	.08	.70	-.03	.50		
	(8)政治考量因素影響遴選結果	-.15	.68	.13	.50		

表 15-12　校長遴選爭議因素分析直交轉軸摘要（續）

因素	題目	因素一負荷量	因素二負荷量	因素三負荷量	共同性	特徵值	總變異解釋量%
遴選指標	16.您同意以下列指標來遴選金門縣國民中小學校長嗎？					3.25	14.75
	(1)校長候選人之辦學理念	.24	-.01	.71	.56		
	(2)校長候選人在現任職務的績效表現	.20	-.05	.72	.56		
	(3)出缺學校的實際需求及條件	.12	-.01	.63	.41		
	(4)校長候選人的專業能力	.10	.00	.80	.65		
	(5)遴選委員會訪查所蒐集的資料	.22	-.05	.64	.46		
	(6)校長候選人的人格特質	.16	.16	.67	.50		

　　總之，研究者設計問卷宜經過統計分析來確認問卷效度，因素分析是建立問卷建構效度的重要方式。研究者對於這方面的電腦操作，尤其應掌握正確的因素分析刪題原則，以及掌握因素分析的報表結果。

◎問題

　　在進行因素分析之後，若跑出來的因素個數比先前預期的還要少（例如：先前預期有五個因素，後來僅有二個或三個），究竟發生了哪些問題造成這種情形？研究者應如何解決？

◎討論

　　因素分析的結果可能出現以下幾種情形：(1)因素個數與預期相同；(2)因素個數比預期多；(3)因素數量比預期少。第一種情形是最樂意看到的；第二種情形在本章的例子已有說明，即從超出預期因素個數以外的問卷題目進行刪題，在逐步刪題之後，重新跑因素分析，最後應該可以獲得與預期結果一致的因素個數；而第三種也是實務很容易產生的情形，當因素分析結果比預期因素個數少，此時可能要檢討幾個問題：

1. 納入因素分析的樣本數可能太少，而各因素的題目過多（整體研究工具題數太多）。樣本數太少而題目過多，容易使因素結構很不穩定，縱然可以進行因素分析，但是其準確度，包括抽取共同性、各因素的因素負荷量、特徵值的抽取、因素結構等，會相當不穩定，所獲得的結果容易受到質疑。筆者的經驗是：研究問卷的總題數與樣本數最好是在 1：4 或 1：5，例如：某份問卷有 50 個題目（不含基本資料或人口變項），進行因素分析的最好樣本數為 200 至 250 份之間。若因素分析之後，比起預期的因素個數少，就可能要思考增加樣本數，重新分析。

2. 研究者所歸納的因素不確實，對預期的因素未詳實歸類。研究者在進行因素分析之前，應先有文獻探討，先評閱過去的研究及相關理論，最後再歸納出研究者所預期的因素個數。然而，研究者若對過去的研究沒有完整及

詳實評閱，就任意列出因素項目及個數，就很容易在進行研究工具的預試之後，與預期的因素個數不同，尤其是少於預期是常見的情況。建議研究者對所要分析的構念深入的評閱文獻及詳實歸納，最後再進行資料蒐集與因素分析較為可行。

3. 研究工具的題目設計不當。研究題目若設計不當，包括題目的敘述太長、一個題目有多個概念、題目的文字超出受試者的填答能力、題目的文字太過艱澀等，都會讓受試者無心填答，因而亂填，所獲得的資料並無法反應填答者的真實情境，也可能會有跑出來的因素個數少於預期的情況。建議研究者在題目的設計及內容陳述與文字運用上，宜避免上述這些情形。

4. 跨文化及相關因素無法驗證理論所預期的因素個數。研究者若依據理論編製研究工具，按常理來說，因素分析所獲得的結果應與理論一致，畢竟要形成學術理論需要很長的時間驗證與修正調整，才足以成為理論。然而，許多社會科學研究所運用的理論源於歐美，很難適用於解釋某一個地區或國家的樣本特性，或者在其理論之下，有其相關的條件因素才可以解釋。因此，在驗證理論時所提出的構念，若未能考量跨文化因素，就很可能會形成跑出來的因素結果比預期的少。研究者在面臨這種情形時，除了瞭解與說明跨文化的限制之外，也應該瞭解依據理論所演繹或翻譯的題目是否合於地區的需求。此時，可以考量地區性、本土性需求，對向度做合理的整併，並在文獻探討中合理的說明。

參考文獻

中文部分

行政院教育改革審議委員會（1996）。**教育改革總諮議報告書**。作者。

余民寧（2006）。**潛在變項模式：SIMPLIS 的應用**。高等教育。

余民寧（2011）。**教育測驗與評量（第三版）**。心理。

林清山（1991）。**多變項分析統計法**。東華。

林清山（1992）。**心理與教育統計學**。東華。

翁明國（2008）。**金門縣國民中小學校長遴選問題及其爭議**（未出版之碩士論文）。國立臺北教育大學。

張芳全（2010）。**多層次模型在學習成就之研究**。心理。

張芳全（2011）。臺灣的大學類科之教育收益研究：擴充會減少收益嗎？**教育研究與發展期刊，7**（4），165-200。

張芳全（2014）。**問卷就是要這樣編（第二版）**。心理。

張芳全（2018）。大學各類科教育收益。載於張芳全著，**校務研究：觀念與實務**（279 至 308 頁）。五南。

張厚粲、徐建平（2007）。**現代心理與教育統計學**。心理。

郭生玉（1997）。**心理與教育測驗（第十一版）**。精華。

郭生玉（2006）。**心理與教育研究法**。精華。

陳李綢（2000）。中介變項的解釋。載於國家教育研究院（編），**教育大辭書**。國家教育研究院。

傅粹馨（2002）。主成份分析和共同因素分相關議題之探究。**教育與社會，3**，107-132。

英文部分

Afifi, A. A. (1990). *Computer-aided multivariate analysis* (2nd ed.). Van Nostrand Reinhold Company.

Bartlett, M. S. (1951). A further note on tests of significance in factor analysis. *British*

Journal of Statistical Psychology, 4(1), 1-2.

Comrey, A. L., & Lee, H. B. (1992). *A first course in factor analysis.* Lawrence Erlbaum Associates.

Hair, J. F., Anderson, R. E., Tatham, R. L., & Black, W. C. (1998). *Multivariate data analysis* (4th ed.). Prentice-Hall.

Kaiser, H. F. (1974). An index of factorial simplicity. *Psychometrika, 39*, 31-36.

Kline, R. B. (1998). *Principles and practice of structural equation modeling.* The Guilford Press.

MacCallum, R. C. (1999). *Psychology 820 course packet.* The Ohio State University Press.

Pedhazur, E. J. (1997). *Multiple regression in behavioral research* (3rd ed.). Harcourt Brace.

Stevens, S. S. (1946). On the theory of scales of measurement. *Science, 103*, 677-680.

UNDP (2004). *Human development report.* Author.

Yockey, R. D. (2011). *SPSS demystified-A step-by-step guide to successful data analysis for SPSS version 18.0* (2nd ed.). Pearson.

附錄

APPENDIX

附表 A 卡方分配表

卡方大於表內所列卡方值的機率

df	.995	.990	.975	.950	.900	.750	.500	.250	.100	.050	.025	.010	.005
1	0.00004	0.00016	0.00098	0.0039	0.0158	0.102	0.455	1.32	2.71	3.84	5.02	6.63	7.88
2	0.0100	0.0201	0.0506	0.103	0.211	0.575	1.39	2.77	4.61	5.99	7.38	9.21	10.6
3	0.0717	0.115	0.216	0.352	0.584	1.21	2.37	4.11	6.25	7.81	9.35	11.3	12.8
4	0.207	0.297	0.484	0.711	1.06	1.92	3.36	5.39	7.78	9.49	11.1	13.3	14.9
5	0.412	0.554	0.831	1.15	1.61	2.67	4.35	6.63	9.24	11.1	12.8	15.1	16.7
6	0.676	0.872	1.24	1.64	2.20	3.45	5.35	7.84	10.6	12.6	14.4	16.8	18.5
7	0.989	1.24	1.69	2.17	2.83	4.25	6.35	9.04	12.0	14.1	16.0	18.5	20.3
8	1.34	1.65	2.18	2.73	3.49	5.07	7.34	10.2	13.4	15.5	17.5	20.1	22.0
9	1.73	2.09	2.70	3.33	4.17	5.90	8.34	11.4	14.7	16.9	19.0	21.7	23.6
10	2.16	2.56	3.25	3.94	4.87	6.74	9.34	12.5	16.0	18.3	20.5	23.2	25.2
11	2.60	3.05	3.82	4.57	5.58	7.58	10.3	13.7	17.3	19.7	21.9	24.7	26.8
12	3.07	3.57	4.40	5.23	6.30	8.44	11.3	14.8	18.5	21.0	23.3	26.2	28.3
13	3.57	4.11	5.01	5.89	7.04	9.30	12.3	16.0	19.8	22.4	24.7	27.7	29.8
14	4.07	4.66	5.63	6.57	7.79	10.2	13.3	17.1	21.1	23.7	26.1	29.1	31.3
15	4.60	5.23	6.26	7.26	8.55	11.0	14.3	18.2	22.3	25.0	27.5	30.6	32.8

附表 A　卡方分配表（續）

卡方大於表內所列卡方值的機率

df	.995	.990	.975	.950	.900	.750	.500	.250	.100	.050	.025	.010	.005
16	5.14	5.81	6.91	7.96	9.31	11.9	15.3	19.4	23.5	26.3	28.8	32.0	34.3
17	5.70	6.41	7.56	8.67	10.1	12.8	16.3	20.5	24.8	27.6	30.2	33.4	35.7
18	6.26	7.01	8.23	9.39	10.9	13.7	17.3	21.6	26.0	28.9	31.5	34.8	37.2
19	6.84	7.63	8.91	10.1	11.7	14.6	18.3	22.7	27.2	30.1	32.9	36.2	38.6
20	7.43	8.29	9.59	10.9	12.4	15.5	19.3	23.8	28.4	31.4	34.2	37.6	40.0
21	8.03	8.90	10.3	11.6	13.2	16.3	20.3	24.9	29.6	32.7	35.5	38.9	41.4
22	8.64	9.54	11.0	12.3	14.0	17.2	21.3	26.0	30.8	33.9	36.8	40.3	42.8
23	9.26	10.2	11.7	13.1	14.8	18.1	22.3	27.1	32.0	35.2	38.1	41.6	44.2
24	9.89	10.9	12.4	13.8	15.7	19.0	23.3	28.2	33.2	36.4	39.4	43.0	45.6
25	10.5	11.5	13.1	14.6	16.5	19.9	24.3	29.3	34.4	37.7	40.6	44.3	46.9
26	11.2	12.2	13.8	15.4	17.3	20.8	25.3	30.4	35.6	38.9	41.9	45.6	48.3
27	11.8	12.9	14.6	16.2	18.1	21.7	26.3	31.5	36.7	40.1	43.2	47.0	49.6
28	12.5	13.6	15.3	16.9	18.9	22.7	27.3	32.6	37.9	41.3	44.5	48.3	51.0
29	13.1	14.3	16.0	17.7	19.8	23.6	28.3	33.7	39.1	42.6	45.7	49.6	52.3
30	13.8	15.0	16.8	18.5	20.6	24.5	29.3	34.8	40.3	43.8	47.0	50.9	53.7
40	20.7	22.2	24.4	26.5	29.1	33.7	39.3	45.6	51.8	55.8	59.3	63.7	66.8
50	28.0	29.7	32.4	34.8	37.7	42.9	49.3	56.3	63.2	67.5	71.4	76.2	79.5
60	35.5	37.5	40.5	43.2	46.5	52.3	59.3	67.0	74.4	79.1	83.3	88.4	92.0

附表 B　積差相關係數（r）顯著性臨界值

df = N − 2	α = .10	.05	.02	.01
1	.988	.997	.9995	.9999
2	.900	.950	.980	.990
3	.805	.878	.934	.959
4	.729	.811	.882	.917
5	.669	.754	.833	.874
6	.622	.707	.789	.834
7	.582	.666	.750	.798
8	.549	.632	.716	.765
9	.521	.602	.685	.735
10	.497	.576	.658	.708
11	.476	.553	.634	.684
12	.458	.532	.612	.661
13	.441	.514	.592	.641
14	.426	.497	.574	.623
15	.412	.482	.558	.606
16	.400	.468	.542	.590
17	.389	.456	.528	.575
18	.378	.444	.516	.561
19	.369	.433	.503	.549
20	.360	.423	.492	.537
21	.352	.413	.482	.526
22	.344	.404	.472	.515
23	.337	.396	.462	.505
24	.330	.388	.453	.496
25	.323	.381	.445	.487
26	.317	.374	.437	.479
27	.311	.367	.430	.471
28	.306	.361	.423	.463
29	.301	.355	.416	.456
30	.296	.349	.409	.449
35	.275	.325	.381	.418
40	.257	.304	.358	.393
45	.243	.288	.338	.372
50	.231	.273	.322	.354
60	.211	.250	.295	.325
70	.195	.232	.274	.302
80	.183	.217	.256	.283
90	.173	.205	.242	.267
100	.164	.195	.230	.254

附表 C 亂數表

	00～04	05～09	10～14	15～19	20～24	25～29	30～34	35～39	40～44	45～49
00	88758	66605	33843	43623	62774	25517	09560	41880	85126	60755
01	35661	42832	16240	77410	20686	26656	59698	86241	13152	49187
02	26335	03771	64115	88133	40721	06787	95962	60841	91788	86386
03	60826	74718	56527	29508	91975	13695	25215	72237	06337	73439
04	95044	99896	13763	31764	93970	60987	14692	71039	34165	21297
05	83746	47694	06143	42741	38338	97694	69300	99864	19641	15083
06	27998	42562	65402	10056	81668	48744	08400	83124	19896	18805
07	82686	32323	74625	14510	85927	28017	80588	14756	54937	76379
08	18386	13862	10988	04197	18770	72757	71418	81133	69503	44037
09	21717	13141	22707	68165	58440	19187	08421	23872	03036	34208
10	18446	83052	31842	08634	11887	86070	08464	20565	74390	36541
11	66027	75177	47398	66423	70160	16232	67343	36205	50036	59411
12	51420	96779	54309	87456	78967	79638	68869	49062	02196	55109
13	27045	62626	73159	91149	96509	44204	92237	29969	49315	11804
14	13094	17725	14103	00067	68843	63565	93578	24756	10814	15185
15	92382	62518	17752	53163	63852	44840	02592	88572	03107	90169
16	16215	50809	49326	77232	90155	69955	93892	70445	00906	57002
17	09342	14528	64727	71403	84156	34083	35613	35670	10549	07468
18	38148	79001	03509	79424	39625	73315	18811	86230	99682	82896
19	23689	19997	72382	15247	80205	58090	43804	94548	83693	22799
20	25407	37726	73099	51057	68733	75768	77991	72641	95386	70138
21	25349	69456	19693	85568	93876	18661	69018	10332	83137	88237
22	02322	77491	56095	43055	37738	18216	81781	32245	84081	18436
23	15072	33261	99219	43307	39239	79712	94753	41450	30994	53912
24	27002	31036	85278	74547	84809	36252	09373	69471	15606	77209

附表 D　常態分配表

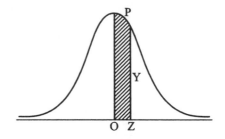

Z	Y	P	Z	Y	P	Z	Y	P
.00	.39894	.00000	.30	.38139	.11791	.60	.33322	.22575
.01	.39892	.00399	.31	.38023	.12172	.61	.33121	.22907
.02	.39886	.00798	.32	.37903	.12552	.62	.32918	.23237
.03	.39876	.01197	.33	.37780	.12930	.63	.32713	.23565
.04	.39862	.01595	.34	.37654	.13307	.64	.32506	.23891
.05	.39844	.01994	.35	.37524	.13683	.65	.32297	.24215
.06	.39822	.02392	.36	.37391	.14058	.66	.32086	.24537
.07	.39797	.02790	.37	.37255	.14431	.67	.31874	.24857
.08	.39767	.03188	.38	.37115	.14803	.68	.31659	.25175
.09	.39733	.03586	.39	.36973	.15173	.69	.31443	.25490
.10	.39695	.03983	.40	.36827	.15542	.70	.31225	.25804
.11	.39654	.04380	.41	.36678	.15910	.71	.31006	.26115
.12	.39608	.04776	.42	.36526	.16276	.72	.30785	.26424
.13	.39559	.05172	.43	.36371	.16640	.73	.30563	.26730
.14	.39505	.05567	.44	.36213	.17003	.74	.30339	.27035
.15	.39448	.05962	.45	.36053	.17364	.75	.30114	.27337
.16	.39387	.06356	.46	.35889	.17724	.76	.29887	.27637
.17	.39322	.06749	.47	.35723	.18082	.77	.29659	.27935
.18	.39253	.07142	.48	.35553	.18439	.78	.29431	.28230
.19	.39181	.07535	.49	.35381	.18793	.79	.29200	.28524
.20	.39104	.07926	.50	.35207	.19146	.80	.28969	.28814
.21	.39024	.08317	.51	.35029	.19497	.81	.28737	.29103
.22	.38940	.08706	.52	.34849	.19847	.82	.28504	.29389
.23	.38853	.09095	.53	.34667	.20194	.83	.28269	.29673
.24	.38762	.09483	.54	.34482	.20540	.84	.28034	.29955
.25	.38667	.09871	.55	.34294	.20884	.85	.27798	.30234
.26	.38568	.10257	.56	.34105	.21226	.86	.27562	.30511
.27	.38466	.10642	.57	.33912	.21566	.87	.27324	.30785
.28	.38361	.11026	.58	.33718	.21904	.88	.27086	.31057
.29	.38251	.11409	.59	.33521	.22240	.89	.28848	.31327

附表 D　常態分配表（續）

Z	Y	P	Z	Y	P	Z	Y	P
.90	.26609	.31594	1.30	.17137	.40320	1.70	.09405	.45543
.91	.26369	.31859	1.31	.16915	.40490	1.71	.09246	.45637
.92	.26129	.32121	1.32	.16694	.40658	1.72	.09089	.45728
.93	.25888	.32381	1.33	.16474	.40824	1.73	.08933	.45818
.94	.25647	.32639	1.34	.16256	.40988	1.74	.08780	.45907
.95	.25406	.32894	1.35	.16038	.41149	1.75	.08628	.45994
.96	.25164	.33147	1.36	.15822	.41309	1.76	.08478	.46080
.97	.24923	.33398	1.37	.15608	.41466	1.77	.08329	.46164
.98	.24681	.33646	1.38	.15395	.41621	1.78	.08183	.46246
.99	.24439	.33891	1.39	.15183	.41774	1.79	.08038	.46327
1.00	.24197	.34134	1.40	.14973	.41924	1.80	.07895	.46407
1.01	.23955	.34375	1.41	.14764	.42073	1.81	.07754	.46485
1.02	.23713	.34614	1.42	.14556	.42220	1.82	.07614	.46562
1.03	.23471	.34850	1.43	.14350	.42364	1.83	.07477	.46638
1.04	.23230	.35083	1.44	.14146	.42507	1.84	.07341	.46712
1.05	.22988	.35314	1.45	.13943	.42647	1.85	.07206	.46784
1.06	.22747	.35543	1.46	.13742	.42786	1.86	.07074	.46856
1.07	.22506	.35769	1.47	.13542	.42922	1.87	.06943	.46926
1.08	.22265	.35993	1.48	.13344	.43056	1.88	.06814	.46995
1.09	.22025	.36214	1.49	.13147	.43189	1.89	.06687	.47062
1.10	.21785	.36433	1.50	.12952	.43319	1.90	.06562	.47128
1.11	.21546	.36650	1.51	.12758	.43448	1.91	.06439	.47193
1.12	.21307	.36864	1.52	.12566	.43574	1.92	.06316	.47257
1.13	.21069	.37076	1.53	.12376	.43699	1.93	.06195	.47320
1.14	.20831	.37286	1.54	.12188	.43822	1.94	.06077	.47381
1.15	.20594	.37493	1.55	.12001	.43943	1.95	.05959	.47441
1.16	.20357	.37698	1.56	.11816	.44062	1.96	.05844	.47500
1.17	.20121	.37900	1.57	.11632	.44179	1.97	.05730	.47558
1.18	.19886	.38100	1.58	.11450	.44295	1.98	.05618	.47615
1.19	.19652	.38298	1.59	.11270	.44408	1.99	.05508	.47670
1.20	.19419	.38493	1.60	.11092	.44520	2.00	.05399	.47725
1.21	.19186	.38686	1.61	.10915	.44630	2.01	.05292	.47778
1.22	.18954	.38877	1.62	.10741	.44738	2.02	.05186	.47831
1.23	.18724	.39065	1.63	.10567	.44845	2.03	.05082	.47882
1.24	.18494	.39251	1.64	.10396	.44950	2.04	.04980	.47932
1.25	.18265	.39435	1.65	.10226	.45053	2.05	.04879	.47982
1.26	.18037	.39617	1.66	.10059	.45154	2.06	.04780	.48030
1.27	.17810	.39796	1.67	.09893	.45254	2.07	.04682	.48077
1.28	.17585	.39973	1.68	.09728	.45352	2.08	.04586	.48124
1.29	.17360	.40147	1.69	.09566	.45449	2.09	.04491	.48169

附表 D　常態分配表（續）

Z	Y	P	Z	Y	P	Z	Y	P
2.10	.04398	.48214	2.50	.01753	.49379	2.90	.00595	.49813
2.11	.04307	.48257	2.51	.01709	.49396	2.91	.00578	.49819
2.12	.04217	.48300	2.52	.01667	.49413	2.92	.00562	.49825
2.13	.04128	.48341	2.53	.01625	.49430	2.93	.00545	.49831
2.14	.04041	.48382	2.54	.01585	.49446	2.94	.00530	.49836
2.15	.03955	.48422	2.55	.01545	.49461	2.95	.00514	.49841
2.16	.03871	.48461	2.56	.01506	.49477	2.96	.00499	.49846
2.17	.03788	.48500	2.57	.01468	.49492	2.97	.00485	.49851
2.18	.03706	.48537	2.58	.01431	.49506	2.98	.00471	.49856
2.19	.03626	.48574	2.59	.01394	.49520	2.99	.00457	.49861
2.20	.03547	.48610	2.60	.01358	.49534	3.00	.00443	.49865
2.21	.03470	.48645	2.61	.01323	.49547	3.01	.00430	.49869
2.22	.03394	.48679	2.62	.01289	.49560	3.02	.00417	.49874
2.23	.03319	.48713	2.63	.01256	.49573	3.03	.00405	.49878
2.24	.03246	.48745	2.64	.01223	.49585	3.04	.00393	.49882
2.25	.03174	.48778	2.65	.01191	.49598	3.05	.00381	.49886
2.26	.03103	.48809	2.66	.01160	.49609	3.06	.00370	.49889
2.27	.03034	.48840	2.67	.01130	.49621	3.07	.00358	.49893
2.28	.02965	.48870	2.68	.01100	.49632	3.08	.00348	.49897
2.29	.02898	.48899	2.69	.01071	.49643	3.09	.00337	.49900
2.30	.02833	.48928	2.70	.01042	.49653	3.10	.00327	.49903
2.31	.02768	.48956	2.71	.01014	.49664	3.11	.00317	.49906
2.32	.02705	.48983	2.72	.00987	.49674	3.12	.00307	.49910
2.33	.02643	.49010	2.73	.00961	.49683	3.13	.00298	.49913
2.34	.02582	.49036	2.74	.00935	.49693	3.14	.00288	.49916
2.35	.02522	.49061	2.75	.00909	.49702	3.15	.00279	.49918
2.36	.02463	.49086	2.76	.00885	.49711	3.16	.00271	.49921
2.37	.02406	.49111	2.77	.00861	.49720	3.17	.00262	.49924
2.38	.02349	.49134	2.78	.00837	.49728	3.18	.00254	.49926
2.39	.02294	.49158	2.79	.00814	.49736	3.19	.00246	.49929
2.40	.02239	.49180	2.80	.00792	.49744	3.20	.00238	.49931
2.41	.02186	.49202	2.81	.00770	.49752	3.21	.00231	.49934
2.42	.02134	.49224	2.82	.00748	.49760	3.22	.00224	.49936
2.43	.02083	.49245	2.83	.00727	.49767	3.23	.00216	.49938
2.44	.02033	.49266	2.84	.00707	.49774	3.24	.00210	.49940
2.45	.01984	.49286	2.85	.00687	.49781	3.25	.00203	.49942
2.46	.01936	.49305	2.86	.00668	.49788	3.26	.00196	.49944
2.47	.01889	.49324	2.87	.00649	.49795	3.27	.00190	.49946
2.48	.01842	.49343	2.88	.00631	.49801	3.28	.00184	.49948
2.49	.01797	.49361	2.89	.00613	.49807	3.29	.00178	.49950

附表 D 常態分配表（續）

Z	Y	P	Z	Y	P	Z	Y	P
3.30	.00172	.49952	3.55	.00073	.49981	3.80	.00029	.49993
3.31	.00167	.49953	3.56	.00071	.49981	3.81	.00028	.49993
3.32	.00161	.49955	3.57	.00068	.49982	3.82	.00027	.49993
3.33	.00156	.49957	3.58	.00066	.49983	3.83	.00026	.49994
3.34	.00151	.49958	3.59	.00063	.49983	3.84	.00025	.49994
3.35	.00146	.49960	3.60	.00061	.49984	3.85	.00024	.49994
3.36	.00141	.49961	3.61	.00059	.49985	3.86	.00023	.49994
3.37	.00136	.49962	3.62	.00057	.49985	3.87	.00022	.49995
3.38	.00132	.49964	3.63	.00055	.49986	3.88	.00021	.49995
3.39	.00127	.49965	3.64	.00053	.49986	3.89	.00021	.49995
3.40	.00123	.49966	3.65	.00051	.49987	3.90	.00020	.49995
3.41	.00119	.49968	3.66	.00049	.49987	3.91	.00019	.49995
3.42	.00115	.49969	3.67	.00047	.49988	3.92	.00018	.49996
3.43	.00111	.49970	3.68	.00046	.49988	3.93	.00018	.49996
3.44	.00107	.49971	3.69	.00044	.49989	3.94	.00017	.49996
3.45	.00104	.49972	3.70	.00042	.49989	3.95	.00016	.49996
3.46	.00100	.49973	3.71	.00041	.49990	3.96	.00016	.49996
3.47	.00097	.49974	3.72	.00039	.49990	3.97	.00015	.49996
3.48	.00094	.49975	3.73	.00038	.49990	3.98	.00014	.49997
3.49	.00090	.49976	3.74	.00037	.49991	3.99	.00014	.49997
3.50	.00087	.49977	3.75	.00035	.49991			
3.51	.00084	.49978	3.76	.00034	.49992			
3.52	.00081	.49978	3.77	.00033	.49992			
3.53	.00079	.49979	3.78	.00031	.49992			
3.54	.00076	.49980	3.79	.00030	.49992			

附表 E　t 分配表

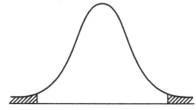

df	最大 t 值的機率（雙側界限）								
	.5	.4	.3	.2	.1	.05	.02	.01	.001
1	1.000	1.376	1.963	3.078	6.314	12.706	31.821	63.657	636.619
2	0.816	1.061	1.386	1.886	2.920	4.303	6.965	9.925	31.598
3	0.765	0.978	1.250	1.638	2.353	3.182	4.541	5.841	12.941
4	0.741	0.941	1.190	1.533	2.132	2.776	3.747	4.604	8.610
5	0.727	0.920	1.156	1.476	2.015	2.571	3.365	4.032	6.859
6	0.718	0.906	1.134	1.440	1.943	2.447	3.143	3.707	5.959
7	0.711	0.896	1.119	1.415	1.896	2.365	2.998	3.499	5.405
8	0.706	0.889	1.108	1.397	1.860	2.306	2.896	3.355	5.041
9	0.703	0.883	1.100	1.383	1.833	2.262	2.821	3.250	4.781
10	0.700	0.879	1.093	1.372	1.812	2.228	2.764	3.169	4.587
11	0.697	0.876	1.088	1.363	1.796	2.201	2.718	3.106	4.437
12	0.695	0.873	1.083	1.356	1.782	2.179	2.681	3.055	4.318
13	0.694	0.870	1.079	1.350	1.771	2.160	2.650	3.012	4.221
14	0.692	0.868	1.076	1.345	1.761	2.145	2.624	2.977	4.140
15	0.691	0.866	1.074	1.341	1.753	2.131	2.602	2.947	4.073
16	0.690	0.865	1.071	1.337	1.746	2.120	2.583	2.921	4.015
17	0.689	0.863	1.069	1.333	1.740	2.110	2.567	2.898	3.965
18	0.688	0.862	1.067	1.330	1.734	2.101	2.552	2.878	3.922
19	0.688	0.861	1.066	1.328	1.729	2.093	2.539	2.861	3.883
20	0.687	0.860	1.064	1.325	1.725	2.086	2.528	2.845	3.850
21	0.686	0.859	1.063	1.323	1.721	2.080	2.518	2.831	3.819
22	0.686	0.858	1.061	1.321	1.717	2.074	2.508	2.819	3.792
23	0.685	0.858	1.060	1.319	1.714	2.069	2.500	2.807	3.767
24	0.685	0.857	1.059	1.318	1.711	2.064	2.492	2.797	3.745
25	0.684	0.856	1.058	1.316	1.708	2.060	2.485	2.787	3.725

附表 E   t 分配表（續）

df	最大 t 值的機率（雙側界限）								
	.5	.4	.3	.2	.1	.05	.02	.01	.001
26	0.684	0.856	1.058	1.315	1.706	2.056	2.479	2.779	3.707
27	0.684	0.855	1.057	1.314	1.703	2.052	2.473	2.771	3.690
28	0.683	0.855	1.056	1.313	1.701	2.048	2.467	2.763	3.674
29	0.683	0.854	1.055	1.311	1.699	2.045	2.462	2.756	3.659
30	0.683	0.854	1.055	1.310	1.697	2.042	2.457	2.750	3.646
40	0.681	0.851	1.050	1.303	1.684	2.021	2.423	2.704	3.551
60	0.679	0.848	1.046	1.296	1.671	2.000	2.390	2.660	3.460
120	0.677	0.845	1.041	1.289	1.658	1.980	2.358	2.617	3.373
∞	0.674	0.842	1.036	1.282	1.645	1.960	2.326	2.576	3.291
	0.25	0.2	0.15	0.1	0.05	0.025	0.01	0.005	0.0005
df	更大 t 值的機率（單側界限）								

附表 F　F 分配表（雙側檢定）

分母 df	分　子　自　由　度　df								
	1	2	3	4	5	6	7	8	9
1	647.8	799.5	864.2	899.6	921.8	937.1	948.2	956.7	963.3
	16211.0	20000.0	21615.0	22500.0	23056.0	23437.0	23715.0	23925.0	24091.0
2	38.51	39.00	39.17	39.25	39.30	39.33	39.36	39.37	39.39
	199.5	199.0	199.2	199.2	199.3	199.3	199.4	199.4	199.4
3	17.44	16.04	15.44	15.10	14.88	14.73	14.62	14.54	14.47
	55.55	49.80	47.47	46.19	45.39	44.84	44.43	44.13	43.88
4	12.22	10.65	9.98	9.60	9.36	9.20	9.07	8.98	8.90
	31.33	26.28	24.26	23.15	22.46	21.97	21.62	21.35	21.14
5	10.01	8.43	7.76	7.39	7.15	6.98	6.85	6.76	6.68
	22.78	18.31	16.53	15.56	14.94	14.51	14.20	13.96	13.77
6	8.81	7.26	6.60	6.23	5.99	5.82	5.70	5.60	5.52
	18.63	14.54	12.92	12.03	11.46	11.07	10.79	10.57	10.39
7	8.07	6.54	5.89	5.52	5.29	5.12	4.99	4.90	4.82
	16.24	12.40	10.88	10.05	9.52	9.16	8.89	8.68	8.51
8	7.57	6.06	5.42	5.05	4.82	4.65	4.53	4.43	4.36
	14.69	11.04	9.60	8.81	8.30	7.95	7.69	7.50	7.34
9	7.21	5.71	5.08	4.72	4.48	4.32	4.20	4.10	4.03
	13.61	10.11	8.72	7.96	7.47	7.13	6.88	6.69	6.54

註：第一列值為 $\alpha = .05$，第二列值為 $\alpha = .01$。

附表 F　F 分配表（雙側檢定）（續）

分母 df	分子 自 由 度 df									
	10	12	15	20	24	30	40	60	120	∞
1	968.6	976.7	984.9	993.1	997.2	1001.0	1006.0	1010.0	1014.0	1018.0
	24224	24426.0	24630.0	24836.0	24940.0	25044.0	25148.0	25253.0	25359.0	2546.5
2	39.40	39.41	39.43	39.45	39.46	39.46	39.47	39.48	39.49	39.50
	199.4	199.4	199.4	199.4	199.5	199.5	199.5	199.5	199.5	199.50
3	14.42	14.34	14.25	14.17	14.12	14.08	14.04	13.99	13.95	13.90
	43.69	43.39	43.08	42.78	42.62	42.47	42.31	42.15	41.99	41.83
4	8.84	8.75	8.66	8.56	8.51	8.46	8.41	8.36	8.31	8.26
	20.97	20.70	20.44	20.17	20.03	19.89	19.75	19.61	19.47	19.32
5	6.62	6.52	6.43	6.33	6.28	6.23	6.18	6.12	6.07	6.02
	13.62	13.38	13.15	12.90	12.78	12.66	12.53	12.40	12.27	12.14
6	5.46	5.37	5.27	5.17	5.12	5.07	5.01	4.96	4.90	4.85
	10.25	10.03	9.81	9.59	9.47	9.36	9.24	9.12	9.00	8.88
7	4.76	4.67	4.57	4.47	4.42	4.36	4.31	4.25	4.20	4.14
	8.38	8.18	7.97	7.75	7.65	7.53	7.42	7.31	7.19	7.08
8	4.30	4.20	4.10	4.00	3.95	3.89	3.84	3.78	3.73	3.67
	7.21	7.01	6.81	6.61	6.50	6.40	6.29	6.18	6.06	5.95
9	3.96	3.87	3.77	3.67	3.61	3.56	3.51	3.45	3.39	3.33
	6.42	6.23	6.03	5.83	5.73	5.62	5.52	5.41	5.30	5.19

附表 F F 分配表（雙側檢定）（續）

分母 df	分 子 自 由 度 df								
	1	2	3	4	5	6	7	8	9
10	6.94 12.83	5.46 9.43	4.83 8.08	4.47 7.34	4.24 6.87	4.07 6.54	3.95 6.30	3.85 6.12	3.78 5.97
12	6.55 11.75	5.10 8.51	4.47 7.23	4.12 6.52	3.89 6.07	3.73 5.76	3.61 5.52	3.51 5.35	3.44 5.20
15	6.20 10.80	4.77 7.70	4.15 6.48	3.80 5.80	3.58 5.37	3.41 5.07	3.29 4.85	3.20 4.67	3.12 4.54
20	5.87 9.94	4.46 6.99	3.86 5.82	3.51 5.17	3.29 4.76	3.13 4.47	3.01 4.26	2.91 4.09	2.84 3.96
24	5.72 9.55	4.32 6.66	3.72 5.52	3.38 4.89	3.15 4.49	2.99 4.20	2.87 3.83	2.78 3.99	2.70 3.69
30	5.57 9.18	4.18 6.35	3.59 5.24	3.25 4.62	3.03 4.23	2.87 3.95	2.75 3.74	2.65 3.58	2.57 3.45
40	5.42 8.83	4.05 6.07	3.46 4.98	3.13 4.37	2.90 3.99	2.74 3.71	2.62 3.51	2.53 3.35	2.45 3.22
60	5.29 8.49	3.93 5.79	3.34 4.73	3.01 4.14	2.79 3.76	2.63 3.49	2.51 3.29	2.41 3.13	2.33 3.01
120	5.15 8.18	3.80 5.54	3.23 4.50	2.89 3.92	2.67 3.55	2.52 3.28	2.39 3.09	2.30 2.93	2.22 2.81
∞	5.02 7.88	3.69 5.30	3.12 4.28	2.79 3.72	2.57 3.35	2.41 3.09	2.29 2.90	2.19 2.74	2.11 2.62

附表 F　*F*分配表（雙側檢定）（續）

分母	分　子　自　由　度　*df*									
df	10	12	15	20	24	30	40	60	120	∞
10	3.72 5.85	3.62 5.66	3.52 5.47	3.42 5.27	3.37 5.17	3.31 5.07	3.26 4.97	3.20 4.86	3.14 4.75	3.08 4.64
12	3.37 5.09	3.28 4.91	3.18 4.72	3.07 4.53	3.02 4.43	2.96 4.33	2.91 4.23	2.85 4.12	2.79 4.01	2.72 3.90
15	3.06 4.42	2.96 4.25	2.86 4.07	2.76 3.88	2.70 3.79	2.64 3.69	2.59 3.58	2.52 3.48	2.46 3.37	2.40 3.26
20	2.77 3.85	2.68 3.68	2.57 3.50	2.46 3.32	2.41 3.22	2.35 3.12	2.29 3.02	2.22 2.92	2.16 2.81	2.09 2.69
24	2.64 3.59	2.54 3.42	2.44 3.25	2.33 3.06	2.27 2.97	2.21 2.87	2.15 2.77	2.08 2.66	2.01 2.55	1.94 2.43
30	2.51 3.34	2.41 3.18	2.31 3.01	2.20 2.82	2.14 2.73	2.07 2.63	2.01 2.52	1.94 2.42	1.87 2.30	1.79 2.18
40	2.39 3.12	2.29 2.95	2.18 2.78	2.07 2.60	2.01 2.50	1.94 2.40	1.88 2.30	1.80 2.18	1.72 2.06	1.64 1.93
60	2.27 2.90	2.17 2.74	2.06 2.57	1.94 2.39	1.88 2.29	1.82 2.19	1.74 2.08	1.67 1.96	1.58 1.83	1.48 1.69
120	2.16 2.71	2.05 2.54	1.94 2.37	1.82 2.19	1.76 2.09	1.69 1.98	1.61 1.87	1.53 1.75	1.43 1.61	1.31 1.43
∞	2.05 2.52	1.94 2.36	1.83 2.19	1.71 2.00	1.64 1.90	1.57 1.79	1.48 1.67	1.39 1.53	1.27 1.36	1.00 1.00

附表 F　F 分配表（單側檢定）

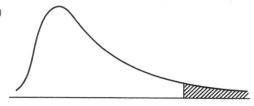

分母 df	α	分子 df											
		1	2	3	4	5	6	7	8	9	10	11	12
1	.05	161	200	216	225	230	234	237	239	241	242	243	244
	.01	4052	4999	5403	5625	5764	5859	5928	5981	6022	6056	6082	6016
2	.05	18.51	19.00	19.16	19.25	19.30	19.33	19.36	19.37	19.38	19.39	19.40	19.41
	.01	98.49	99.01	99.17	99.25	99.30	99.33	99.34	99.36	99.38	99.40	99.41	99.42
3	.05	10.13	9.55	9.28	9.12	9.01	8.94	8.88	8.84	8.81	8.78	8.76	8.74
	.01	34.12	30.81	29.46	28.71	28.24	27.91	27.67	27.49	27.34	27.23	27.13	27.05
4	.05	7.71	6.94	9.59	6.39	6.26	6.16	6.09	6.04	6.00	5.96	5.93	5.91
	.01	21.20	18.00	16.69	15.98	15.52	15.21	14.98	14.80	14.66	14.54	14.45	14.37
5	.05	6.61	5.79	5.41	5.19	5.05	4.95	4.88	4.82	4.78	4.74	4.70	4.68
	.01	16.26	13.27	12.06	11.39	10.97	10.67	10.45	10.27	10.15	10.05	9.96	9.89
6	.05	5.99	5.14	4.76	4.53	4.39	4.28	4.21	4.15	4.10	4.06	4.03	4.00
	.01	13.74	10.92	9.78	9.15	8.75	8.47	8.26	8.10	7.98	7.87	7.79	7.72
7	.05	5.59	4.74	4.35	4.12	3.97	3.87	3.79	3.73	3.68	3.63	3.60	3.57
	.01	12.25	9.55	8.45	7.85	7.46	7.19	7.00	6.84	6.71	6.62	6.54	6.47
8	.05	5.32	4.46	4.07	3.84	3.69	3.58	3.50	3.44	3.39	3.34	3.31	3.28
	.01	11.26	8.65	7.59	7.01	6.63	6.37	6.19	6.03	5.91	5.82	5.74	5.67
9	.05	5.12	4.26	3.86	3.63	3.48	3.37	3.29	3.23	3.18	3.13	3.10	3.07
	.01	10.56	8.02	6.99	6.42	6.06	5.80	5.62	5.47	5.35	5.26	5.18	5.11
10	.05	4.96	4.10	3.71	3.48	3.33	3.22	3.14	3.07	3.02	2.97	2.94	2.91
	.01	10.04	7.56	6.55	5.99	5.64	5.39	5.21	5.06	4.95	4.85	4.78	4.71
11	.05	4.84	3.98	3.59	3.36	3.20	3.09	3.01	2.95	2.90	2.86	2.82	2.79
	.01	9.65	7.20	6.22	5.67	5.32	5.07	4.88	4.74	4.63	4.54	4.46	4.40
12	.05	4.75	3.88	3.49	3.26	3.11	3.00	2.92	2.85	2.80	2.76	2.72	2.96
	.01	9.33	6.93	5.95	5.41	5.06	4.82	4.65	4.50	4.39	4.30	4.22	4.16

附表 F　F 分配表（單側檢定）（續）

分母 df	α	分子 df											
		14	16	20	24	30	40	50	75	100	200	500	∞
1	.05	245	246	248	249	250	251	252	253	253	254	254	254
	.01	6142	6169	6208	6234	6258	6286	6302	6323	6334	6352	6361	6366
2	.05	19.42	19.43	19.44	19.45	19.46	19.47	19.47	19.48	19.49	19.49	19.50	19.50
	.01	99.43	99.44	99.45	99.46	99.47	99.48	99.48	99.49	99.49	99.49	99.50	99.50
3	.05	8.71	8.69	8.66	8.64	8.62	8.60	8.58	8.57	8.56	8.54	8.54	8.53
	.01	26.92	26.83	26.69	26.60	26.50	26.41	26.30	26.27	26.23	26.18	26.14	26.12
4	.05	5.87	5.84	5.80	5.77	5.74	5.71	5.70	5.68	5.66	5.65	5.64	5.63
	.01	14.24	14.15	14.02	13.93	13.83	13.74	13.69	13.61	13.57	13.52	13.48	13.46
5	.05	4.64	4.60	4.56	4.53	4.50	4.46	4.44	4.42	4.40	4.38	4.40	4.36
	.01	9.77	9.68	9.55	9.47	9.38	9.29	9.24	9.17	9.13	9.07	9.04	9.02
6	.05	3.96	3.92	3.87	3.84	3.81	3.77	3.75	3.72	3.71	3.69	3.68	3.67
	.01	7.60	7.52	7.39	7.31	7.23	7.14	7.09	7.02	6.99	6.94	6.90	6.88
7	.05	3.52	3.49	3.44	3.41	3.38	3.34	3.32	3.29	3.28	3.25	3.24	3.23
	.01	6.35	6.27	6.15	6.07	5.98	5.90	5.85	5.78	5.75	5.70	5.67	5.65
8	.05	3.23	3.20	3.15	3.12	3.08	3.05	3.03	3.00	2.98	2.96	2.94	2.93
	.01	5.56	5.48	5.36	5.28	5.20	5.11	5.06	5.00	4.96	4.91	4.88	4.86
9	.05	3.02	2.98	2.93	2.90	2.86	2.82	2.80	2.77	2.76	2.73	2.72	2.71
	.01	5.00	4.92	4.80	4.73	4.64	4.56	4.51	4.45	4.41	4.36	4.33	4.31
10	.05	2.86	2.82	2.77	2.74	2.70	2.67	2.64	2.61	2.59	2.56	2.55	2.54
	.01	4.60	4.52	4.41	4.33	4.25	4.17	4.12	4.05	4.01	3.96	3.93	3.91
11	.05	2.74	2.70	2.65	2.61	2.57	2.53	2.50	2.47	2.45	2.42	2.41	2.40
	.01	4.29	4.21	4.10	4.02	3.94	3.86	3.80	3.74	3.70	3.66	3.62	3.60
12	.05	2.64	2.60	2.54	2.50	2.46	2.42	2.40	2.36	2.35	2.32	2.31	2.30
	.01	4.05	3.98	3.86	3.78	3.70	3.61	3.56	3.49	3.46	3.41	3.38	3.36

附表 F　F 分配表（單側檢定）（續）

分母 df	α	分子 df											
		1	2	3	4	5	6	7	8	9	10	11	12
13	.05	4.67	3.80	3.41	3.18	3.02	2.92	2.84	2.77	2.72	2.67	2.63	2.60
	.01	9.07	6.70	5.74	5.20	4.86	4.62	4.44	4.30	4.19	4.10	4.02	3.96
14	.05	4.60	3.74	3.34	3.11	2.96	2.85	2.77	2.70	2.65	2.60	2.56	2.53
	.01	8.86	6.51	5.56	5.03	4.69	4.46	4.28	4.14	4.03	3.94	3.86	3.80
15	.05	4.54	3.68	3.29	3.00	2.90	2.79	2.70	2.64	2.59	2.55	2.51	2.48
	.01	8.68	6.36	5.42	4.89	4.56	4.32	4.14	4.00	3.89	3.80	3.73	3.67
16	.05	4.49	3.63	3.24	3.01	2.85	2.74	2.66	2.59	2.54	2.49	2.45	2.42
	.01	8.53	6.23	5.29	4.77	4.44	4.20	4.03	3.89	3.78	3.69	3.61	3.55
17	.05	4.45	3.59	3.20	2.96	2.81	2.70	2.62	2.55	2.50	2.45	2.41	2.38
	.01	8.40	6.11	5.18	4.67	4.34	4.10	3.93	3.79	3.68	3.59	3.52	3.45
18	.05	4.41	3.55	3.16	2.93	2.77	2.66	2.58	2.51	2.46	2.41	2.37	2.34
	.01	8.28	6.01	5.09	4.58	4.25	4.01	3.85	3.71	3.60	3.51	3.44	3.37
19	.05	4.38	3.52	3.13	2.90	2.74	2.63	2.55	2.48	2.43	2.38	2.34	2.31
	.01	8.18	5.93	5.01	4.50	4.17	3.94	3.77	3.63	3.52	3.43	3.36	3.30
20	.05	4.35	3.49	3.10	2.87	2.71	2.60	2.52	2.45	2.40	2.35	2.31	2.28
	.01	8.10	5.85	4.94	4.43	4.10	3.87	3.71	3.56	3.45	3.37	3.30	3.23
21	.05	4.32	3.47	3.07	2.84	2.68	2.57	2.49	2.42	2.37	2.32	2.28	2.25
	.01	8.02	5.78	4.87	4.37	4.04	3.81	3.65	3.51	3.40	3.31	3.24	3.17
22	.05	4.30	3.44	3.05	2.82	2.66	2.55	2.47	2.40	2.35	2.30	2.26	2.23
	.01	7.94	5.72	4.82	4.31	3.99	3.76	3.59	3.45	3.35	3.26	3.18	3.12
23	.05	4.28	3.42	3.03	2.80	2.64	2.53	2.45	2.38	2.32	2.28	2.24	2.20
	.01	7.88	5.66	4.76	4.26	3.94	3.71	3.54	3.41	3.30	3.21	3.14	3.07
24	.05	4.26	3.40	3.01	2.78	2.62	2.51	2.43	2.36	2.30	2.26	2.22	2.18
	.01	7.82	5.61	4.72	4.22	3.90	3.67	3.50	3.36	3.25	3.17	3.09	3.03
25	.05	4.24	3.38	2.99	2.76	2.60	2.49	2.41	2.34	2.28	2.24	2.20	2.16
	.01	7.77	5.57	4.68	4.18	3.86	3.63	3.46	3.32	3.21	3.13	3.05	2.99
26	.05	4.22	3.37	2.89	2.74	2.59	2.47	2.39	2.32	2.27	2.22	2.18	2.15
	.01	5.72	5.53	4.64	4.14	3.82	3.59	3.42	3.29	3.17	3.09	3.02	2.96
27	.05	4.21	3.35	2.96	2.73	2.57	2.46	2.37	2.30	2.25	2.20	2.16	2.13
	.01	7.68	5.49	4.60	4.11	3.79	3.56	3.39	3.26	3.14	3.06	2.98	2.93

附表 F　F 分配表（單側檢定）（續）

分母 df	α	分子 df 14	16	20	24	30	40	50	75	100	200	500	∞
13	.05	2.55	2.51	2.46	2.42	2.38	2.34	2.32	2.28	2.26	2.24	2.22	2.21
	.01	3.85	3.78	3.67	3.59	3.51	3.42	3.37	3.30	3.27	3.21	3.18	3.16
14	.05	2.48	2.44	2.39	2.35	2.31	2.27	2.24	2.21	2.19	2.16	2.14	2.13
	.01	3.70	3.62	3.51	3.43	3.34	3.26	3.21	3.14	3.11	3.06	3.02	3.00
15	.05	2.43	2.39	2.33	2.29	2.25	2.21	2.18	2.15	2.12	2.10	2.08	2.07
	.01	3.56	3.48	3.36	3.29	3.20	3.12	3.07	3.00	2.97	2.92	2.89	2.87
16	.05	2.37	2.33	2.28	2.24	2.20	2.16	2.13	2.09	2.07	2.04	2.02	2.01
	.01	3.45	3.37	3.25	3.18	3.10	3.01	2.96	2.89	2.86	2.80	2.77	2.75
17	.05	2.33	2.29	2.23	2.19	2.15	2.11	2.08	2.04	2.02	1.99	1.97	1.96
	.01	3.35	3.27	3.16	3.08	3.00	2.92	2.86	2.79	2.76	2.70	2.67	2.65
18	.05	2.29	2.25	2.19	2.15	2.11	2.07	2.04	2.00	1.98	1.95	1.93	1.92
	.01	3.27	3.19	3.07	3.00	2.91	2.83	2.78	2.71	2.68	2.62	2.59	2.57
19	.05	2.26	2.21	2.15	2.11	2.07	2.02	2.00	1.96	1.94	1.91	1.90	1.88
	.01	3.19	3.12	3.00	2.92	2.84	2.76	2.70	2.63	2.60	2.54	2.51	2.49
20	.05	2.23	2.18	2.12	2.08	2.04	1.99	1.96	1.92	1.90	1.87	1.85	1.84
	.01	3.13	3.05	2.94	2.86	2.77	2.69	2.63	2.56	2.53	2.47	2.44	2.42
21	.05	2.20	2.15	2.09	2.05	2.00	1.96	1.93	1.89	1.87	1.84	1.82	1.81
	.01	3.07	2.99	2.88	2.80	2.72	2.63	2.58	2.51	2.47	2.42	2.38	2.36
22	.05	2.18	2.13	2.07	2.03	1.98	1.93	1.91	1.87	1.84	1.81	1.80	1.78
	.01	3.02	2.94	2.83	2.75	2.67	2.58	2.53	2.46	2.42	2.37	2.33	2.31
23	.05	2.14	2.10	2.04	2.00	1.96	1.91	1.88	1.84	1.82	1.79	1.77	1.76
	.01	2.97	2.89	2.78	2.70	2.62	2.53	2.48	2.41	2.37	2.32	2.28	2.26
24	.05	2.13	2.09	2.02	1.98	1.94	1.89	1.86	1.82	1.80	1.76	1.74	1.73
	.01	2.93	2.85	2.74	2.66	2.58	2.49	2.44	2.36	2.33	2.27	2.23	2.21
25	.05	2.11	2.06	2.00	1.96	1.92	1.87	1.84	1.80	1.77	1.74	1.72	1.71
	.01	2.89	2.81	2.70	2.62	2.54	2.45	2.40	2.32	2.29	2.23	2.19	2.17
26	.05	2.10	2.05	1.99	1.95	1.90	1.85	1.82	1.78	1.76	1.72	1.70	1.69
	.01	2.86	2.77	2.66	2.58	2.50	2.41	2.36	2.28	2.25	2.19	2.15	2.13
27	.05	2.08	2.03	1.97	1.93	1.88	1.84	1.80	1.76	1.74	1.71	1.68	1.67
	.01	2.83	2.74	2.63	2.55	2.47	2.38	2.33	2.25	2.21	2.16	2.12	2.10

附表F　F分配表（單側檢定）（續）

分母df	α	\多行子 df 1	2	3	4	5	6	7	8	9	10	11	12
28	.05	4.20	3.34	2.95	2.71	2.56	2.44	2.36	2.29	2.24	2.19	2.15	2.12
	.01	7.64	5.45	4.57	4.07	3.76	3.53	3.36	3.23	3.11	3.03	2.95	2.90
29	.05	4.18	3.33	2.93	2.70	2.54	2.43	2.35	2.28	2.22	2.18	2.14	2.10
	.01	7.60	5.52	4.54	4.04	3.73	3.50	3.33	3.20	3.08	3.00	2.92	2.87
30	.05	4.17	3.32	2.92	2.69	2.53	2.42	2.34	2.27	2.21	2.16	2.12	2.09
	.01	7.56	5.39	4.51	4.02	3.70	3.47	3.30	3.17	3.06	2.98	2.90	2.84
32	.05	4.15	3.30	2.90	2.67	2.51	2.40	2.32	2.25	2.19	2.14	2.10	2.07
	.01	7.50	5.34	4.46	2.97	3.66	3.42	3.25	3.12	3.01	2.94	2.86	2.80
34	.05	4.13	3.28	2.88	2.65	2.49	2.38	2.30	2.23	2.17	2.12	2.08	2.05
	.01	7.44	5.29	4.42	3.93	3.61	3.38	3.21	3.08	2.97	2.89	2.82	2.76
36	.05	4.11	3.26	2.86	2.63	2.48	2.36	2.28	2.21	2.15	2.10	2.06	2.03
	.01	7.39	5.25	4.38	3.89	3.58	3.35	3.18	3.04	2.94	2.86	2.78	2.72
38	.05	4.10	3.25	2.85	2.62	2.46	2.35	2.26	2.19	2.14	2.09	2.05	2.02
	.01	7.35	5.21	4.34	3.86	3.54	3.32	3.15	3.02	2.91	2.82	2.75	2.69
40	.05	4.08	3.23	2.84	2.61	2.45	2.34	2.25	2.18	2.12	2.07	2.04	2.00
	.01	7.31	5.18	4.34	3.83	3.51	3.29	3.12	2.99	2.88	2.80	2.73	2.66
42	.05	4.07	3.22	2.83	2.59	2.44	2.32	2.24	2.17	2.11	2.06	2.02	1.99
	.01	7.27	5.15	4.29	3.80	3.49	3.26	3.10	2.96	2.86	2.77	2.70	2.64
44	.05	4.06	3.21	2.82	2.58	2.43	2.31	2.23	2.16	2.10	2.05	2.01	1.98
	.01	7.24	5.12	4.26	3.78	3.46	3.24	3.07	2.94	2.84	2.75	2.68	2.62
46	.05	4.05	3.20	2.81	2.57	2.42	2.30	2.22	2.14	2.09	2.04	2.00	1.97
	.01	7.21	5.10	4.24	3.76	3.44	3.22	3.05	2.92	2.82	2.73	2.66	2.60
48	.05	4.04	3.19	2.80	2.56	2.41	2.30	2.21	2.14	2.08	2.03	1.99	1.96
	.01	7.19	5.08	4.22	3.74	3.42	3.20	3.04	2.90	2.80	2.71	2.64	2.58
50	.05	4.03	3.18	2.79	2.56	2.40	2.29	2.20	2.13	2.07	2.02	1.98	1.95
	.01	7.17	5.06	4.20	3.72	3.41	3.18	3.02	2.88	2.78	2.70	2.62	2.56
55	.05	4.02	3.17	2.78	2.54	2.38	2.27	2.18	2.11	2.05	2.00	1.97	1.93
	.01	7.12	5.01	4.16	3.68	3.37	3.15	2.98	2.85	2.75	2.66	2.59	2.53
60	.05	4.00	3.15	2.76	2.52	2.37	2.25	2.17	2.10	2.04	1.99	1.95	1.92
	.01	7.08	4.98	4.13	3.65	3.34	3.12	2.95	2.82	2.72	2.63	2.56	2.50

附表 F　F 分配表（單側檢定）（續）

分母 df	α	分子 df											
		14	16	20	24	30	40	50	75	100	200	500	∞
28	.05	2.06	2.02	1.96	1.91	1.87	1.81	1.78	1.75	1.72	1.69	1.67	1.65
	.01	2.80	2.71	2.60	2.52	2.44	2.35	2.30	2.22	2.18	2.13	2.09	2.06
29	.05	2.05	2.00	1.94	1.90	1.85	1.80	1.77	1.73	1.71	1.68	1.65	1.64
	.01	2.77	2.68	2.57	2.49	2.41	2.32	2.27	2.19	2.15	2.10	2.06	2.03
30	.05	2.04	1.99	1.93	1.89	1.84	1.79	1.76	1.72	1.69	1.66	1.64	1.62
	.01	2.74	2.66	2.55	2.47	2.38	2.29	2.24	2.16	2.13	2.07	2.03	2.01
32	.05	2.02	1.97	1.91	1.86	1.82	1.76	1.74	1.69	1.67	1.64	1.61	1.59
	.01	2.70	2.62	2.51	2.42	2.34	2.25	2.20	2.12	2.08	2.02	1.98	1.96
34	.05	2.00	1.95	1.89	1.84	1.80	1.74	1.71	1.67	1.64	1.61	1.59	1.57
	.01	2.66	2.58	2.47	2.38	2.30	2.21	2.15	2.08	2.04	1.98	1.94	1.91
36	.05	1.89	1.93	1.87	1.82	1.78	1.72	1.69	1.65	1.62	1.59	1.56	1.55
	.01	2.62	2.54	2.43	2.35	2.26	2.17	2.12	2.04	2.00	1.94	1.90	1.87
38	.05	1.96	1.92	1.85	1.80	1.76	1.71	1.67	1.63	1.60	1.57	1.54	1.53
	.01	2.59	2.51	2.40	2.32	2.22	2.14	2.08	2.00	1.97	1.90	1.86	1.84
40	.05	1.95	1.90	1.84	1.79	1.74	1.69	1.66	1.61	1.59	1.55	1.53	1.51
	.01	2.56	2.49	2.37	2.29	2.20	2.11	2.05	1.97	1.94	1.88	1.84	1.81
42	.05	1.94	1.89	1.82	1.78	1.73	1.68	1.64	1.60	1.57	1.54	1.51	1.49
	.01	2.54	2.46	2.35	2.26	2.17	2.08	2.02	1.94	1.91	1.85	1.80	1.78
44	.05	1.92	1.88	1.81	1.76	1.72	1.66	1.63	1.58	1.56	1.52	1.50	1.48
	.01	2.52	2.44	2.32	2.24	2.15	2.06	2.00	1.92	1.78	1.82	1.78	1.75
46	.05	1.91	1.87	1.80	1.75	1.71	1.65	1.62	1.57	1.54	1.51	1.48	1.46
	.01	2.50	2.42	2.30	2.22	2.13	2.04	1.98	1.90	1.86	1.80	1.76	1.72
48	.05	1.90	1.86	1.79	1.74	1.70	1.64	1.61	1.56	1.53	1.50	1.47	1.45
	.01	2.48	2.40	2.28	2.20	2.11	2.02	1.96	1.88	1.84	1.78	1.73	1.70
50	.05	1.90	1.85	1.78	1.74	1.69	1.63	1.60	1.55	1.52	1.48	1.46	1.44
	.01	2.46	2.39	2.26	2.18	2.10	2.00	1.94	1.86	1.82	1.76	1.71	1.68
55	.05	1.88	1.83	1.76	1.72	1.67	1.61	1.58	1.52	1.50	1.46	1.43	1.41
	.01	2.43	2.35	2.23	2.15	2.06	1.96	1.90	1.82	1.78	1.71	1.66	1.64
60	.05	1.86	1.81	1.75	1.70	1.65	1.59	1.56	1.50	1.48	1.44	1.41	1.39
	.01	2.40	2.32	2.20	2.12	2.03	1.93	1.87	1.79	1.74	1.68	1.63	1.60

附表 F　F 分配表（單側檢定）（續）

分母 df	α	分子 df 1	2	3	4	5	6	7	8	9	10	11	12
65	.05	3.99	3.14	2.75	2.51	2.36	2.24	2.15	2.08	2.02	1.98	1.94	1.90
	.01	7.04	4.95	4.10	3.62	3.31	3.09	2.93	2.79	2.70	2.61	2.54	2.47
70	.05	3.98	3.13	2.74	2.50	2.35	2.32	2.14	2.07	2.01	1.97	1.93	1.89
	.01	7.01	4.92	4.08	3.60	3.29	3.07	2.91	2.77	2.67	2.59	2.51	2.45
80	.05	3.96	3.11	2.72	2.48	2.33	2.21	2.12	2.05	1.99	1.95	1.91	1.88
	.01	6.96	4.88	4.04	3.56	3.25	3.04	2.87	2.74	2.64	2.55	2.48	2.41
100	.05	3.94	3.09	2.70	2.46	2.30	2.19	2.10	2.03	1.97	1.92	1.88	1.85
	.01	6.90	4.82	3.98	3.51	3.20	2.99	2.82	2.69	2.59	2.51	2.43	2.36
125	.05	3.92	3.07	2.68	2.44	2.29	2.17	2.08	2.01	1.95	1.90	1.86	1.83
	.01	6.84	4.78	3.94	3.47	3.17	2.95	2.79	2.65	2.56	2.47	2.40	2.33
150	.05	3.81	3.06	2.67	2.43	2.27	2.16	2.07	2.00	1.94	1.89	1.85	1.82
	.01	6.81	4.75	3.91	3.44	3.13	2.92	2.76	2.62	2.53	2.44	2.37	2.30
200	.05	3.89	3.04	2.65	2.41	2.26	2.14	2.05	1.98	1.92	1.87	1.83	1.80
	.01	6.76	4.71	3.88	3.41	3.11	2.90	2.73	2.60	2.50	2.41	2.34	2.28
400	.05	3.86	3.02	2.62	2.39	2.23	2.12	2.03	1.96	1.90	1.85	1.81	1.78
	.01	6.70	4.66	3.83	3.36	3.06	2.85	2.69	2.55	2.46	2.37	2.29	2.23
1000	.05	3.85	3.00	2.61	2.38	2.22	2.10	2.02	1.95	1.89	1.84	1.80	1.76
	.01	6.66	4.62	3.80	3.34	3.04	2.82	2.66	2.53	2.43	2.34	2.26	2.20
∞	.05	3.84	3.99	2.60	2.37	2.21	2.90	2.01	1.94	1.88	1.83	1.79	1.75
	.01	6.64	4.60	3.78	3.32	3.02	2.80	2.64	2.51	2.41	2.32	2.24	2.18

附表 F　F 分配表（單側檢定）（續）

分母 df	α	分 子 df											
		14	16	20	24	30	40	50	75	100	200	500	∞
65	.05	1.85	1.80	1.73	1.68	1.63	1.57	1.54	1.49	1.46	1.42	1.39	1.37
	.01	2.37	2.30	2.18	2.09	2.00	1.90	1.84	1.76	1.71	1.64	1.60	1.56
70	.05	1.84	1.79	1.72	1.67	1.62	1.56	1.53	1.47	1.45	1.40	1.37	1.35
	.01	2.35	2.28	2.15	2.07	1.98	1.88	1.82	1.74	1.69	1.62	1.56	1.53
80	.05	1.82	1.77	1.70	1.65	1.60	1.54	1.51	1.45	1.42	1.38	1.35	1.32
	.01	2.32	2.24	2.11	2.03	1.94	1.84	1.78	1.70	1.65	1.57	1.52	1.49
100	.05	1.79	1.75	1.68	1.63	1.57	1.51	1.48	1.42	1.39	1.34	1.30	1.28
	.01	2.26	2.19	2.06	1.98	1.89	1.79	1.73	1.64	1.59	1.51	1.46	1.43
125	.05	1.77	1.72	1.65	1.60	1.55	1.49	1.45	1.39	1.36	1.31	1.27	1.25
	.01	2.23	2.15	2.03	1.94	1.85	1.75	1.68	1.59	1.54	1.46	1.40	1.37
150	.05	1.76	1.71	1.64	1.59	1.54	1.47	1.44	1.37	1.34	1.29	1.25	1.22
	.01	2.20	2.12	2.00	1.91	1.83	1.72	1.66	1.56	1.51	1.43	1.37	1.33
200	.05	1.74	1.69	1.62	1.57	1.52	1.45	1.42	1.35	1.32	1.26	1.22	1.19
	.01	2.17	2.09	1.97	1.88	1.79	1.69	1.62	1.53	1.48	1.39	1.33	1.28
400	.05	1.72	1.67	1.60	1.54	1.49	1.42	1.38	1.32	1.28	1.22	1.16	1.13
	.01	2.12	2.04	1.92	1.84	1.74	1.64	1.57	1.47	1.42	1.32	1.24	1.19
1000	.05	1.70	1.05	1.58	1.53	1.47	1.41	1.36	1.30	1.26	1.19	1.13	1.08
	.01	2.09	2.01	1.89	1.81	1.71	1.61	1.54	1.44	1.38	1.28	1.19	1.11
∞	.05	1.69	1.64	1.57	1.52	1.46	1.40	1.35	1.28	1.24	1.17	1.11	1.00
	.01	2.07	1.99	1.87	1.79	1.69	1.59	1.52	1.41	1.36	1.25	1.15	1.00

附表 G　q 分配表

df_w	$1-\alpha$	2	3	4	5	6	7	8	9	10
		\multicolumn{9}{c}{$k=$ 組數}								
1	.95	18.0	27.0	32.8	37.1	40.4	43.1	45.4	47.4	49.1
	.99	90.0	135	164	186	202	216	227	237	246
2	.95	6.09	8.3	9.8	10.9	11.7	12.4	13.0	13.5	14.0
	.99	14.0	19.0	22.3	24.7	26.6	28.2	29.5	30.7	31.7
3	.95	4.50	5.91	6.82	7.50	8.04	8.48	8.85	9.18	9.46
	.99	8.26	10.6	12.2	13.3	14.2	15.0	15.6	16.2	16.7
4	.95	3.93	5.04	5.76	6.29	6.71	7.05	7.35	7.60	7.83
	.99	6.51	8.12	9.17	9.96	10.6	11.1	11.5	11.9	12.3
5	.95	3.64	4.60	5.22	5.67	6.03	6.33	6.58	6.80	6.99
	.99	5.70	6.97	7.80	8.42	8.91	9.32	9.67	9.97	10.2
6	.95	3.46	4.34	4.90	5.31	5.63	5.89	6.12	6.32	6.49
	.99	5.24	6.33	7.03	7.56	7.97	8.32	8.61	8.87	9.10
7	.95	3.34	4.16	4.69	5.06	5.36	5.61	5.82	6.00	6.16
	.99	4.95	5.92	6.54	7.01	7.37	7.68	7.94	8.17	8.37
8	.95	3.26	4.04	4.53	4.89	5.17	5.40	5.60	5.77	5.92
	.99	4.74	5.63	6.20	6.63	6.96	7.24	7.47	7.68	7.87
9	.95	3.20	3.95	4.42	4.76	5.02	5.24	5.43	5.60	5.74
	.99	4.60	5.43	5.96	6.35	6.66	6.91	7.13	7.32	7.49
10	.95	3.15	3.88	4.33	4.65	4.91	5.12	5.30	5.46	5.60
	.99	4.48	5.27	5.77	6.14	6.43	6.67	6.87	7.05	7.21
11	.95	3.11	3.82	4.26	4.57	4.82	5.03	5.20	5.35	5.49
	.99	4.39	5.14	5.62	5.97	6.25	6.48	6.67	6.84	6.99
12	.95	3.08	3.77	4.20	4.51	4.75	4.95	5.12	5.27	5.40
	.99	4.32	5.04	5.50	5.84	6.10	6.32	6.51	6.67	6.81
13	.95	3.06	3.73	4.15	4.45	4.69	4.88	5.05	5.19	5.32
	.99	4.26	4.96	5.40	5.73	5.98	6.19	6.37	6.53	6.67
14	.95	3.03	3.70	4.11	4.41	4.64	4.83	4.99	5.13	5.25
	.99	4.21	4.89	5.32	5.63	5.88	6.08	6.26	6.41	6.54
16	.95	3.00	3.65	4.05	4.33	4.56	4.74	4.90	5.03	5.15
	.99	4.13	4.78	5.19	5.49	5.72	5.92	6.08	6.22	6.35
18	.95	2.97	3.61	4.00	4.28	4.49	4.67	4.82	4.96	5.07
	.99	4.07	4.70	5.09	5.38	5.60	5.79	5.94	6.08	6.20
20	.95	2.95	3.58	3.96	4.23	4.45	4.62	4.77	4.90	5.01
	.99	4.02	4.64	5.02	5.29	5.51	5.69	5.84	5.97	6.09
24	.95	2.92	3.53	3.90	4.17	4.37	4.54	4.68	4.81	4.92
	.99	3.96	4.54	4.91	5.17	5.37	5.54	5.69	5.81	5.92
30	.95	2.89	3.49	3.84	4.10	4.30	4.46	4.60	4.72	4.83
	.99	3.89	4.45	4.80	5.05	5.24	5.40	5.54	5.56	5.76
40	.95	2.86	3.44	3.79	4.04	4.23	4.39	4.52	4.63	4.74
	.99	3.82	4.37	4.70	4.93	5.11	5.27	5.39	5.50	5.60
60	.95	2.83	3.40	3.74	3.98	4.16	4.31	4.44	4.55	4.65
	.99	3.76	4.28	4.60	4.82	4.99	5.13	5.25	5.36	5.45
120	.95	2.80	3.36	3.69	3.92	4.10	4.24	4.36	4.48	4.56
	.99	3.70	4.20	4.50	4.71	4.87	5.01	5.12	5.21	5.30
∞	.95	2.77	3.31	3.63	3.86	4.03	4.17	4.29	4.39	4.47
	.99	3.64	4.12	4.40	4.60	4.76	4.88	4.99	5.08	5.16

筆記欄

國家圖書館出版品預行編目（CIP）資料

統計就是要這樣跑／張芳全著. -- 五版. -- 新北市：
心理出版社股份有限公司, 2022.09
面； 公分. --（社會科學研究系列；81242）
ISBN 978-626-7178-14-0（平裝）

1.CST: 統計 2.CST: 統計分析 3.CST: 統計方法

510   111013594

社會科學研究系列 81242

統計就是要這樣跑（第五版）

作　　者：張芳全
總 編 輯：林敬堯
發 行 人：洪有義
出 版 者：心理出版社股份有限公司
地　　址：231026 新北市新店區光明街 288 號 7 樓
電　　話：(02) 29150566
傳　　真：(02) 29152928
郵撥帳號：19293172　心理出版社股份有限公司
網　　址：https://www.psy.com.tw
電子信箱：psychoco@ms15.hinet.net
排 版 者：辰皓國際出版製作有限公司
印 刷 者：辰皓國際出版製作有限公司
初版一刷：2008 年 10 月
二版一刷：2012 年　4 月
三版一刷：2013 年　9 月
四版一刷：2019 年　5 月
五版一刷：2022 年　9 月
Ｉ Ｓ Ｂ Ｎ：978-626-7178-14-0
定　　價：新台幣 450 元